本书是国家社科基金教育学青年课题"开放环境下学习资源进化机制设计与应用研究"（项目批准号：CCA130134）的研究成果

泛在学习时代的资源建设
——走向生成与进化

杨现民 著

电子工业出版社
Publishing House of Electronics Industry
北京·BEIJING

内 容 简 介

本书在分析四种国际流行的资源信息模型的基础上，提出适合泛在学习的新型资源组织模型——学习元，构建了泛在学习资源的进化模型与两种进化模式（内容进化和关联进化），重点探讨了内容进化的智能控制机制、资源的语义关联与聚合机制、资源进化的评价机制、资源进化的支撑系统及其应用等问题，并以泛在学习资源管理系统——学习元平台为例，调查了开放环境下的学习资源进化现状以及用户的行为模式。最后进行研究总结，提出了泛在学习资源进化的后续研究议题。

本书聚焦泛在学习环境下的资源生成与进化这一新的议题，体系完整、内容丰富，涵盖资源模型设计、运行平台研发、进化技术实现、评价体系构建、应用实践探索等多个方面，能为教育研究机构开展数字教育资源研究、为教育信息化企业开展数字教育资源研发与运营、为电教馆等教育管理部门开展数字教育资源建设与管理提供参考和指导。同时，本书也适合教育信息化领域的研究者与教育技术学专业研究生阅读。

未经许可，不得以任何方式复制或抄袭本书之部分或全部内容。

版权所有，侵权必究。

图书在版编目（CIP）数据

泛在学习时代的资源建设：走向生成与进化／杨现民著．—北京：电子工业出版社，2016.12
ISBN 978-7-121-30596-2

Ⅰ．①泛…　Ⅱ．①杨…　Ⅲ．①学习—教育资源—建设—研究　Ⅳ．①G40-054

中国版本图书馆 CIP 数据核字（2016）第 297903 号

策划编辑：董亚峰
责任编辑：赵娜
印　　刷：北京京科印刷有限公司
装　　订：北京京科印刷有限公司
出版发行：电子工业出版社
　　　　　北京市海淀区万寿路 173 信箱　邮编　100036
开　　本：787×1 092　1/16　印张：17.75　字数：398 千字
版　　次：2016 年 12 月第 1 版
印　　次：2016 年 12 月第 1 次印刷
定　　价：56.00 元

凡所购买电子工业出版社图书有缺损问题，请向购买书店调换。若书店售缺，请与本社发行部联系，联系及邮购电话：（010）88254888，88258888。

质量投诉请发邮件至 zlts@phei.com.cn，盗版侵权举报请发邮件至 dbqq@phei.com.cn。

本书咨询联系方式：（010）88254694。

前言 / Foreword

泛在学习是国际教育技术领域研究的热点，是教育信息化发展的前沿。近年来，不仅诸多国际学者和研究机构开始关注泛在学习，一线学校、培训机构、企业等也都在积极探索泛在学习。习近平总书记、刘延东副总理等国家领导人多次在教育信息化大会致辞与讲话中提出要"建设'人人皆学、处处能学、时时可学'的学习型社会""创造泛在学习环境，构建学习型社会"。由此可见，泛在学习已经引起政、产、学、研各界的高度重视，有理由相信泛在学习的美好时代正缓步走来。

当前泛在学习的研究主要集中在内涵特征阐述、系统设计开发、关键支撑技术研究、小范围的教学实验研究等方面，而忽视了对泛在学习资源的系统研究。学习资源是泛在学习生态系统的核心要素，泛在学习需要动态生成、持续进化发展、结构开放的学习资源。开放环境下的资源建设存在不可忽视的缺陷：资源"杂乱"生长，进化方向难以控制，资源质量难以保障等，这些缺陷已成为影响泛在学习资源顺利建设和有序进化的主要障碍。

基于此，本书聚焦泛在学习资源的有序进化，重点探讨了资源进化的模型与模式设计，内容进化的智能控制机制，资源的语义关联与聚合机制，资源进化的评价机制，资源进化的支撑系统及其应用等问题。

本书共 10 章。第 1 章介绍泛在学习的基础知识，重点分析泛在学习对资源建设提出的新挑战，提出泛在学习资源进化研究的重要性；第 2 章分析国际上四种流行的资源信息模型，提出适合泛在学习的新型资源信息模型——学习元；第 3 章介绍泛在学习资源管理平台（学习元平台）的设计与实现；第 4 章提出泛在学习资源的进化模型及其两种进化模式（内容进化和关联进化）；第 5 章对内容进化中的智能控制技术进行详细设计和效果检验；第 6 章对关联进化中的资源语义关联和聚合技术进行详细设计和效果检验；第 7 章介绍基于学习元平台的资源进化支撑系统的架构与功能，分享该系统的两个典型应用案例；第 8 章探讨生成性学习资源的进化评价体系以及进化评价量表的编制；第 9 章对学习元平台中资源进化的日志数据进行统计分析，调查资源进化现状以及用户的行为模式；第 10 章进行总结与展望。

本书主要有如下四个方面的研究成果。

一是提出一种泛在学习环境下的资源进化模型及两种典型资源进化模式——资源的内容进化（资源内容的调整和完善）与资源的关联进化（资源内外结构的优化）。

二是提出一种综合应用语义基因和信任评估模型的内容进化智能控制方法。该方法可以实现对内容版本更迭的智能审核，有助于减轻资源创建者人工审核内容的负担，进而促进泛在学习环境下学习资源的持续进化。

三是提出一种综合应用语义基因、规则推理、关联规则挖掘等技术的泛在学习资源动态语义关联与聚合方法，提出两种资源聚合形态，分别是主题资源圈和有序知识链。该方法具有较高的资源关联与聚合准确率，可以满足泛在学习环境下学习资源关联进化的需要。

四是提出一种生成性学习资源进化评价指标体系，融合了资源终极质量评价与进化过程评价功能，同时可以预测资源未来发展趋势。该指标体系具有较好的完整性和实用性，资源进化评价量表操作性强，可以有效评判资源进化结果和进化过程。

本书在撰写过程中，得到了北京师范大学现代教育技术研究所、"移动学习"教育部—中国移动联合实验室的大力支持和帮助。北京师范大学余胜泉教授和国家开放大学程罡副教授为本书提出了很多宝贵的建议，电子工业出版社董亚峰编辑及其团队为本书的顺利出版付出了艰辛的努力，在此深表谢意！

学习资源进化是一项系统工程，涉及方方面面，仍有诸多问题亟待深入研究，比如，泛在学习环境下领域知识本体的协同创建与进化，泛在学习资源的进化规律，进化性学习资源的创新应用，开放版权协议对资源进化的影响，内容共创过程中的用户协作模式等，期待更多研究者和实践者共同关注，一起探索泛在学习资源的持续有序进化。受作者水平所限，书中难免有疏漏和不周全之处，敬请同行和广大读者批评指正。

杨现民

2016 年 8 月

目录 / Contents

第 1 章
Chapter 1
泛在学习时代的到来

01
Section
普适计算与教育泛在化

　　普适计算是信息空间与物理空间的融合，在这个融合的空间里人们可以随时随地、透明地获得数字化的服务[1]。普适计算是虚拟现实计算的反面，虚拟现实计算致力于把人置于计算机所创造的虚拟世界里，普适计算则是反其道而行之——使计算机融入人的生活空间，形成一个"无时不在、无处不在而又不可见"（Anytime，Anywhere，Invisible）的计算环境。在这样的环境中，计算不再局限于桌面，用户可以通过手持设备、可穿戴设备或其他常规、非常规计算设备无障碍地享用计算能力和信息资源。

　　普适计算技术在教育领域的深远影响就是教育的泛在化（Ubiquitous），目前的e-Learning 模式类同于虚拟现实计算，教育者搭建起学习平台，将教学内容数字化，通过教学平台进行有效的教学管理，学习者通过专门课堂或登录到学习平台上学习，学到的知识在日后工作和实践中应用，通过搭建虚拟学习空间来实现学习；而 u-Learning 则通过普适计算技术，构建信息空间与物理空间相融合的无缝学习空间，学习的发生、学习的需求以及学习资源无处不在，学习与生活、工作是融合在一起的，当学习者遇到任何实际问题时都可以得到普适计算环境随时、随地的支持。普适计算技术的发展，将对学习产生重大影响，我们正朝着一个情境感知泛在学习空间 AULS（Ambient Ubiquitous Learning Space）的生态环境迈进[2]，未来的学校、图书馆、教室、会议室、博物馆，乃至于流通的商品，都能主动发射自身的知识和信息，每一个学习者都沉浸在现实世界和数字世界交织的信息生态环境之中。通过情境感知的移动设备，学习者可以轻松地感知并获取学习对象的详细信息和学习内容，利用头盔式显示器、穿戴式电脑或其他设备，提供一个新的、虚拟与现实交织的学习空间，并利用位置跟踪器，数据手套，其他手控输入设备、声音等使得参与者产生一种身临其境、全心投入和沉浸其中的感觉；通过无所不在的智能网络，利用对话、实践社区、协作学习、社交过程的内化、参与共同活动来实现社会学习。

[1] 徐光祐，史元春，谢伟凯. 普适计算[J]. 计算机学报，2003(9):1042-1050.

[2] Tak-Wai Chan, Jeremy Roschelle, Sherry Hsi, Kinshuk, etc. One-to-one Technology Enhanced Learning: An opportunity for global research collaboration[J]. Research and Practice in Technology Enhanced Learning, 2005, 1(1): 3-29.

02
Section

泛在学习的基础认知

ICT 技术的快速发展给人类的学习带来了巨大的变革，我们正逐步从 e-Learning 走向 u-Learning[1]，泛在学习已成为下一代 e-Learning 的重要发展方向 [2, 3]。2015 年习近平总书记致国际教育信息化大会的贺信中提出要"建设'人人皆学、处处能学、时时可学'的学习型社会，这种"三学"社会是对泛在学习愿景的精准刻画。随着智能手机、平板电脑等数字终端设备的逐步普及，泛在学习已成为我国构建和推进学习型社会的重要途径和理想学习模式，引起了学术界和政府部门的高度重视。泛在学习的系统研究对于推动我国教育信息化的快速发展，实现教育现代化，具有非常重要的战略意义。

1.2.1　泛在学习的概念与特征

广义上，泛在学习是任何人可以在任何时间、任何地点、基于任何计算设备获取任何所需学习资源，享受无处不在的学习服务的学习过程。狭义上，泛在学习特指情境感知泛在学习，即由移动设备、无线通信和传感技术支持下的学习活动[4]。泛在学习具有永久性（Permanency）、可获取性（Accessibility）、即时性（Immediacy）、交互性（Interactivity）、教学行为场景性（Situating of instructional activities）、适应性（Adaptability）等特征[5]。

---

[1] Liu, G. Z., & Hwang, G. J. A Key Step to Understanding Paradigm Shifts in e-Learning: towards context-aware ubiquitous learning[J]. British Journal of Educational Technology, 2010, 41: E1–E9.

[2] Graschew, G., Roelofs, T. A., Rakowsky, S., &Schlag, P. M. From e-Learning towards u-Learning: ICT-enabled ubiquitous learning & training[C]. Proceedings of the 10th IASTED International Conference on Computers and Advanced Technology in Education. ACTA Press, 2007.

[3] Casey, D. u-Learning = e-Learning + m-Learning[C]. Proceedings of E-Learn 2005 World Conference on E-Learning in Corporate, Government, Healthcare & Higher Education, Vancouver BC, Canada, 2005, October 24-28th.

[4] Hwang,G. Z., Tsai, C.-C., & Yang, S. J. H. Criteria, Strategies and Research Issues of Context-Aware Ubiquitous Learning[J]. Educational Technology & Society, 2008, 11 (2): 81-91.

[5] Chen, Y.S., Kao, T.C., Shen, J.P., & Chiang, C.Y. A Mobile Scaffolding- Aid- Based Bird - Watching Learning System[C]. Proc. of IEEE International Workshop on Wireless and Mobile Technologies in Education2002,pp.15-22.

（1）永久性。学习者不会失去学习成果，在不特意删除的情况下，所有的学习过程都会被不间断地记录下来。

（2）可获取性。学习者可以在任何地方、任何地点获得他们所需要的文档、数据和视频等。

（3）即时性。无论学习者在哪里，他们都可以即时地获取信息，因此学习者可以迅速地解决问题，或者可以记录问题并在事后寻找答案。

（4）交互性。学习者可以同步或异步地与专家、老师或学习伙伴进行交互。

（5）教学行为的场景性。学习可以融入日常生活中，学习者所遇到的问题或所学的知识以更加自然有效的方式被呈现出来。

（6）适应性。学习者可以以适合他们自己的方式获得适合个体需求的信息。

北京师范大学余胜泉教授认为，泛在学习最大的特点就是泛在性和情境感知（Context Sensitivity）[1]。泛在是指表面上学习无形，它们交织在日常生活中，无所不在，人们很难察觉出它们的存在；情境感知意味着能够从学习者的周围收集环境信息和工具设备信息，并为学习者提供与情境相关的学习活动和内容。通过谈话、电视、报纸观察世界，甚至经历事故或身处尴尬境遇，我们都能获取信息。人们学习是为了解决生活中一个个的情境性问题，或是想要更好、更有效地开展一项日常事务。支持学习的技术应该能够像学习一样自然而然地融入到日常生活中去。

1.2.2 泛在学习的一般流程

泛在学习是一种新型的学习方式，更是一种普适计算技术支持下的新型学习理念，让学习消失，和生活融合，实现真正的 Learning in Life。泛在学习不是以某个个体（如传统学习中的教师）为核心的运转，而是点到点的、平面化的学习互联。"泛在"包含三个方面的内涵，即无处不在的学习资源、无处不在的学习服务和无处不在的学习伙伴。泛在学习环境下理想的学习流程，如图 1-1 所示。

当我们在实际工作和生活中遇到问题，或者对某些事物产生兴趣时，利用与环境相关的情境感知智能设备可以随时感知用户在特定情境下的学习需求，并将这些需求信息通过无处不在的通信网络发送到"教育云计算平台"，教育云计算平台根据用户当时的需求信息、学习档案记录、学习偏好信息等在智能化的资源空间中进行检索、聚合、计算、变换，找到最适合用户需求的学习内容及其关联内容，推送到各种学习终端设备上，学习者获得最适合自己的内容，真正实现按需学习。除学习内容的推送外，学习内容上附加的学习服务和知识关系网络也将与学习者自动联通，通过终端设备呈现给学习者，增强用户的学习兴趣和参与度，提高学习的效率和效果。通过 KNS（Knowledge Network Service）知识关系

[1] 余胜泉. 从知识传递到认知建构、再到情境认知——三代移动学习的发展与展望[J]. 中国电化教育，2007(6):7-18.

网络的联通，学习者与正在浏览、编辑、制作本学习内容的多个学习伙伴、教师、学科专家产生联结，形成动态化的学习圈子。通过学习圈子，不仅可以找到当前知识领域内最权威、精华的知识，还可以找到本领域中最权威的专家，这种学习不是传统课堂中一个教师对多个学生的教学模式的翻版，而是一对一的学习，更是多对一的学习。

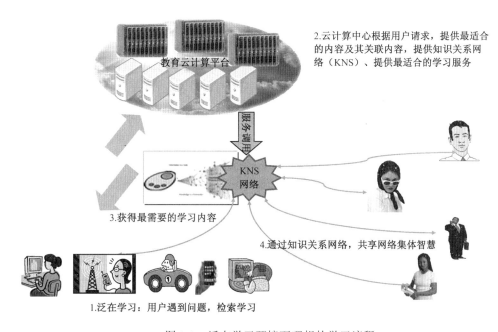

图 1-1　泛在学习环境下理想的学习流程

1.2.3　泛在学习需要解决的关键问题

当前，泛在学习的发展仍然处于初期阶段，研究主要集中在内涵特征阐述、系统原型开发、小范围教学实验等方面，还有很多亟待解决的关键问题。目前来看，泛在学习的实现需要重点解决三类问题，分别是硬技术问题、软技术问题和教学法问题。其中，硬技术问题的解决是基础，软技术问题的解决是关键，教学法问题的解决是难点。

一是硬技术问题即与学习终端、基础支撑环境相关的问题，具体包括泛在网络的铺设与网络安全，泛在学习平台的设计开发与运行，传感设备的微型化与低功耗，学习终端的无缝连接等；二是软技术问题即与学习资源、学习服务相关的问题，具体包括基于情境感知的学习资源与服务个性化推荐，学习资源的协同建设与有序进化，社会认知网络动态构建与共享，学习资源的多终端自适应呈现等；三是教学法问题即与教学模式、方法、策略等相关的问题，具体包括适用于泛在学习的学习与教学理论，学习活动与教学策略设计，学习评价方法设计等。

03
Section **泛在学习的生态环境**

生态学理论对于泛在学习环境的设计具有如下三点启示：①综合考虑，优化组合各种环境要素，形成完整的学习生态系统；②从生命有机体的角度看待学习资源，赋予学习资源持续进化和发展的能力；③突出学习生态中两大关键物种（用户和资源）的动态联系和相互作用。学习资源作为学习生态系统的关键物种之一，通过开放的结构，允许多用户参与内容编辑，不断丰富内容、精练结构，实现自身的持续动态进化发展。资源与资源之间通过用户的各种交互操作（编辑、评论、收藏、订阅等），可以动态产生各种语义关联，最终形成可无限扩展的资源关系网，实现资源的关联进化。用户之间以资源为纽带通过各种人际交互操作，同样可以动态形成个性化的人际关系网络。

借鉴生态学理论在 e-Learning 领域的应用思路和泛在学习环境研究的已有成果，同时结合泛在学习的核心理念、基本特征和内涵、学习流程的分析，本书构建了泛在学习环境模型（见图 1-2），并对模型中的生态要素及其关键要素之间显式或隐式的关系进行了剖析。

最外环是社会生态系统，泛在学习生态系统是其中的子系统。泛在学习生态系统主要包括资源和用户两大关键种群，还包括学习终端、学习服务、基础支撑环境等无机环境。中间环是泛在学习生态系统持续发展的基础和保障环境，主要包括学习理论指导、技术标准支持、资源规范环境以及系统运行机制保障等。用户种群是由不同个体根据学习兴趣、学习资源的编辑使用、学习过程中的协作交流等建立的社会认知网络，负责资源的生产、消费、传递和管理。资源种群是由不同的学习资源按照各种语义关系构建的智能资源网络，除为用户种群供给知识营养外，还承担构建社会认知网络过程中关系纽带的角色。多样化的学习终端（PDA、智能手机、PC、TABLET PC、iPad、学习机、移动电视等）是学习者呈现学习资源、开展学习交互、调用学习服务的必备工具。丰富多样的学习服务为泛在学习者提供了全方位的学习支持，包括学习活动服务、学习工具服务、学习评价服务、个性化资源推荐服务、资源语义检索服务、社会认知网络服务、适应性呈现服务等。基础支撑环境包括泛在通信网络（有线网、无线网、卫星网、广播电视网等）、云教育平台、服务器、传感器等，是学习资源和学习服务存储运行的场所，泛在学习的所有过程性信息也都将永久性地存储在云端。

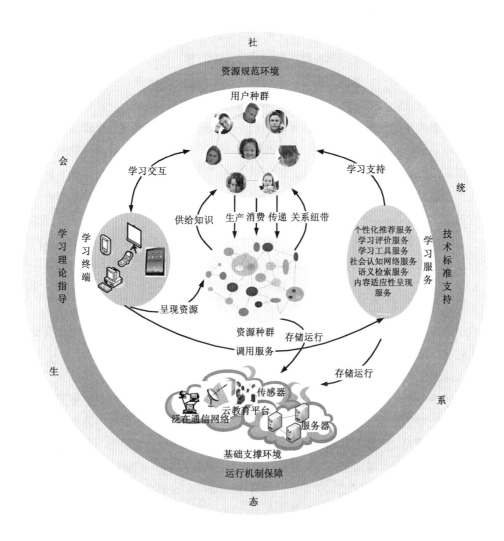

图 1-2 泛在学习环境模型

1.3.1 关键种群间的生态关系

任何生态系统都存在一些关键性物种，这些物种在系统中占有绝对重要的地位，它们的生存和发展状况决定着整个生态系统的存亡。对于泛在学习生态而言，用户无疑是最关键的物种。整个学习生态存在的价值、服务的对象、发展的动力等都与用户种群紧密相关，一个健康的学习生态系统必然是以学习者为中心的。然而，通过上述对泛在学习生态系统要素的分析可知，学习资源在泛在学习生态中已经发生了"突变"，成为具有进化、发展能力的生命有机体。鉴于资源在整个学习生态系统中的核心地位和其持续进化、发展的新特征，我们完全有理由将其作为泛在学习生态系统中的基础和关键性物种。接下来，将对泛在学习生态系统中用户种群和资源种群间的生态关系进行重点剖析。

总体而言，用户种群和资源种群之间是一种共生的关系，二者相依生存，一个种群的良性发展也将促进另一个种群的繁荣。在一个泛在学习生态系统中，大量多样化的资源种群的存在和持续进化将产生更多的知识养料，来自不同领域、具有不同知识背景、不同性别和年龄特征的学习者都将从这些富足的知识养料中获取足够的营养，进而促进个体以及群体能力和素质的整体提升。同样，用户种群的不断扩展及其在泛在学习环境中适应能力的不断提高，也会对资源种群产生重大的积极影响，越来越多的学习者将参与到资源建设中来，符合各种个性化学习需求的资源也将不断涌现，资源的数量将越来越庞大，资源的类别也将越来越多样。

用户种群负责生产、消费和管理学习资源，既是资源种群的缔造者，也是资源的掠食者。资源种群类似于自然界中的绿色植物，为食草动物（用户种群）提供食物来源，不断供给知识养料，维持用户种群在知识、技能方面的不断生长进化。除供给知识营养外，学习资源在泛在学习生态中还起到一项非常重要的作用——人际关系网络构建的中介。当用户种群中的不同个体在学习、编辑、评价、推荐相同的学习资源时，他们之间就会基于当前资源建立起某种社会联系（学习同伴关系、协同编辑者关系、相似兴趣用户等），而这种隐性的人际关系同样是用户种群进化的动力和营养来源。

资源种群内部不是一个个独立存在的生命个体，而是相互关联、相互竞争的关系网。高度相似（内容、主题、语义等）的资源之间会自动形成一个个小型的资源圈，圈内的资源之间以及资源圈之间都存在竞争关系，而这种竞争关系的形成源自用户种群对资源的选择。当很多用户都学习某资源，对资源予以较高评价的时候，该资源的生命力便越来越强，进化的速度和能力也会不断提高。相反，当某个资源很少有用户"光顾"的时候，它便缺乏进化的养料，最终被整个资源种群所淘汰，这便是泛在学习生态领域的"优胜劣汰"。

1.3.2 泛在学习环境的生态要素

通常来说，网络学习生态系统包括网络学习共同体和网络学习生态环境两个组成要素[1]，类似于自然生态系统中的有机体和外界无机环境。毫无疑问，用户应该是泛在学习生态系统的核心要素，是整个学习生态的关键性物种之一。泛在学习倡导"人人教，人人学"的新型学习方式，用户常常既是学习者又是教学者，既是学习资源的消费者，通过资源来"补给营养"，又是资源的生产者，负责生产各种个性化的学习资源。部分用户还承担资源分解者的角色，负责管理整个生态系统中的资源种群。泛在学习生态系统中的用户群体通过共建共享学习资源，协同参与学习活动，协作交流等行为逐步构建起稳固的社会关系网。区

---

[1] 张豪锋，卜彩丽. 略论学习生态系统[J]. 中国远程教育，2007(4):23-26.

别于一般性社交网络，泛在学习中的人际网络是以学习作为出发点和归宿点进行创建、维护和发展的，是在分析学习者的各种学习交互数据、学习过程性信息的基础上通过一定的关联算法自动构建的关系网络，人际网络本身也属于一类认知工具，可以促进、优化用户的学习效果，增强用户之间的认知联通。

从当前的研究来看，学习资源大都被认为是 e-Learning 学习生态系统的"无机物"，是学习者消费的对象，汲取知识营养的来源。然而，从泛在学习对资源结构开放，允许多用户协同编辑，内容持续进化的发展需求来看，泛在学习环境下的学习资源又具有"有机体"的核心特质，即生存、发展、繁衍、进化。泛在学习环境的学习资源已经不再是静态、固化的"无机物"，而是具有进化、发展特征的生命有机体。因此，学习资源理应成为泛在学习生态系统中的关键性物种。

泛在学习资源采用了"元数据+语义本体"的信息描述方式，保证了资源背后具有丰富的语义，成为泛在学习资源未来实现自我进化和动态关联的基础。泛在学习生态中的资源个体不是孤立存在的，而是彼此之间通过各种语义关系和用户的各种学习行为（浏览资源、编辑内容、学习交互等）构建的资源网络中的节点。与生物生态系统一样，资源之间同样存在动态的竞争关系，遵循自然界"自然选择，优胜劣汰"的基本规律。内容陈旧、长时间无人"光顾"的学习资源，由于缺乏进化的"养料"和动力，最终将被分解成资源素材，供用户创建资源时检索、使用。学习资源除作为知识的载体，向用户种群供给知识营养外，还是社会认知网络建立的"网桥"，即以资源为纽带将具有相似和相同学习兴趣和学习需求的用户组成学习共同体。

泛在学习的发生离不开各种学习终端设备的支持。随着计算机、移动网络、传感器等技术的发展，社会上出现了各种各样的学习终端，如 PC、Laptop、Smartphone、PDA、Pocket PC、学习机、移动电视、楼宇电视等，这些设备同样是泛在学习生态系统的重要组成部分。学习终端是用户进行学习交互的工具，同时负责与云计算中心进行通信，调用所需要的各种学习服务，接受响应数据，按照要求自适应呈现学习资源。越来越多的移动终端将具有情境感知的功能，可以智能感知学习者所处的环境信息，学习者的身体状态信息，现实物体的介绍性信息等，以更好地满足学习者的学习需求，实现基于真实情境的高效学习。

众所周知，单靠学习资源并不能产生良好的学习效果。除学习资源外，多样化的、满足用户各种个性化学习需求的学习服务同样是保障高效率、高质量学习的必备条件。学习服务为用户种群提供学习支持，用户通过学习终端来实时调用能够满足其学习需求的各种学习服务。上述泛在学习环境模型中仅仅列出了几种关键性的学习服务，包括学习活动服务、学习评价服务、个性化学习资源推荐服务、社会认知网络服务、资源语义检索服务、学习工具服务、适应性呈现服务等。开放的泛在学习生态系统允许用户参与到个性化服务的创建中来，因此，将会产生越来越多个性化的学习服务。

基础支撑环境为泛在学习提供包括网络、计算、存储、平台等在内的基本技术支撑，是泛在学习生态中无机环境构成的基础要素。泛在学习需要无处不在的网络、无处不在的计算能力、无处不在的学习资源、无处不在的学习服务。因此，泛在学习网络必然是由有线网、无线网、卫星网、广电网等组成的综合性网络。服务器也将采用大规模的分布式集群技术组成分散的、大小不一的云计算中心，为泛在学习按需分配服务器资源。泛在学习环境下的学习资源和学习服务也都将采用云存储模式，统一存储在"云端"，来保证数据的安全性、一致性、共享性和可扩展性。

除上述有机体和无机环境外，区别于一般的生物生态系统，泛在学习生态的健康发展离不开科学的保障机制环境。以学习资源建设为例，资源共享一直是 e-Learning 研究的焦点，为了更好地促进泛在学习系统之间的资源共享，需要借鉴 e-Learning 标准化的资源建设思路，制定一套标准的 u-Learning 资源开发、传递、使用和管理的规范。资源规范环境的建立是泛在学习资源有序发展、良性循环和高效共享的重要保障。当然，除资源规范外还要有合适的新型学习理念（联通主义、分布式认知、情境认知、社会建构主义等）作指导，国际公认的技术标准作支撑（网络技术标准、学习平台架构标准等），最后还需要设计科学的运行保障机制（学习评价机制、内容安全机制、学习激励机制等）。

1.3.3 泛在学习生态环境特征

持续、健康、和谐的发展是所有生态系统追求的共同目标，泛在学习生态系统也不例外。为了指导和谐泛在学习生态系统的构建，上述模型除具备一般生态系统的整体性、开放性、自组织性、动态平衡性等基本特征外，还具备如下特征。

1. 从生命有机体的角度看待泛在学习资源

从生命有机体的角度看待泛在学习资源，赋予学习资源持续进化和发展的能力，一定程度上来说，是对当前 e-Learning 学习资源的重大变革。上述泛在学习环境模型将资源作为关键性物种，突出其开放、进化的特色。学习资源通过开放的结构，允许多用户参与内容编辑，不断丰富自身的内容、精练结构，并动态地与其他资源个体产生语义关联，从而构建可持续发展的资源云服务。进化的学习资源保证了内容的及时性、适用性，更加适合非正式学习、终身学习的学习需求。

2. 强调学习生态系统健康运行的保障环境的作用

当前泛在学习环境的设计大都基于技术的视角，对环境要素及要素间的关系缺乏系统的梳理，导致对泛在学习生态系统健康发展的保障环境重视不足。自组织虽然是生态系统的基本特征之一，但毫无理念指导、机制约束的自组织必将是低效和混乱的，缺乏机制保障的 u-Learning 系统的运行和推广也将"步履维艰"。上述泛在学习环境模型将保障环境分成学习理论指导、资源规范环境、技术标准支持、运行机制保障四部分，从学习理念、技术、运行等不同层面对泛在学习生态系统的健康、持续发展提出了保障环境方面的要求。

3. 突出资源作为用户种群内部人际关系网构建的纽带作用

传统的 e-Learning 资源常常作为用户汲取知识营养、提升技能的消费对象，而忽视了资源的另外一种重要作用——人际关系的纽带。Web 2.0 时代的到来，社交、联通、共同体、协同等概念越来越流行，虚拟环境中人际交往的价值变得越来越重要。上述泛在学习环境模型突出了资源种群在关系纽带方面的作用，有助于进一步提升学习资源在整个学习生态中的地位，同时也将对新型学习平台中人际网络的构建带来重要影响和启示。

4. 细化与泛在学习实际需求紧密结合的学习服务

目前很多泛在学习环境的设计都将学习服务作为重要的组成部分，然而，在体现泛在学习优势、满足泛在学习实际需求的特色学习服务的细化设计上考虑不足。上述泛在学习环境模型在学习服务的设计上充分考虑了泛在学习对资源语义检索、资源个性化推荐、终端设备上的学习内容自适应呈现、社会认知网络共享等方面的实际需求，将大大促进泛在学习生态中数据流、信息流、知识流在用户种群、资源种群、学习设备和基础支撑环境间的良性循环。

04
Section **学习资源建设面临的挑战**

1.4.1　泛在学习对资源建设提出新要求

学习资源既是 e-Learning 的灵魂，也是 u-Learning 环境的核心，如何组织学习资源，使其满足无处不在、按需提供、适应呈现等泛在学习的需求，是一个新的研究课题。泛在学习的泛在性、情境感知以及以现实问题解决作为核心价值的本质特性，都昭示着当前 e-Learning 中单点集中存储、按照层次目录结构组织呈现的学习资源也已经无法适应未来泛在学习的发展，泛在学习对学习资源提出了新的需求。

1. 如何构建无处不在的学习资源空间

泛在学习使人类可以在任何时间、任何地点通过任何移动显示终端，随意获取当前所需要的学习资源。传统的单点集中式资源存储模式无论从资源存储量上还是从资源获取的快捷性上都无法满足泛在学习的要求，这就要求将当前的资源存储模式改为分布式网络存储。物理空间中存在无数多的资源存储节点（数据库服务器、个人电脑、移动存储设备、公共信息平台等），每个资源节点通过无处不在的泛在通信网络建立链接，构建成一个无限大的智能资源网络空间。学习者可以轻松获取当前急需的学习资源，而无须关注资源来自哪个学习平台。需要说明的是，资源智能网络空间中的节点是彼此关联的，学习者还可以学习与请求资源相关联的其他学习资源。

2. 如何满足无限群体的个性化学习需求

与传统 e-Learning 不同，泛在学习环境下的学习者是一个无限扩充的群体，每时每刻都会有新的用户产生，而且同一用户在不同的时间和地点又会有不同的需求，要想满足不同群体的个性化需求，海量丰富的学习资源是基本保障。然而，任何机构或组织都无力承担泛在学习环境下学习资源建设的全部任务。泛在学习对资源量的硬性要求使我们必须改变当前由专家或某机构单点生产出版学习资源的建设模式，让学习者本身成为学习资源的建设者和使用者，发挥集体的智慧和力量"群建共享"学习资源，最终形成一个可以无限扩展的资源生成链条，实现"微内容、宏服务"的完美结合（见图 1-3）。

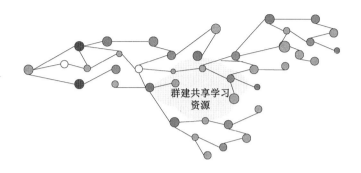

图 1-3　资源生产与进化链

资源量的无限扩展仅仅是满足个性化学习需求的必要条件。对于每个学习者个体来说，其所需要的资源量是有限的，为了从无限的资源网络中挑选有限量的适合学习者计算设备浏览的内容给学习者，这就涉及另一个问题，即资源的智能性和适应性。泛在学习环境下的学习资源相对于传统的素材资源，除需要具有元数据描述功能外，在资源本身智能性的挖掘上也需要大大增强。一方面，资源要能够根据用户所用设备的物理参数信息，自动推送适合格式、适合数量的学习资源，实现技术环境的自动适应；另一方面，资源要能够根据不同用户的不同操作，进行不同的反应（如呈现内容的顺序、内容块的大小、反馈信息等），实现个性特征的自动适应。

3. 如何实现学习资源的动态生成与生命进化

传统的 e-Learning 学习资源是静态的、结构封闭的资源，内容更新迟缓，用户难以进行个性化编辑，学习过程中产生的大量生成性信息，如用户对特定文本的注释信息、添加的学习内容、讨论信息、答疑信息等，只能随着学习进程的结束而消失。未来泛在学习环境中的学习资源要能够实现动态生成和不断地进化发展，变静态封闭的资源结构为动态开放的资源结构，用户可以协同编辑资源内容，学习过程中产生的生成性信息也可以共享，实现信息资源的持续性链接，即学习者可以在任何时间、任何地点从任何智能资源空间中提取所需要的学习资源，保证学习过程链的延续。另外，通过元数据标识借助语义分析技术实现资源节点间的动态链接，自动构建无处不在的资源智能网络空间，让每个资源"细胞"通过资源链的不断建立和丰富持续生长。

4. 如何支持非正式学习中的情境认知

情境认知理论认为，知识是个人和社会或物理情境之间联系的属性以及互动的产物，是基于社会情境的一种活动，是个体与环境交互过程中建构的一种交互状态。任何有效的学习都不可能脱离情境而发生，情境是整个学习中的重要而有意义的组成部分。与正式学习相比，非正式学习更加注重知识的实际应用和真实情境问题（了解一份菜肴的制作过程、查询最快捷的乘车路线等）的解决。非正式学习的发生源于具体的情境问题，同时其学习的成果也将应用到真实的生活情境中。因此，泛在学习环境中的学习资源，一方面要能够被情境感知设备（数据手套、头盔式显示器、手控或声控输入设备等）方便地获取，增强学习者与学习环境的交互，使学习犹如在真实的情境中发生，以利于知识的迁移运用；另一方面还要包含丰富的以情境问题为核心组织的学习知识，用户除可以获取特定的学习内容外，还可以获得与该情境问题相关的知识集合，以促进学习者对某情境知识的全面了解和掌握。

5. 如何实现不同微内容基于语义的自然聚合

学习者需要的是能够及时解决生活、工作中现实问题的片段性知识。因此，泛在学习环境下学习资源的粒度要更细，用户无须花费太长时间便可以在不知不觉中学完一个知识点。另外，通过设定主题词，借助一定的语义分析功能，可以查找具有相同或相似主题的学习资源，并自动建立联结，从而使资源实现基于语义的自然聚合。内容微型化和基于语义的自然聚合将成为未来泛在学习资源设计与建设的重要趋势。

6. 如何共享学习过程中的人际网络和社会认知网络

泛在学习网络系统主要包括四个子网络，通信网络、资源网络、人际网络和社会认知网络。四个网络从内到外，内层网络是外层网络建立的基础，可以为外层网络提供支持（见图1-4）。

图 1-4　泛在学习网络系统结构

通信网络是整个网络系统的基础网络，负责底层数据传输；资源网络是在通信网络基础上由各学习资源节点基于语义关联形成的可无限扩展的内容网络；人际网络主要是基于无处不在的资源网络和通信网络，由学习相同或相似学习内容的学习者群体构建的关系网络；社会认知网络是在人际网络基础上建立的聚集了所有学习者的认知的智慧网络。未来的泛在学习，不仅要实现通信、资源层面的共享，还要实现人际层面、社会认知层面的共享。社会建构主义理论指出，学习是学习者基于一定的社会文化情境，在与学习环境的互动中自我建构意义、共享和参与社会认知网络的过程。未来的泛在学习不仅仅是基于资源的自主学习，还包括与网络学习空间中的任何其他实体的互动和交流。学习资源除作为知识的载体外，还要能够成为建立人际网络的中介点，即不同的学习者可以通过资源，与学习该资源的人建立联系，组建可以无限扩展的社会认知网络。学习资源要成为人际网络的中介，设计上一方面要能够记录、跟踪学习该资源的所有学习者的信息，自动构建基于该资源节点的学习群体空间；另一方面要能够与其他包含相似知识内容的资源节点自动建立链接，融合彼此的学习群体空间，最终实现整个泛在学习网络系统全方位的共享。

1.4.2　开展资源进化研究的重要性

可持续进化的学习资源对于泛在学习具有重要意义，国内学者已开始从理念上宣传资源的进化特性。余胜泉等[1]指出，泛在学习需要更多可进化的学习资源，传统的静态的、固化的、更新迟缓的 e-Learning 资源无法满足泛在学习的实践需求；程罡等[2]概括了学习资源六个方面的发展趋势：可进化性、分布式、社会性、情境性、开放性和复合性；赖德刚等[3]认为未来的学习资源必须是在使用过程中可以进化发展的，当前的静态演示型网络课程急需改变以适应在线协作学习的需要。

可进化性已经成为未来学习资源的重要特征和趋势，将对当前更新缓慢、缺乏进化动力的 e-Learning 资源带来巨大的挑战，学习资源的进化研究也将成为未来泛在学习的重要研究方向。无处不在的学习需要无处不在的学习资源，需要海量的、满足各种个性化需求、实效性强的学习资源。当前，仅靠少数资源开发商、教师、专家来单方面生产、传递、管理学习资源的传统资源建设模式已经过时。Web 2.0 理念的快速传播及其成功实践表明，充分利用和聚合普通用户的群体智慧比 Web 1.0 时代的单向信息传递模式更具活力。世界上并不存在一个上帝或超人可以生产所有的资源，泛在学习必然采取"群建共享"的开放协同建设模式，来实现泛在学习资源的持续生成和进化，满足学习者不断增长的各种个性化需求（见图 1-5）。然而，"群建共享"的开放协同建设模式也存在一大缺陷。开放的环境中用户群体复杂，任何人都可以参与资源建设，将直接导致资源质量良莠不齐，进而引起维基百科所遇到的"信任危机"[4]问题。原因在于，完全开放的环境下学习资源处于"无监管"状态，缺乏对其进化方向的控制和约束，导致资源毫无方向的"杂乱"生长。

---

[1] 余胜泉，杨现民，程罡. 泛在学习环境中的学习资源设计与共享——"学习元"的理念与结构[J]. 开放教育研究，2009，15（1）：47-53.

[2] 程罡，徐瑾，余胜泉. 学习资源标准的新发展与学习资源的发展趋势[J]. 远程教育杂志，2009（4）:6-12.

[3] 赖德刚，陈超. 关于网络课程开发现状与发展趋势的一点思考[EB/OL]. http://202.202.107.9:8084/article.jsp? id=1034, 2010-4-11.

[4] Rob Lever. Wikipedia faces crisis[N]. ABC Science, 2005-12-12.

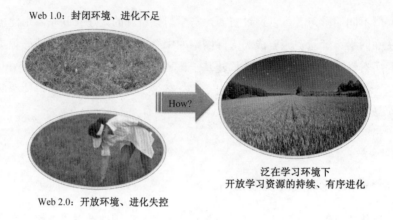

图 1-5　如何实现泛在学习资源的持续、有序进化

此外，资源之间的动态语义关联又具有非常重要的价值。资源间的动态语义关联信息，将大大减轻学习者盲目检索资源的压力和负担，使其更加直观地发现自己感兴趣和所需要的资源，起到"知识导航"的作用。而对于资源本身而言，通过与外部资源实体进行"联通"，将大大提高其被发现和检索的概率，将被更多的用户浏览和编辑，增强自身的进化能力。然而，当前的 e-Learning 资源多采用静态元数据的描述技术[1]，资源之间普遍缺乏语义关联，常采用人工编辑超链接的方式（如维基词条间的关联）建立资源间的关联，耗时耗力，难以快速发现、动态建立资源间的语义关系。

本书拟探索更加适合泛在学习的新型资源组织方式，围绕资源的有序进化，开展进化模式、关键技术、应用实践、进化评价等多方面研究，以期为泛在学习的普及和推广提供资源进化方面的理论和技术支持。泛在学习资源进化研究的学术与实践价值主要体现在以下三方面。

（1）泛在学习资源的进化研究，将促使研究者和实践者在重视优质资源共建共享的同时，关注资源的进化问题，赋予资源生长性，有助于促进大量优质学习资源的协同建设和持续进化，使资源能够更好地满足时代的需要。

（2）泛在学习资源的进化研究，将进一步丰富我国数字资源建设的理论体系，有助于提升我国在泛在学习研究领域的影响力和地位。同时，还将对我国当前数字资源建设领域提供新思路，指导大量优质教育资源的开发与持续更新。

（3）泛在学习资源进化过程中关键技术的探索，将为数字资源的协同创建与有序进化提供工程化的解决方案，具有潜在的商业推广价值，产生良好的经济效益。

[1] 邵国平，余盛爱，郭莉. 语义 Web 对 e-Learning 中资源管理的促进[J]. 江苏广播电视大学学报，2008，19（5）：23-26.

第 2 章
Chapter 2

泛在学习资源信息模型

01 资源信息模型的概念与价值
Section

20 世纪 90 年代至今，数字化学习资源的建设基本上经历了这样一个发展历程：从最开始的盲目建设到后来的规范化设计开发，从最初的"资源孤岛"到后期的"资源共享"，从最初的专家或机构集中生产到 Web 2.0 时代的"群建共享"。数字化学习资源技术的发展大体经历了从积件到学习对象再到学习活动的发展过程[1]。学习资源的设计是高质量、高标准学习资源产生的前提，而在资源的设计中，资源信息模型又起到至关重要的作用。资源信息模型设计的优劣直接决定了数字化学习资源的质量以及资源共享的广度和深度，进而影响到 e-Learning 的学习效果。资源信息模型其实是一种用来定义网络资源结构要素的属性以及要素之间关系的通用方法，常常通过对资源间的共性信息及关系抽取来达到资源建模的目的。资源信息模型的构建是资源设计的核心，在后期资源建设与共享中将起到方向指引和方法指导的作用。资源信息模型的价值集中体现在如下两个方面。

1. 资源对象建模，指导资源的建设开发

e-Learning 领域学习资源的盲目建设源于没有提前进行良好的资源设计，资源建设者心目中没有清晰的资源信息模型，分不清哪些要素是必需的，哪些是促进有效学习的核心因素，资源要素之间的关系模糊不清，不能把握要素之间的本质关系。通过对资源对象进行建模，精心设计科学、合理、实用的资源信息模型，将使资源建设者明确资源包含的核心要素及其关系，对资源的结构特征"了然于胸"，进而更好地指导学习资源的大规模开发。

2. 规范资源建设，促进资源的共享传播

要想实现学习资源的共享传播，首先要设计通用的资源信息模型，从数据结构层面对学习资源进行规范约束。资源信息模型提供了必要的通用语言来表示资源对象的特性和部

---

[1] 余胜泉，杨现民. 辨析"积件""学习对象"与"学习活动"——教育资源共享的新方向[J]. 中国电化教育，2007（12）：60-65.

分功能，可以使不同的应用程序对资源进行重用、变更和分享，促进学习资源的大范围共享传递，减少资源建设的重复劳动，节约 e-Learning 的成本。

　　目前，e-Learning 正在经历着从接受认知教学范式向建构认知教学范式再到分布式情境认知教学范式的转型。这一转型的直接作用（或外在表现）就是从接受学习向协作式学习、研究性学习、非正式学习等方式转变，更加关注学生的学习活动设计，凸显学习共同体的作用，使教学活动向着个性化、虚拟化和情景化发展，更加重视学习者作为生命个体的存在[1]。为顺应技术的发展趋势和网络教学范式的转变，数字学习资源的设计与开发需要寻求新的突破，以更有效地支持 e-Learning 的发展和学习资源的重用。本节首先介绍了当前国际上几种主流的学习资源信息模型，然后剖析了当前资源信息模型设计上的缺陷，最后提出了一种适合泛在学习的新型资源信息模型——学习元信息模型。

---

[1] 余胜泉，程罡，董京峰. e-Learning 新解：网络教学范式的转换[J]. 远程教育杂志，2009（3）：3-15.

02 国际主流学习资源信息模型介绍
Section

2.2.1　LOM 标准中的信息模型

LOM[1]（Learning Object Meta-data）由 IEEE P1484.12 制定，是当前国际上最流行的学习对象元数据标准之一。LOM 旨在通过设定一套标准的资源属性框架对学习资源进行统一规范的描述，使学习对象可以被方便地搜索、获取、管理、定位和评价。LOM 包括两个重要部分，一是学习对象，二是元数据（见图 2-1）。LOM 标准中的资源信息模型比较简单，主要是在学习对象上附加了元数据描述信息。

图 2-1　LOM 信息模型

LOM 标准中的信息模型虽然简单，但其产生的价值和意义却是深远的，是后续资源信息模型设计的坚实基础，是所有资源信息模型的核心集。

2.2.2　SCORM 标准中的信息模型

SCORM[2]是当前 e-Learning 资源建设领域应用最广泛的学习技术标准，该标准通过设定严格的内容包装规范，把学习内容包装成统一的数据格式并且绑定足够的支持信息来实现包之间的信息交换以及学习内容包和 LMS 间的通信。SCORM 标准文档中并没有对资源的信息模型进行明确的规定，但是通过 SCORM 文档中内容聚合模型（Content Aggregation Model，CAM）部分的描述，可以发现其信息模型包含的核心要素。

CAM 包括内容模型、内容包装、元数据、排序和导航四个组成部分。其中内容模型主

[1] IEEE LTSC. LOM_1484_12_1_v1_Final_Draft[EB/OL].http://ltsc.ieee.org/wg12/files/LOM_1484_12_1_v1_Final_Draft.pdf, 2011-9-23.

[2] 路秋丽．ADL SCORM2004 翻译文档[EB/OL]. http://www.etc.edu.cn/adl-SCORM2004/ADL_SCORM.htm, 2012-3-3.

要定义了一次学习体验的内容组件的命名，如微单元、可共享内容对象、内容结构、元数据等；内容包装定义了一次学习体验的固定动作（内容结构）以及如何在不同的环境中组合学习资源的活动（内容打包）；元数据描述 SCORM 各组成部分的说明和要求；排序和导航对内容对象（SCOs 或 Assets）的发送次序进行排列，而且能够允许 SCO 传递导航请求，为学习者提供导航控制能力。

在 CAM 基础上进一步抽象，便可以将 SCORM 的信息模型抽取为元数据、学习资源（内容）、排序导航信息和包装信息四个核心要素（见图 2-2）。元数据采用 IEEE LOM 标准对微单元、可共享内容对象、内容组织结构、内容包等进行统一形式的描述；学习资源（内容）是知识的载体，SCORM 包主要包括 Asset 和 SCO 两种形式的资源；排序导航信息是基于 IMS-SS 规范附加在活动树（学习内容结构树）节点上的控制信息，用来描述学习活动的分支和流程，根据学习者与运行的内容对象的交互结果来决定下一步呈现的学习内容；包装信息是基于 IMS-CP 规范对 SCORM 包内所有要素聚合结构的描述。通过分析，可以发现 SCORM 本质上只是对学习内容的封装，仍然属于技术的范畴，本身并不能承载任何的教学活动信息[1]。

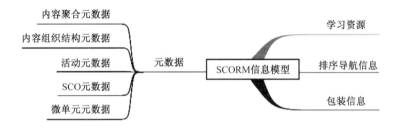

图 2-2　SCORM 信息模型

2.2.3　IMS-LD 标准中的信息模型

IMS-LD[2]是 IMS 全球学习联盟于 2003 年 1 月正式发布的学习设计领域的重要规范。其目标是要提供一个学习设计的公共元素框架，可以以规范的形式描述任何教与学过程的设计。IMS-LD 包含 A、B、C 三个不同层次的规范，高层次规范完全兼容低层次规范。

学习设计规范借用戏剧术语来描述教学流程，利用剧本（Play）、幕（Act）和角色分配（Role-parts）等部件来整合各元素，形成学习设计的流程架构方法（Method）。IMS-LD

---

[1] 余胜泉，程罡，董京峰. e-Learning 新解：网络教学范式的转换[J]. 远程教育杂志，2009（3）：3-15.

[2] IMS Global Learning Consortium. IMS Learning Design Information Model[EB/OL]．http://www.imsglobal.org/learningdesign/ldv1p0/imsld_infov1p0.html, 2011-9-23.

信息模型中包括角色、活动、活动结构、环境、方法、属性、条件、通知八大元素。从图2-3可以发现，IMS-LD包含三种层次的信息聚合，顶层是学习设计，中间层是一系列的部件、学习目标或先决条件、方法，最底层包括资源、剧本、条件和通知。学习设计由部件、学习目标/先决条件和方法聚合而成，而部件和学习目标/先决条件由一系列的资源聚合而成，方法由剧本、条件和通知聚合而成。

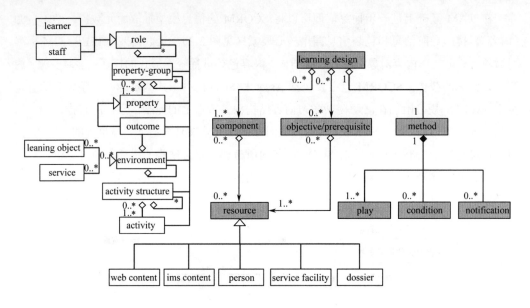

图 2-3　IMS-LD 的信息模型

　　整体来看，部件（Components）和方法（Method）是信息模型中两个相对应的关键元素。部件是变量声明的地方（可以把它看成学习设计中可重用资源的集合，这个集合负责对资源进行说明）；Method 是体现具体教学方法的地方。设计者以学习设计的理念为基础，对学习资源、学习任务、学习活动、学习环境等各个方面进行分析，构建多种教学法（如基于问题的学习、小组讨论、案例教学等）。IMS-LD 的最大优势是可以通过对各种规范元素的设计和组合，构建出多种灵活的教学方法。

2.2.4　IMS Common Cartridge 标准中的信息模型

　　IMS Common Cartridge[1]标准（以下简称 IMS-CC）是 IMS 全球学习联盟 2008 年 10 月正式发布的新一代学习资源标准，该标准是在 IEEE LOM、IMS Content Packaging v1.2、

[1] IMS Global Learning Consortium. IMS Common Cartridge Profile Version 1.0 Final Specification [EB/OL].
　　http://www.imsglobal.org/cc/ccv1p0/imscc_profilev1p0.htm, 2011-9-23.

IMS Question & Test Interoperability v1.2.1、IMS Authorization Web Service v1.0 等一系列现有成熟规范的基础上构建的。IMS-CC 标准为富媒体网络资源的分发定义了一个通用开放的格式，可以实现内容和系统之间严格意义上的互操作。程罡等将 IMS-CC 标准的特色归纳为"对学习资源分布式体系结构的支持"和"对学习内容与学习活动无缝融合的支持"两个方面[1]。IMS-CC 的特色和优势主要体现在支持更多类型的数字内容格式、支持内容包的授权访问、封装讨论和测试信息、外部学习工具的无缝调用四个方面。

IMS-CC Profile 文档对 Common Cartridge 的概念模型进行了说明。从概念层次上来说，Common Cartridge 就是一个集成到 LMS 学习环境中的内容和元数据包，其内容可以分解成学习者经历数据、补充性资源、操作性数据及描述性元数据。

IMS-CC Profile 文档中对资源信息模型的介绍采用了 UML 类图的形式，对结构要素的介绍上过于细化，抽象度不够，用户理解起来稍有困难。本书依据 Common Cartridge 的概念模型并对 Common Cartridge 信息模型中的要素进一步抽象聚类，重新设计了 Common Cartridge 的信息模型（见图 2-4）。

图 2-4　Common Cartridge 的信息模型

Common Cartridge 主要包括元数据、学习内容、学习活动、学习工具、认证信息五种核心要素。与 SCORM 资源信息模型中的元数据相比，Common Cartridge 增加了角色元数据，目的是通过对资源关联不同的角色来控制资源内容的浏览权限，比如有些教学手册、作业答案、教学计划等资源只允许对教师开放，学习者只有在教师设定开放后才可以浏览。角色元数据是可选的，只有在需要控制资源浏览权限的时候才用到。IMS-CC 标准包括学生、教学者、教学设计者、管理员、学习管理系统五种角色。学习内容是将 Common Cartridge 包含的数字内容格式中涉及学习活动设计的部分排除所得到的内容集合，等同于概念模型中的学习者经历数据。学习活动主要包括 LMS 中常用到的讨论区和作业这两类活动设计信息。学习工具是 Common Cartridge 内容包中关联的外部第三方应用、工具和服务信息，学习工具的描述要符合 IMS-LTI 规范。认证信息是对 Common Cartridge 包内的各要素设置的访问规则信息，以保护访问受限的资源，增强安全性。

[1] 程罡，徐瑾，余胜泉. 学习资源标准的新发展与学习资源的发展趋势[J]. 远程教育杂志，2009（4）:6-12.

03 当前学习资源信息模型评述
Section

通过对国际上主流学习技术标准中资源信息模型的介绍，可以发现，学习资源的信息模型在逐步发展和完善。信息模型涵盖的范围从单纯的学习内容到学习活动再到分布式的各类第三方学习工具，越来越考虑到影响 e-Learning 学习效果的关键因素，远远超越了资源建设初期纯素材数字化包装的概念，上升到教学策略、教学过程、教学支持工具共享的层面。

近年来，在技术与理念的双重推动下，学习资源呈现出新的发展趋势。赵厚福、祝智庭等[1]对数字化学习技术标准的发展趋势进行了梳理，认为学习资源与知识本体的结合，学习资源与学习活动的结合，学习资源与人际网络的结合等是未来学习技术标准的三大发展趋势。程罡、徐瑾等[2]综述了学习资源技术标准的最新进展，并概括了学习资源六个方面的发展趋势：可进化性、分布式、 社会性、情境性、开放性和复合性。通过对当前资源信息模型的介绍，结合学习资源新的发展趋势，归纳了当前学习资源信息模型在设计上的主要缺陷。

1. 忽视学习的过程性信息

学习资源是知识的重要载体，学习者除能从资源获取知识、发展能力外，学习过程中还会产生很多生成性的信息，如对特定文本的注释，添加的新内容，发表的帖子，上载的资源，提出的问题等，而这些生成性信息对于当前和后继学习者来说，无疑是一笔非常宝贵的学习资源。现有的学习资源信息模型包含了内容、活动、工具等各种设计要素，可以实现预先设计信息的高度共享，却忽视了过程性信息的存储与共享，众多学习者在学习过程中产生的丰富的历史信息只能随着学习进程的结束而消失。

2. 忽视人际网络信息

联通主义学习理论认为学习是建立网络的过程[3]。学习是在相关的节点间建立有效的

[1] 赵厚福，祝智庭，吴永和. 数字化学习技术标准发展的趋势、框架和建议[J]. 中国远程教育，2010（2）：69-75.

[2] 程罡，徐瑾，余胜泉. 学习资源标准的新发展与学习资源的发展趋势[J]. 远程教育杂志，2009（4）：6-12.

[3] [加]G. 西蒙斯著. 网络时代的知识和学习——走向连通[M]. 詹青龙译. 上海：华东师范大学出版社，2009：27-30.

连接，包括人与内容的连接、人与人的连接。人与人之间的连接实质上是人际交往，或者说人际网络的形成。"人"作为学习资源的 一种重要类型，其作用并不亚于学习内容对学习的影响。以学习资源为中介点，借助强大的技术支撑，学习者之间可以方便地建立连接，构建各种人际关系网，在交流、互动、协作中大大降低网络学习的孤独感，提升 e-Learning 的效率和效果。SCORM、IMS-LD、IMS-CC 等当前主流的学习技术标准在资源信息模型的设计上都没有考虑"人"的因素，忽视了 e-Learning 中人际信息的共享。

3. 忽视资源的语义关联信息

e-Learning 领域的学习资源不应该是孤立存在的散列点的集合，而是彼此之间通过语义关联构建的知识网络地图。当前已有的学习资源信息模型中的语义关联信息严重弱化，仅就 SCORM 规范中的排序导航而言，也只做到了学习资源在呈现顺序上的语义关联，且只是资源内部要素间的前序后继关系，其他更加丰富的语义关系如包含属于、相关、等价、上下位概念等关系，以及当前资源与外部资源之间的关联信息都没有涉及。当用户正在学习一门课程时，如果能够提供与该课程主题类似或者同作者的其他课程资源，对于学习者的拓展学习来说无疑是大有裨益的。

4. 忽视资源的格式展现信息

当前 e-Learning 领域的学习资源大多是基于特定应用情景而设计开发的，比如基于 PC 浏览的网络课程，基于手机浏览的移动课件等，往往忽视了资源展现上的灵活性。换言之，同一份学习资源无法很方便地在不同的终端学习设备上适应性呈现。原因在于，学习资源在设计之初就没有考虑如何封装其格式展现信息，导致资源信息模型不完备，其指导下开发的资源自然无法适应多个学习终端。

5. 忽视资源的语义本体描述信息

SCORM、IMS-LD、IMS-CC 等学习资源标准都采用静态元数据的方式对资源进行描述，通过建立元数据标准来保证描述的一致性，进而促进资源的共享交流。静态元数据的方式应用很普遍，在学习资源共享方面发挥了巨大的作用。然而，随着本体、语义 Web 等新技术的不断成熟和推广应用，学习资源领域越来越发现现有的静态元数据由于没有承载任何语义信息，因而无法保证描述的一致性，也无法实现更加精确的语义检索。学习资源领域已经开始应用本体技术改善当前的元数据模型，从语义的角度来描述学习资源[1,2]。语义本体技术的引入，将使学习资源附加更丰富的语义信息，机器将能明白这些信息的含义，从而使学习资源的语义检索、自动聚合等成为可能。

[1] 王洪伟，吴家春，蒋馥. 基于本体的元数据模型及 DAML 表示[J]. 情报学报，2004（2）：131-136.
[2] 耿方萍，朱祥华. 基于本体的网络资源表示研究[J]. 计算机应用，2003，23（4）：4-9.

04 Section 泛在学习资源信息模型构建

2.4.1 泛在学习资源模型构建的技术支撑

近年来，语义网、云计算、普适计算等新技术不断涌现和快速发展，将对人类生活、工作、学习的方方面面产生前所未有的变革。同时，这些新型技术的出现和逐渐普及也为泛在学习环境下的新型资源信息模型的设计提供了强大的技术支撑。

1. 语义网

语义网是当前万维网的扩展，其包含的信息将被赋予明确的含义，使计算机和人能够协同工作[1]。简单地说，语义网是一种能理解人类语言的智能网络，它不但能够理解人类的语言，还可以使人与计算机之间的交流变得像人与人之间交流一样轻松。当前语义网的七层体系架构已经较为完善，从下到上包括编码层、语法层、资源描述层、本体层、逻辑层、证明层和信任层。其中，编码层、语法层、资源描述层、本体层的技术标准已经由W3C 组织制定并正式发布，逻辑层的技术标准 SWRL（Semantic Web Rule Language）草案版也已由 W3C 发布。诸如 Jess、JENA、Clips、Racer 等推理引擎也已经比较成熟，并已在多个项目中推广应用。这些成熟的语义 Web 技术将为新型学习资源的语义描述、语义关联信息的产生、人际网络的形成等提供技术保障。

2. 云计算

自 2008 年首次提出"云计算"[2]的概念以来，大量的 IT 公司和企业开始积极推广云计算的服务模式。云计算中的"云"主要用来强调计算泛在性和分布性，实质上是分布式

---

[1] Tim Berners-Lee, James Hendler, Ora Lassila. The Semantic Web[J]. Scientific American, 2001, 284(5):34-43.

[2] 江晓庆，杨磊，何斌斌. 未来新型计算模式——云计算[J]. 计算机与数字工程，2009，37（10）：46-50.

计算、并行计算和网格计算等技术的发展。云计算热潮的出现源于其能够将分布在各地的服务器群进行网联，能够实现大规模计算能力、海量数据处理和信息服务的需求。云计算被视为科技业的第三次革命，云计算的出现，有可能完全改变用户现有的以桌面为核心的使用习惯，而转移到以 Web 为核心，使用 Web 上的存储与服务。云计算技术将为泛在学习环境下海量学习资源的存储和共享提供技术支撑。

3. 普适计算

普适计算（Pervasive Computing）是信息空间与物理空间融合的技术，在这个融合的空间中人们可以随时随地、透明地获得数字化的服务。普适计算是虚拟现实的反面。虚拟现实致力于把人置于计算机所创造的虚拟世界里，普适计算则是反其道而行之——使计算机融入人的生活空间，形成一个"无时不在、无处不在而又不可见"的计算环境。普适计算技术的发展，大大推动了超越台式机形式的各种新媒体智能终端的发展，用户终端缤纷多样，各种微型的便携式智能手持设备将逐渐成为人们生活中的一部分，如台式计算机、公共信息终端、电子白板、智能手机、PDA、掌上电脑、移动电视等。普适计算技术为实现泛在学习环境下随时随地的基于任何手持设备获取学习资源并进行适应性的格式呈现提供了可能。

2.4.2　学习元：一种新型资源信息模型

国内余胜泉等学者结合普适计算技术的发展以及泛在学习的实际需求，指出当前学习资源建设面临六个方面的挑战：如何满足无限群体的个性化学习需求，如何实现学习资源的动态生成与生命进化，如何构建无处不在的学习资源空间，如何支持非正式学习中的情境认知，如何实现不同微内容基于语义的自然聚合，如何共享学习过程中的人际网络和社会认知网络[1]。通过对国际上几种主流学习资源技术标准中的资源信息模型的研究，以及对当前资源信息模型存在主要缺陷的分析，北京师范大学的余胜泉教授团队设计了一种泛在学习环境下的新型学习资源信息模型（见图 2-5）。

从 LOM 信息模型到 SCORM 信息模型再到 IMS-LD、IMS-CC 信息模型，数字化学习资源信息模型正处在不断进化发展的过程中，支持有效学习的要素越来越突出，结构越来越丰富。总体呈现出从内容到活动，从物化资源到人际资源，从预设信息到生成性信息，从静态元数据到语义本体等发展趋势。

---

[1] 余胜泉，杨现民，程罡. 泛在学习环境中的学习资源设计与共享——"学习元"的理念与结构[J]. 开放教育研究，2009（1）：47-53.

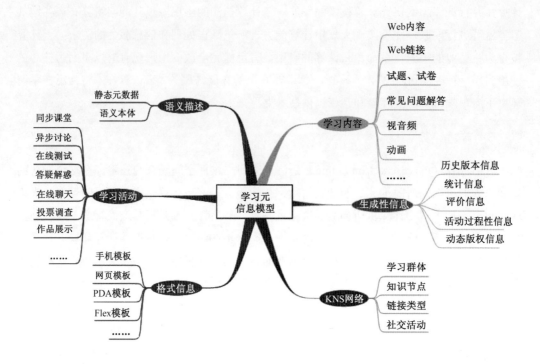

图 2-5　学习元的资源信息模型

1. 学习元的概念界定

学习元（Learning Cell）中的"元"有两层含义，一是指"元件"，按照辞海中的解释为"机器、仪器的组成部分，其本身常由若干零件构成，可以在同类产品中通用"，此处的"元"特指学习元的微型化和标准性，学习元可以成为更高级别学习资源的基本组成部分；二是指"元始"，也就是开始的意思，从无到有、从有到小、从小到大、从大到强、从强到久的过程，此处的"元"反映了学习元具有类似神经元不断生长、不断进化的功能，其本质是学习元的智能性、生成性、进化性和适应性。

在理解学习元中"元"字含义的基础上，本书将学习元定义为：具有可重用特性支持学习过程信息采集和学习认知网络共享，可实现自我进化发展的微型化、智能性的数字化学习资源。学习元是对学习对象的进一步发展，是在汲取学习对象、学习活动技术促进教育资源共享理念的基础上，针对现有学习技术在非正式学习支持不足，资源智能性缺乏，学习过程中的生成性信息无法共享，学习内容无法进化等缺陷，提出的一种新型学习资源组织方式。

2. 学习元的设计思路

（1）支持学习资源的持续演进和生长。学习资源不再是一成不变的，而是在使用过程中不断吸取广大学习者和教师的智慧不断进化和发展的。资源进化过程中的版本更迭、历史记录、生成性信息都被保留，使学习者可以从历史的角度来观察一个观念、一个主题、一个理论的演进过程，对其生命周期有更完整、更深入的理解，这有助于学生的知识建构以及理解知识的情境性。

（2）扩展资源的共享范围，除学习内容外，还包括学习活动、练习、评价等部分，以支持完整的学习流程，并将人的因素纳入到资源共享的范围，支持跨平台的用户通信和社会网络共享。

（3）提炼出资源背后的内在知识结构，使资源的进化、不同类型学习资源的构建都紧紧围绕核心的知识模型展开，具备一定的内聚性；使资源不仅能被人使用和浏览，也能为机器方便地理解和自动化处理，海量资源的聚合最终形成一个庞大的"资源库+知识库"。

（4）定义一系列开放的服务接口，使学习资源能够在运行时实时的共享，动态的获取资源、更新信息和用户交互信息，促进学习资源在更大范围内共享，构成无处不在的泛在资源空间。

3．学习元的结构要素

通俗来讲，学习元是在学习内容的基础上附加了一定的语义描述、生成性信息、格式信息、学习活动和 KNS（Knowledge Network Service）网络的新型学习资源。学习元能够帮助学习者在任何时间、任何地点通过任何途径获取所需学习资源，在一种轻松愉悦的学习体验中学到自己所需要的知识。学习元面向具体的微型学习目标，既能够自给自足、独立存在，又可以实现彼此联通，构建以学习者为中心的个性化知识网络。为了使读者更好地理解学习元的资源信息模型，有必要对其内部结构要素进行简要介绍。

1）学习内容

学习内容是学习元的核心要素，是知识的载体，任何学习元都包含特定的学习内容。学习元的学习内容支持多种媒体格式和内容类型，包括 Web 内容、Web 链接、试题、试卷、常见问题解答、视音频、动画等。学习元面向的是非正式学习环境下的终身学习者，由于大众用户学习场所的不固定和学习时间的零散性，学习内容的设计需要遵循学习目标明确、小粒度、重难点突出、易于关联、实效性强、快乐学习体验等原则。需要说明的是，学习元的学习内容不是素材的简单堆积，而是按照一定内在的逻辑结构对学习素材进行的整合设计，是具有完整意义的学习单元。另外，学习元的学习内容具有开放性，即允许用户参与到内容的协同编辑中来，保证学习内容具有很强的"生命力"，可以持续生成进化，同时更好地激发和维持学习者的学习热情和动机。

2）语义描述

语义描述是对学习元内部要素及其整体结构进行的描述性信息，以方便对学习元进行分类管理、浏览查找、共享互换等，同时也为学习元间自动建立语义关联提供数据基础。信息描述上，学习元综合了传统静态元数据使用简单、效率高以及语义本体技术描述能力强、语义一致无歧义的优点，从两个方面对学习元进行全面、科学的描述。

静态元数据。类似 IEEE LOM 和 Dublin Core 的元数据规范，通过定义一套通用的元数据信息模型来描述学习元，保证描述的一致性，进而促进资源的共享交流。

语义本体。W3C 发布的 OWL 可以作为语义本体的描述语言，通过定义学习资源的通用本体，在本体层面对学习元进行语义描述，避免资源属性及关系描述的歧义性。

3）格式信息

格式信息是指学习元在不同终端设备上如何展现的设计信息，学习元制作者可以遵循开放格式规范设计在多个终端上播放学习元的配置文件，终端通过解析不同的配置文件适应性地呈现学习元内容。格式信息是学习元内部要素的一部分，每个学习元都要至少附带一种格式信息方可呈现给用户，默认为面向 PC 的网页呈现格式。为方便资源制作者设计格式信息，系统可以内置若干格式模板，如网页显示模板（在 HTML 网页上呈现学习元的内容模板，不同的模板包含不同的网页布局和样式，可以对学习元的各个要素进行多样化的呈现）、手机显示模板（在各种主流手机 iPhone、OPhone、Nokia、Sumsung 上呈现学习元的内容模板等）。

4）学习活动

学习活动可以促进学生认知的外显化，使学生在活动中自主、协同建构知识意义，并获得相应自主、探究、协作的能力，本质上来说是建构主义学习观的一种具体体现形式。将学习活动纳入到学习资源的信息模型中是一种必然趋势。目前 IMS-LD、IMS-CC 都已将学习活动作为资源封装的要素，支持学习活动设计的各种学习平台也相继出现，比如 LAMS（Learning Activity Management System）[1]、4A 平台中的活动管理系统、LFMS（Learning Flow Management System）[2]等。学习元在学习内容之上附加了更加丰富的学习活动（同步课堂、异步讨论、在线测试、答疑释惑、在线聊天、投票调查、作品展示等），学习者通过参与各种适合的活动来达到知识建构、问题解决、技能获取、情感培养等目的。除借鉴 IMS-LD、IMS-CC 在活动设计方面的成果外，学习元的资源信息模型在学习活动要素的设计上要考虑灵活的活动扩展机制，通过制定开放学习活动规范，可以方便地让开发者将各种各样的第三方学习工具嵌入到学习元中。

5）生成性信息

生成性信息是指学习元在使用过程中产生的各类信息，包括学习元的历史版本信息、统计信息、用户评价信息、各种学习活动的过程性信息等。

（1）历史版本信息是指学习元进化过程中的不同版本的迭代信息，学习元是允许多用户编辑的，自身具有持续的进化生长功能，因此便会产生 N 种不同的历史版本，学习元会

[1] LAMS International. LAMS Brochure[EB/OL].http://www.lamsinternational.com/documents/LAMSBrochure.pdf, 2012-6-12.

[2] 曹晓明. 基于"学习流"的教学支持系统设计研究[J]. 中国远程教育，2009（12）:62-65.

自动保存这些历史版本信息,以便学习者整体了解知识的成长过程。

（2）统计信息是学习元在使用过程中产生的类似点击率、评价次数、收藏量、系统排名等信息（包括但不限于）,该信息是系统自动生成并附加到学习元中的,统计的目的在于辅助学习者了解学习资源的热度,便于从繁杂的资源中筛选精品的、合适的资源。

（3）用户评价信息是学习元用户在使用过程中对学习元的评价记录,这些信息能够辅助学习者更加全面地理解、评价当前学习元,进而影响到学习者决策。

（4）各种学习活动的过程性信息是学习元用户在参与学习元活动过程中产生的信息,系统自动记录并绑定到学习元的学习活动描述文件中。这些过程性信息是学习的宝贵资源,可以为接下来的新学习用户提供更加丰富的学习信息,促进学习者的认知建构和优化。同时,通过对活动过程信息的记录也为进行客观的学习效果评价提供了基础。

（5）动态版权信息是学习元在使用成长过程中产生的版权修改、变更等信息,由于学习元内容对外开放,允许多用户协同编辑,通过引入科学的版权孵化机制,将更好地保护学习元创建者和贡献者的合法权益。

6）KNS 网络

KNS 网络是学习元在进化过程中通过与其他学习元建立语义关联而产生的知识网络。传统的学习课程、学习对象间的关系多是树状的、静态的结构,学习元在进化的过程中会与其他学习元建立某种语义关联（基于语义本体自动构建或学习元用户手动建立）,学习元用户也会在编辑、学习、评价、引用学习元的过程中自动建立某种人际关系,随着学习元的学习群体越来越多,以及学习元自身的不断生长进化,基于学习元的人际关系网络和知识网络便自动产生。KNS 网络包含四个要素:学习群体、知识节点、链接类型和社交活动（见图 2-6）。

（1）学习群体即与学习元有关的用户集合,包括学习元的创建者、协作者、贡献者等用户类型,同一个用户可能具有多重角色,如某用户既是学习元的购买者又是学习元的贡献者,每个用户都是 KNS 网络的一个用户节点。

（2）知识节点是 KNS 网络的内容节点即学习元,每个学习元都是 KNS 网络的一个内容节点。

（3）链接类型指的是学习元与学习元、学习元与用户、用户与用户之间的内在关系类型。如学习元与学习元之间可以包括前序后继关系、包含属于关系、相关关系、等价关系、上位下位概念关系等,这些关系是预先规定的几种通用关系类型,在实际的应用过程中,基于本体还可以构建更多细化的知识关系。

（4）社交活动是辅助用户在 KNS 网络中实现同步、异步的人际交流与协作的一系列活动工具,包括站内短消息、在线聊天、加好友、提问题、送祝福、送礼物、打招呼、分享链接等。

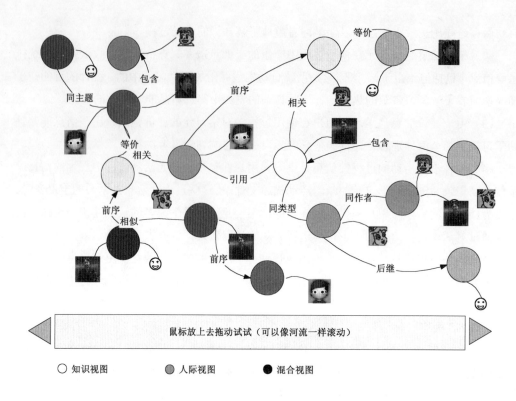

图 2-6　KNS 网络示意

4. 学习元的基本特征

学习元作为学习对象的进化，在保持学习对象的可访问性（Accessibility）、适应性（Adaptability）、可承受性（Affordability）、持久性（Durability）、互操作性（Interoperability）、重用性（Reusability）等特征的基础上，又具有自身独特的特点。其独特性主要表现在生成性、开放性、联通性、内聚性、进化发展、智能性、微型化、自跟踪八大方面。

1）生成性

传统的学习内容创建之后常常是固定不变的，既成的课程资源更新周期长，改造难度大，即便是 SCORM 课程包也只能实现对内容的重组和拆分，难以对内容本身进行再编辑，也就是说传统学习内容的生成是静态的、一次性的。学习元要改变学习资源一次生成难以更新的状态，让学习内容由"静"到"动"，创建者（资源出版者或普通用户）撒下最初的学习元作为"种子"，在广大用户的使用过程中收集子学习元产生的丰富的生成性信息，使得原有固化、静态的学习资源更具持久的生命力。

2）开放性

学习元具有较强的开放性，可以与外部媒介生态环境实现信息交换。每个学习元都内置了学习系统服务接口，通过类似 SCORM RTE 中的 API 函数实现系统对用户学习过程性信息的追踪以及母子学习元间的信息交换和状态更新。

3）联通性

联通主义学习理论认为学习是在知识网络结构中一种关系和节点的重构和建立，学习是一个联结的过程[1]。学习元除可以作为独立完整的学习单元存在外，还具有联通性，每个学习元都可以作为资源网络中的一个节点，彼此可以按照某种规则建立联结，这种联结的建立依赖于用户的不同需求，即用户可以根据已有知识经验和认知结构在不同学习元之间建立联结，从而构建极具个性的知识网络。另外，学习相同或相似主题学习内容的学习者还可以通过学习元实现人际网络和社会认知网络的构建，这与联通主义学习观所倡导的"联结和再造"价值取向是一致的。

4）内聚性

学习元是不断成长的，但又不是漫无边际的杂乱地生长，其学习内容是根据学习元的领域本体结构进化而来的，领域知识本体控制着学习元的成长方向，类似基因控制生物体的生长一样。

5）进化发展

学习元具有与神经元类似的生长和分裂功能，可以自动在网络中搜集主题类似或具有母子联系的其他学习元，并建立动态联结。用户在使用过程中可以不断丰富、修正学习元的内容，当领域知识丰富到一定程度时，还可以分裂成更小的知识领域的学习元，分裂后原学习元继续在支持系统中运行，新旧学习元自动建立母子联结。此外，学习元还借鉴了Web2.0"以人为本，群建共享"的核心理念，允许学习者协同编辑创建学习元，以实现学习元的持续进化发展。

6）智能性

学习元具有高度智能性，既可以根据显示终端的物理特性动态调整内容格式以适应多种显示终端（计算机、手机、掌上电脑、PDA 等）与平台，又可以根据用户学习记录动态调整学习内容的呈现顺序以及反馈信息等，还可以通过服务接口自动收集发现知识网络中的相似知识点并能够根据用户的不同需求实现学习内容的裂变和聚合。

7）微型化

为了维持学习者非正式学习时的连续注意力和学习兴趣，学习内容的设计必须遵循低认知负荷原则，内容块的粒度要小，学习者不需要花费太多的时间就可以在轻松愉悦的气氛中学会某方面的知识。

8）自跟踪

学习元具有自我跟踪的特性，分裂后的母子学习元会自动记录分裂信息（包括 Dividing Time、From Where、To Where、Operator 等），并能持续跟踪不同层次学习元的状态信息（包括内容是否更改、是否添加新学习内容、用户使用次数等）。

---

[1] George Siemens Connectivism: A Learning Theory for the Digital Age [J].Instructional Technology & Distance Learning, 2005(1):3-9.

05
Section 学习元的运行环境

学习对象的运行离不开支持 SCORM 标准的学习管理系统，学习活动的运行离不开符合 IMS-LD 规范的学习平台。同样，学习元作为学习技术的最新发展，其作用的发挥也离不开特定系统环境的支持（见图 2-7）。

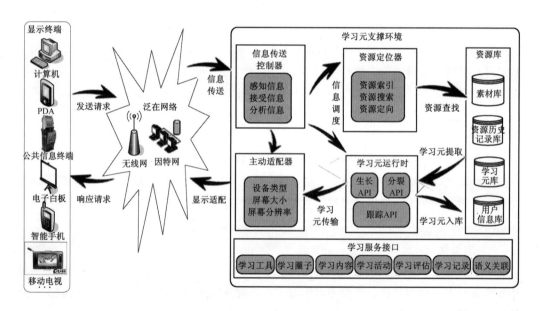

图 2-7　学习元运行环境

■ 2.5.1　学习元运行环境的组成

学习元运行环境主要包括三大部分：多种格式的显示终端、泛在网络和学习元支撑环境，三者既相互独立又彼此合作，共同组成学习元顺利运行的系统环境。

1．多种格式的显示终端

学习内容的前端显示区域为学习者操作（浏览、查找、输入信息等）学习元提供了图形化的操作界面，每个显示终端内置标准的学习元浏览器支持学习元的运行。目前，常用的显示终端有台式计算机、公共信息终端、电子白板、智能手机、PDA、掌上电脑、移动电视等。随着移动技术的不断发展，各种微型的便携式智能手持设备将逐渐支持基于学习元的泛在学习。

2．泛在网络

泛在学习需要大范围互联网络基础设施的支持，泛在网络特指为了实现泛在学习而组建的无处不在的网络，包括透明的无线网和可见的因特网。泛在网络主要负责数据的传输和通信设备的互联，是学习元传递的基础。泛在学习环境中的网络就如同空气和水一样，自然而深刻地融入了人们的日常生活及工作中。网络不再被动地满足用户需求，而是主动感知用户场景的变化并进行信息交互，通过分析人的个性化需求主动提供服务。泛在通信网络是多种接入方式、多种承载方式融合在一起的一体化网络，可以为用户提供无处不在的网络接入服务；任何对象（人或设备等）无论何时何地都能通过合适的方式获得永久在线的宽带服务，可以随时随地存取所需信息。泛在通信网络具有对称性、融合性，用户不是被动地接受服务，而可以主动地创造服务；网络作为基础设施，向学习者和智能学习主体提供无缝的信息通信服务。

3．学习元支撑环境

学习元支撑环境提供了一个管理运行学习元的集成环境，核心部件包括信息传送控制器、资源定位器、资源库、学习元运行时、主动适配器、学习服务接口等。信息传送控制器负责接受从泛在网络传递过来的用户请求信息，并对信息进行智能分析，以确定下一步的信息流向；资源定位器负责管理资源索引、搜索用户请求的学习资源并在资源库中自动查找；资源库是学习元及其他资源的核心存储区域，一般包括素材库、用户信息库、学习元库以及学习过程信息库；学习元运行时是学习元正常运行的核心，负责学习元与外界系统的信息交换，由一系列 API 函数组成，包括负责学习元生长的函数接口、学习元分裂的函数接口以及学习元跟踪的函数接口，通过学习元运行时，学习元可以快速实现学习内容的进化、基于语义的资源聚合以及学习元的分裂生长；主动适配器通过接受信息传送控制器传来的设备信息，对设备的类型、屏幕的分辨率等决定内容显示效果的数据综合分析，动态传递与显示设备相适应的学习内容；学习服务接口为用户提供一系列"学习元"的学习服务，包括学习工具、学习圈子、学习内容、学习活动、学习评估、学习记录、语义关联等，学习者可以根据自身需要通过无处不在的泛在网络快速调用这些学习服务接口，随时获取学习支持服务。

2.5.2　学习元运行的一般过程

　　学习者在任何时间、任何地点首先通过某种显示终端发送请求信息，借助无处不在的泛在网络将用户的请求信息传播出去。学习元支撑环境中的信息传送控制器通过感知数字信号获取请求信息，并对信息报文进行分析来决定下一步的信息传输路径。对于用户进行的资源搜索请求信息传送控制器将直接传递给资源定位器；用户对学习元的操作指令信息传递给学习元运行时；关于设备的特性信息将直接发送至主动适配器。资源定位器收到用户请求的资源信息立即查找资源索引表，快速在资源库中查找合适的学习资源。系统一旦发现学习者所需要的学习元，自动将学习元提取到学习元运行时（具有语义关联的学习元也可以根据学习者的个性化需求有选择性的推送），播放学习元并允许用户对学习元进行各种操作（添加内容、分裂、跟踪等），操作完成根据用户指令决定是否更新学习元并存入资源库。学习运行时将学习元传输给主动适配器，后者根据信息传送控制器传来的设备参数信息（设备类型、屏幕大小、屏幕分辨率）进行显示适配，最终在显示终端适应性地呈现学习内容。当学习者需要获取学习服务支持时，可以直接通过学习元支撑环境提供的服务接口直接调用学习服务，如当需要使用计算器计算数值时，调用学习工具集合中的图形计算器；当需要和他人交流时，调用交流服务，直接进入学习圈子进行在线讨论；当需要自我评价时，直接调用学习评估服务，进行在线测试等。

第 3 章

泛在学习资源管理平台

01
Section　**学习元平台的设计与实现**

3.1.1　学习元平台的系统架构

　　基于学习元理念研发的学习元平台（Learning Cell System，LCS），是一款泛在学习资源管理平台，同时也具备较强的学习管理功能，可以为学习者营造一个可自由定制的个人学习环境。学习者在这里不只是被动地接受教师和专家设计好的课程内容与活动，而是能主动地融入学习元生长和进化的过程中，吸收不同来源的知识与智慧，同时贡献自己的学习经验、感悟和批判性意见，在协同的环境中达成共同的知识建构。在开放的体系结构下，学习工具、学习资源、社会认知网络的共享都不局限于单一的平台内部，而是可以在泛在通信网络中跨越多个组织和系统，构建无处不在的智能学习空间。系统中的学习资源和活动，以学习元为核心组织，而多个学习元又可以形成一定结构灵活的聚合成更大规模的课程，一个学习元可以在多个课程中使用并同时吸收这些课程中用户的集体智慧进化发展。基于这种理念，设计了学习元平台的体系结构，如图3-1所示。

　　1. 数据存储层

　　存储 LCS 中的各种数据。数据存储层主要包括学习元库、知识本体库、用户模型库、学习活动库、学习工具库、设备信息库、日志库几大部分。资源库主要存储平台中所有资源的数据；知识本体库主要存储平台中所有的知识本体，包括已有的领域知识本体以及由用户模型创建的本体等；用户模型库主要存储平台中所有用户的信息，包括用户的基本信息、用户信任度等；学习活动库主要存储平台中所有资源不同类型的活动信息，如讨论交流、提问答疑、投票、在线交流、学习反思、六顶思考帽等；学习工具库主要存储平台中的所有小工具；设备信息库存储各种常用访问终端的基本信息，如设备类型、物理参数等，用于学习资源在不同设备上的自适应呈现；日志库主要存储平台应用过程中产生的各种操作日志。

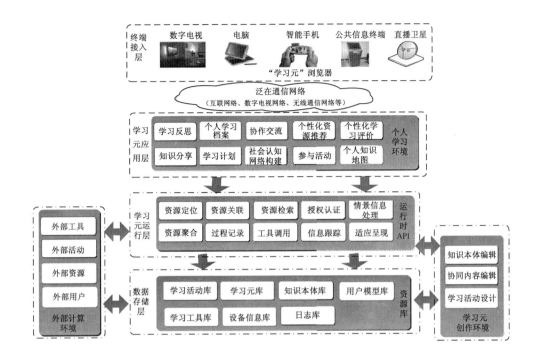

图 3-1　学习元平台的系统架构

2. 学习元运行层

学习元运行时，API 为应用层、协同编辑环境和外部工具提供一系列的服务接口，来实现学习元的定位、关联、聚合与检索，活动运行与工具调用，运行信息跟踪，资源的适应性呈现，学习过程信息的记录，情境感知信息的处理，用户访问的授权认证等功能。对数据存储层的信息读取（如学习元的检索、调用）和写入（如更新学习元的内容、更新用户模型）都通过运行时 API 完成，该层为学习元的应用环境和编辑环境提供无差别的服务。

3. 学习元应用层

学习元应用层是学习者通过用户接口直接应用的各种系统功能，其核心是围绕个人学习空间的构建来设计各种学习应用。LCS 中的个人学习环境包括学习反思、个人学习档案、学习计划、参与活动、个性化学习评价、个人知识地图、个性化资源推荐、参与活动、协作交流等应用功能，学习者可以按需定制各模块，打造最适合自己的个性化学习环境。通过个性化学习环境，学习者不仅可以找到感兴趣的知识，还可以找到知识背后的专家和具有相同兴趣的学习伙伴；学习者可以制定学习计划，建构自己的社会认知网络，利用系统提供的讨论区、聊天室、留言板、实时交流工具等进行协作交流；学习者可以进行学习反思，查看自己的个人学习档案，与好友分享优秀的资源。由于学习元富含大量的语义信息以及交互式活动设计，基于学习元的资源应用能够支持学习者多种维度的学习，提供适应性的情境化学习资源，促进知识内容的建构与反思，促进用户间的广泛交流与协作。

4. 学习元创作环境

通过学习元的协同建构环境，用户可以在自由、协作的环境下完成学习元的协同创作过程：利用知识本体编辑工具构建学习元的知识模型；利用协同内容编辑工具实现学习元的内容进化；利用活动设计与资源关联工具，使学习元的内容呈现与活动设计充分融合，并能有效地复用组件层工具产生的资源（如素材库中的素材资源，答疑工具中的常见问题等）；设计评价策略，调用评价工具完成不同类型的学习评价。

5. 终端接入层

通过泛在通信网络（包括互联网络、数字电视网络、无线通信网络等），用户可随时随地通过一定的终端设备进入 LCS。终端显示层将根据用户所使用的终端设备，如数字电视、电脑、智能手机、公共信息终端、直播卫星几方面，自动将平台中的学习元进行格式转换，从而使得学习元能在不同的终端设备上呈现。

6. 外部计算环境

依据生态学理论构建的 LCS 具有很强的开放性，LCS 提供开放的 Web 服务接口，可以与外界学习系统进行联通和资源共享。外部的学习系统通过使用 LCS 提供的 Web 服务接口，可以检索学习元、调用 LCS 中的比较有特色的学习工具和学习活动。同样，LCS 中的用户，不仅可以查询和访问系统内部的学习元，而且能够获取与 LCS 建立连通的其他系统中的学习资源。

3.1.2　学习元平台的特色功能

相对于一般的在线学习系统，LCS 具有以下六个方面的特色。

1. 基于本体的资源组织，实现资源的语义描述和管理

与传统的按分类体系管理资源的方式不同，LCS 采用基于语义 Web 的本体技术来组织平台中的各类学习资源。在学习元中，除使用 IEEE LOM 规范中定义的标题、语言、描述、关键字等静态元数据外，还设计了一个可扩展的学科知识本体模型，用于表达学习元中的学习资源的内在逻辑联系。这个语义元数据模型的关键是要能表达不同类型的学习资源可能包含的共同语义（见图 3-2）。

图 3-2 基于本体的语义标注

针对同一个主题，可能存在不同呈现形式、表达方法和媒体类型的学习资源，但从中抽象出的内在学科知识结构是相对稳定的，利用本体来表征学习资源中包含的知识结构，就有效地表征了学习资源所包含的与学习相关的语义信息。这个学科知识的本体模型默认包含最基本的知识类型，以及基本的知识属性和关系。在此基础上，参与资源建设的用户可以通过填充这些属性和关系，生成各种知识类型的实例，或者扩展新的知识类型和属性，提供更为丰富的语义表达，最终形成一个与主题相关的、高度内聚的知识网络。

2. 开放内容编辑，实现资源内容的持续进化发展

LCS 中的学习资源不是一经创建就固定不变的，它具有生成性、进化性等特点。平台允许用户对学习内容进行协同编辑，利用群体的智慧促进学习资源的成长。由于平台允许任何用户对学习内容进行编辑，为了保证资源既能充分吸取群体智慧，又能保证吸收的内容对资源的成长是有意义的，避免出现资源杂乱生长，平台采用完备的内容进化智能控制技术结合人工审核技术，实现对学习资源内容进化的有序控制。学习者可通过查看可视化的资源进化路径（见图 3-3），从整体上了解资源进化的历程，还可以通过版本比较功能比较任何两个内容版本的差异。

3. 学习资源在多种移动终端上的自适应呈现

移动终端的迅速普及促进了泛在学习的发展，目前常用的移动设备包括智能手机、PDA、平板电脑等。这些产品包括不同的品牌和型号，在外观和功能结构上都存在较大差别。如何在计算能力、屏幕大小等性能差异较大的移动终端适应性展现资源，成为影响泛在学习的重要因素。

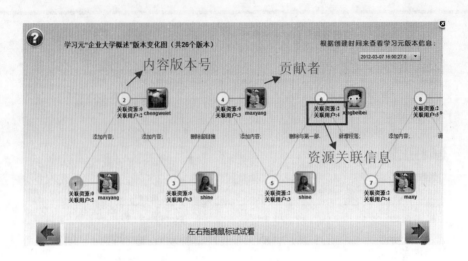

图 3-3 可视化资源进化路径展现

高辉等人设计了移动终端上的资源自适应呈现模型[1]，并在 Android 操作系统上开发了 LCS 移动学习 APP。通过该 APP，学习者可以应用智能手机、平板电脑等移动设备随时随地创建、浏览、检索学习元，还可以参与在线讨论、批注、评论、提问答疑等学习活动。该客户端支持离线学习，只要学习者通过移动终端登录 LCS，客户端软件会自动下载内容到客户端并进行存储。在没有网络的状况下，学习者同样可以浏览 LCS 中的信息进行学习（见图 3-4）。

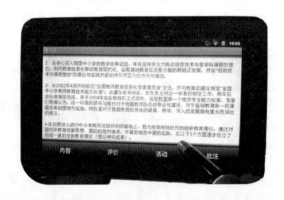

图 3-4 学习元在平板电脑上的展现

该客户端可以实现五个方面的自适应，分别是媒体尺寸和文件大小的自适应，学习元布局的自适应，交互学习活动的自适应，网络的自适应，地理位置的自适应。

[1] 高辉，程罡，余胜泉，杨现民. 泛在学习资源在移动终端上的自适应呈现模型设计[J]. 中国电化教育，2012（4）：122-128.

（1）媒体尺寸和文件大小的自适应。根据移动终端屏幕大小的不同，从学习元服务器获取到的媒体尺寸和大小也会有所不同，例如通过手机获取到的图片尺寸可能为 25×25 像素，而用平板电脑发送同样的请求时获取到的图片尺寸可能是 120×120 像素。

（2）学习元布局的自适应。学习元的布局主要取决于两个方面，即屏幕大小和分辨率，不同尺寸的屏幕上看到同一个学习元时会自动调整为最佳的布局方式。

（3）交互学习活动的自适应。根据移动终端的运算能力与操作的便捷性，适应性地呈现学习元中的学习活动，对于高性能的终端，可以呈现更丰富和复杂的活动，比如在线聊天，而对于低性能的终端，可以只呈现简单的评论、批注等活动。

（4）网络的自适应。在网络状况良好的状态下，终端发送请求时会通过网络发送到服务器，然后接收服务器返回的数据，在网络状况不好或连接不到网络的状态下，终端发送请求时，系统则会在移动终端上的本地数据库中寻找连网状态时自动保存的资源。

（5）地理位置的自适应。根据学习者地理位置的不同，学习元移动学习客户端可自动感知附近的学习者，如发现有别的学伴在学习同一学习元则会给出提示，提供学习者在实际场景中交流的机会。

4. 社会认知网络的动态生成与共享

在泛在学习过程中，学习者不仅从内容中获得知识，还可以透过内容背后的人进行互动交流。泛在学习中的交互，绝不仅仅是学习者与物化的学习资源的交互，更重要的是在参与学习的过程中，汲取他人智慧，通过学习资源在学习者、教师之间建立动态的联系，学习者可从同伴那里获取新的知识、得到学习上的帮助。这种趋势使得"人"也被纳入学习资源的范畴，成为一种重要的资源（见图 3-5）。

LCS 中的学习资源不仅具有学习内容、学习活动，还为学习内容附加了社会认知网络属性。与 Social Network 界定的一般交际网络不同，社会认知网络是由知识和人共同构成的网络，是由人与知识的深度互动过程中构建起来的。学习相同或相似主题学习内容的学习者还可以透过学习资源实现社会认知网络的构建，这与联通主义学习观所倡导的"联结和再造"价值取向是一致的。随着学习者之间的不断交互，便会逐渐形成一个具有相同学习兴趣和爱好，交往频繁的认知网络。每个学习者都是认知网络空间中的一个实体节点，可以与不同的学习者节点透过学习资源或其他学习者个体建立学习连接，节点之间的连接强弱用通过多因素复合的认知模型来表示，随着学习者的不断学习和交互，学习共同体网络中节点状态和联系也会得到持续的更新。学习者通过社会认知网络不仅能获取所需要的物化资源，还能找到相应的人力资源，如通过某一个学习内容，可以快速定位到这个内容领域最权威的专家或适合的学习伙伴，从而从他们身上获取知识和智慧，以此促进学习者的学习。

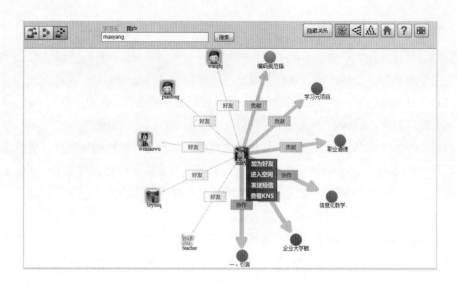

图 3-5 可视化的社会认知网络

5. 资源之间动态建立关联，构建语义知识网络

LCS 实现了学习资源间的动态语义关联，采用自动化的方式在资源之间建立起规范化的语义关系，并且资源之间的关联关系不是一成不变的，而是会随着资源内容、描述信息等变化而动态更新和发展。学习资源动态关联的目的是要在不同的资源之间建立利于促进学习的语义关系，在资源节点间实现有意义的联通，最终形成可无限扩展的资源网。LCS 综合应用三种技术实现资源之间的动态语义关联。首先，应用语义 Web 中的推理技术，基于 JENA 提供的推理服务，编写各种资源关联规则，实现基于规则的资源动态关联；其次，通过资源语义描述信息间的关系计算，动态发现高度相似资源间的语义关联；最后，应用数据挖掘领域的关联规则挖掘技术，基于用户的各种交互数据，动态发现资源间的各种隐性关联。为了直观地呈现整个资源语义空间，LCS 采用 Flex 技术开发了可视化语义知识网络（见图 3-6）。其中，每个节点代表一个学习元，连线表示学习元之间的语义关系。

6. 基于过程性信息的个性化学习评价

泛在学习面向的是全体社会成员，对学习者的年龄、文化程度、职业等均没有要求，这使得泛在学习的学习对象在各方面都呈现出参差不齐的现象。因此，不能通过统一的评价标准来衡量学习者的学习成效。此外，泛在学习者与传统学习者不同的是，前者具有清晰的学习目的和需求，他们的学习一般是目标驱动式的，有些知识他们仅仅只想了解，有些知识他们希望深入掌握，因此，也不能通过统一的标准来要求泛在学习者需要达到的学习程度。因此，由于学习对象的多样化，学习目标各有不同，泛在学习环境需要为学习者提供个性化的评价，从而衡量不同的学习对象达到各自不同学习目标的成效。泛在学习要求提供基于过程性信息的评价，将过程性信息记录下来作为评价学习者学习成效的主要依据（见图 3-7）。

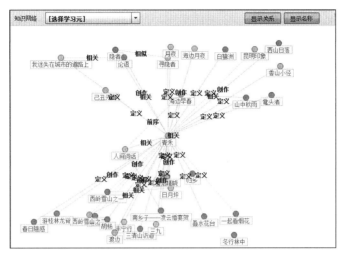

图 3-6　可视化的语义知识网络

评价方案

查看学习者列表　修改方案　返回学习元

合格分:75.0

评价模块	模块权重	评价项目	
学习时间	30.0%	累计学习时间不少于15分钟	100.0%
讨论交流	20.0%	在RT△ABC中，∠C=90°∠A=30°△ABC的周长是2，则BC=——	10.0%
		半径为5,在半园底线的直径上画一过园点45度的锐角,然后在扇形内画一最大的正方形,求正方形边长	80.0%
		在RT△ABC中，∠C=90°，∠A=60°，D为AB的中点，AC=2，求△BDC的周长	10.0%
提问答疑	15.0%	还有其他证明方法吗?	100.0%
发布作品	10.0%	某人欲横渡一条河，实际上岸地点C偏离欲到达点B200m，他实际游了520m，求河宽	100.0%
上传资源	10.0%	上传与学习内容相关的资源	100.0%
发表评论	5.0%	对学习元进行评论	100.0%
编辑内容	10.0%	对学习元段落进行编辑并通过审核	100.0%

返回

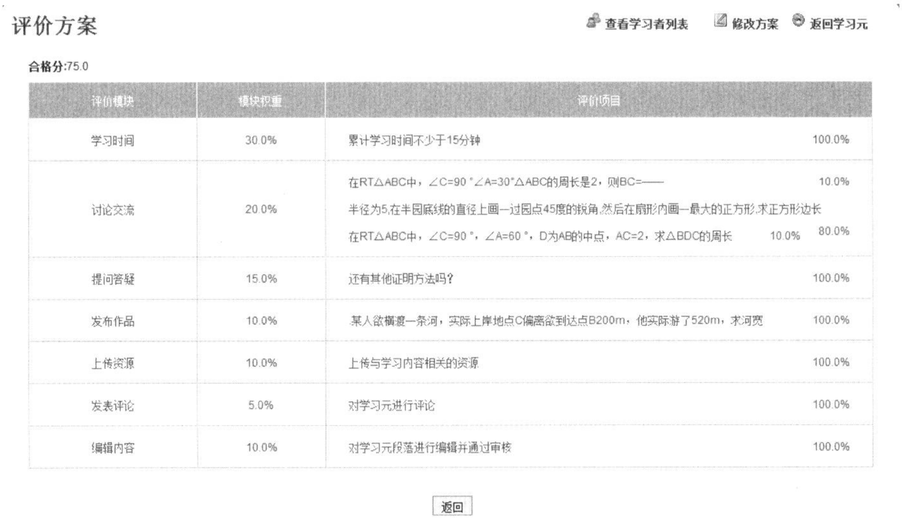

图 3-7　基于过程信息的个性化评价方案设计

LCS 记录学习者在学习过程中产生的各种过程性信息，将这些信息分为学习态度、学习活动、内容交互、资源工具和评价反馈五大类。评价者（一般为资源的创建者，承担教师角色）根据不同学习者不同学习目标选取合适的信息预先设定若干个个性化的评价方案。系统根据学习者的学习目标和对知识的掌握程度，从中选择适合的方案作为评价标准，进而根据此评价标准采集数据，采用简单易懂的加权法计算评价结果。为保证评价的准确性，允许评价者根据学习者的具体表现，对评价结果进行手动修改。评价者和学习者均可实时查看当前的评价结果。

3.1.3 学习元平台的应用场景

唯有应用可以推动学习元研究的不断发展。任何系统都需要在实践中找到应用点，才能真正体现其存在的意义和价值。LCS 可以为如下六方面的应用提供技术支撑环境。其中，有些应用已经基于某些项目在开展实证研究。

1. LCS 在资源建设方面的应用

LCS 支持 Web 2.0 理念指导下的"共建共享"资源建设模式，任何注册用户都可以参与到资源的协同创作中。学校教育中，教师可以和学生一起创建网络课程，学习的所有过程性信息都将自动保存，最终可以生成符合 SCORM 规范的标准课程。教师之间也可以通过协作，建设校本资源库。教师可以针对同一课集体设计教案，通过不断积累将形成某种教材的整体教学设计方案库。企业培训领域，人力资源部门也可以发挥全体员工的集体智慧，鼓励普通员工参与到培训资源的制作中，实现"做中学""做中训"，同时在培训过程发挥内部员工自身的力量构建最适合企业的培训资源库。

2. LCS 在知识管理方面的应用

LCS 可以实现个人和组织两个层面的知识管理。个体用户可以基于 LCS 建设个人知识库，将自己建设的、协作的、感兴趣的所有知识都纳入到个人知识空间中，便于集中管理和维护，同时也可以通过与好友分享，实现知识的传递和分享，还可以在使用过程中建立和完善个人的知识网络人际网络。组织机构可以创建不同的知识群，鼓励组织成员将工作中遇到的问题、解决的思路等宝贵的一线实践经验做成 LCS，并在组织内部共享传递，促进隐性知识与显性知识的相互转换，最终提高组织整体绩效。目前，北京师范大学的跨越式研究团队和学习元项目团队都在利用 LCS 开展基于项目的知识管理。

3. LCS 在组织学习方面的应用

LCS 不仅仅是一个资源平台，除丰富的资源外，平台还提供了丰富的学习活动库和各种学习小工具。通过设计丰富的学习活动，吸引组织成员主动参与到学习中来。通过学习社区聚合组织人脉和智慧，促进成员之间的协作交流。另外，还可以将与组织学习、工作紧密相关的工具上传到 LCS。组织成员遇到问题时，可以通过及时交流或借助专门的学习工具解决难题。LCS 的学习活动模块具备在线测评的功能，教师可以创建试题、组织试卷，学生可以通过自测了解自身知识结构的不足。企业的培训部门可以通过在线测评对员工进行知识考核，促进员工的在线学习。

4. LCS 在区域网络教研方面的应用

区域网络教研是提升区域教学质量，促进教师专业发展的重要途径。通过学习元平台，教师之间可以相互分享教学经验。教研员可以设定几个教研主题的知识群，将相关学科教师邀请为协作者，通过集体的力量寻求教学研究的突破点；还可以为不同的学科建立学习社区，鼓励同学科的教师网上分享教学资源，交流知识、经验。2011 年安徽肥西跨越式实验区的 10 所学校、50 多名小学教师率先应用 LCS 开展区域网络教研实验，取得了良好的教研效果。随后，越来越多的学校和老师加入基于 LCS 的网络教研计划中。目前，全国已有 200 多所跨越式实验学校利用 LCS 开展区域网络教研活动。

5．LCS 在高校网络教学方面的应用

区别于传统的学习管理系统，如 BB、Moodle、Sakai、4A……LCS 除具备资源管理、讨论交流、测试、活动设计等教学支持功能外，还融入了更多 Web 2.0 特征，更加关注知识网络和人际网络的构建，能够承担高校的网络教学任务。目前，北京师范大学不少年轻教师已经开始应用 LCS 开展网络教学，包括陈玲博士的本科生课程《多媒体与网络教学资源设计与开发》，余胜泉教授的博士生课程《教育技术新发展》等。此外，江苏师范大学、天津外国语大学、鲁东大学、曲阜师范大学等国内不少高校的教师也开始应用 LCS 开展网络教学和基于学习元客户端的移动学习。

02
Section **学习元平台中的语义技术架构**

3.2.1 语义 Web 技术的研究进展

语义 Web（Semantic Web）的核心思想是对现有万维网上的资源（如 HTML 页面）附加能被机器所理解的语义，使互联网成为一个通用的信息交换媒介。简单地说，Semantic Web 是对当前万维网的扩展，其中的信息被赋予明确的含义，可以使人与计算机之间更好地协同工作[1]。与现在以 HTML+XML 文档为主构成的 Web 相比，语义 Web 由于强调对网络资源附加可供机器理解和处理的语义信息，一方面使得资源提供的信息更精确，另一方面使得对这些资源的大规模重用和自动处理成为可能，也是实现未来智能型网络的数据基础。

Berners-Lee 在 XML 2000 的会议上提出了语义 Web 的七层体系架构，从下到上包括编码层、语法层、资源描述层、本体层、逻辑层、证明层和信任层[2]。其中，编码层、语法层、资源描述层、本体层的技术标准已经由 W3C 组织制定并正式发布，逻辑层的技术标准 SWRL（Semantic Web Rule Language）草案版也已由 W3C 发布。

在语义 Web 的七层体系架构中，当前的研究热点集中在本体层、逻辑层和校验层。不少研究人员在本体层做了大量的工作，开发出了不同的本体描述语言，如 SHOE （Simple HTML Ontology Extension）[3]、XOL（XML-based Ontology-exchange Language）、RDF/RDFS、OIL（Ontology Inference Layer/Ontology Interchange Language）、DAML（DARPA Agent Markup

---

[1] Tim Berners-Lee, James Hendler, Ora Lassila. The Semantic Web[J]. Scientific American, 2001, 284(5):34-43.

[2] Tim Berners-Lee. Semantic Web – XML 2000[EB/OL]. http://www.w3.org/2000/Talks/1206-xml2k-tbl/Overview.html, 2010-10-2.

[3] Heflin, J., Hendler, J., and Luke, S. SHOE: A Knowledge Representation Language for Internet Applications[C]. Technical Report CS-TR-4078 (UMIACS TR-99-71), Dept. of Computer Science, University of Maryland at College Park. 1999.

Language）[1]、DAML+OIL[2]和 OWL。2004 年 W3C 组织结合当时已有的主流本体描述语言，定义了 OWL（Web Ontology Language）本体描述语言，并分成 OWL LITE、OWL DL 和 OWL FULL 三个版本，以适应不同应用的需要。2009 年 10 月 W3C 又发布了 OWL 2，增加了属性链、富数据类型等新的表达功能。现在 OWL 语言已经成为本体建模事实上的标准，绝大部分的本体构建工具和本体查询、分析工具都支持 OWL。

逻辑层主要负责提供公理和推理规则。通过本体层提供的概念定义、关联等语义信息和逻辑层提供的公理和推理规则，能够使推理机根据已有的知识（一般来说是本体类或个体之间的关系）推理出新的知识。有关推理机的研究，目前也有不少的研究成果[3,4,5]。徐德智等[6]指出，目前应用比较广泛的主流本体推理机包括 Pellet、Racer、FaCT++等，并对各种推理机的功能和性能进行了比较分析。除上述三种推理机外，JENA 自带的推理机也在实践中得到了很好的应用[7,8,9]。

校验层主要验证某关系或推理的有效性。信任层主要通过校验层提供的校验信息，运用数字签名等技术手段，来证明语义 Web 提供信息的可靠性。目前，在校验层和信任层上的研究还比较少。

实践领域，各种语义 Web 的应用项目层出不穷，如 DBpedia、FOAF、SIMILE、Linking Open Data（LOD）、GoPubMed 等。其中 Dbpedia、FOAF 和 LOD 项目在业界比较有名，基于 DBPedia 的典型应用开发[10]，FOAF 规范在各种网站的推广应用[11]等表明语义 Web 技术正在逐步受到实践领域的认可。此外，Google、Yahoo、Microsoft 等 IT 商业巨头也开始纷纷进军语义 Web 领域，一些较为成熟的语义 Web 产品开始出现，如 Freebase、Google Base、

[1] About the DAML Language[EB/OL]. http://www.daml.org/about.html, 2011-12-7.

[2] Mcguinness, D.L.,Fikes, R., Hendler, J.,& Stein, L.A. DAML+OIL: an ontology language for the Semantic Web[J]. Intelligent Systems,2002, 17(5): 72-80.

[3] 王海龙，马宗民，殷俊夫，程经纬．FRESG：一种模糊描述逻辑推理机[J]．计算机研究与发展，2009，46（9）：1488-1497.

[4] Pan, J. Z. A Flexible Ontology Reasoning Architecture for the Semantic Web[J]. IEEE Transactions on Knowledge and Data Engineering, 2007, 19(2): 246 – 260.

[5] Meditskos, G., & Bassiliades, N. DLEJENA: A practical forward-chaining OWL 2 RL reasoner combining JENA and Pellet[J]. Web Semantics: Science, Services and Agents on the World Wide Web,2010, 8(1):89-94.

[6] 徐德智，汪智勇，王斌．当前主要本体推理工具的比较分析与研究[J]．现代图书情报技术，2006（12）：12-15.

[7] 陈和平，郭晶晶，吴怀宇，杨玲贤，吕洪敏，吴威．基于 Ontology 和 JENA 的性化 e-Learning 系统研究[J]．武汉理工大学学报（交通科学与工程版），2007，31（6）：1049-1052.

[8] 谭月辉，肖冰，陈建泗，齐京礼，李志勇．JENA 推理机制及应用研究[J]．河北省科学院学报，2009，26（4）：14-17.

[9] Shi, L., Fan, L., &Meng, Z. Z. The Research of Using JENA in the Semantic-Based Online Learning Intelligent Behavior Analysis System. INC, IMS and IDC, 2009. NCM '09, pp. 926-929.

[10] 朝乐门，张勇，邢春晓．DBpedia 及其典型应用[J]．现代图书情报技术，2011(3):80-87.

[11] 陈向东．基于 FOAF 的社会网络模块的开发[J]．华东理工大学学报（自然科学版），2007，33（增刊）：145-148.

Twine、Semantic Mediawiki、Powerset、Search Monkey 等。这些语义 Web 产品的面世使得语义 Web 不再神秘，越来越融入人们日常的生活。

3.2.2　语义 Web 技术在 e-Learning 中的应用

由于语义 Web 技术在知识表示、信息共享、智能推理上的优势，许多 e-Learning 领域的研究者也开始对语义 Web 技术产生了极大兴趣和热情。目前，语义 Web 本体技术中的本体技术和推理技术在 e-Learning 领域的应用最为广泛，主要集中在自适应系统开发、学习资源管理与共享、适应性资源配送和个性化学习内容推荐、语义检索、智能答疑等方面。

基于本体设计和开发新型的 e-Learning 系统已经成为国内外研究的热点。曹乐静、刘晓强[1]利用本体和 Web 服务技术构建了一个四层架构（资源层、语义层、集成层、服务层）的开放的适应性 e-Learning 系统，利用本体来描述学习资源的语义，通过 Web 服务支持个性化学习和系统间的资源共享。刘卫红、吴江[2]提出基于本体的 e-Learning 系统层次结构模型，该系统模型共分为五层结构，自下而上依次为数据层、元数据层、本体层、知识层和服务层。基于本体的 e-Learning 系统与一般 e-Learning 系统在架构上的主要区别是在数据层之上增加了本体层，通过构建不同类别的本体来对资源进行一致性的、规范化的语义标注。另外，除基于本体的新型 e-Learning 系统的开发外，国外学者 José dos Reis Mota & Márcia Aparecida Fernandes[3]开发了一个智能代理，可以将基于本体和 e-Learning 标准的适应性学习系统与当前国际流行的 MOODLE 平台进行整合，辅助实现更加有意义的个性化学习。如何将传统 e-Learning 系统与基本本体的适应性 e-Learning 系统进行快速、无缝整合，充分发挥两者的优势，将成为 e-Learning 的重要发展方向。

学习资源的设计与共享一直是 e-Learning 领域的重要研究方向。基于本体的教育资源具有权威性、规范性、可共享性等特点[4]。基于本体的资源组织与管理方面，已经出现了大量的研究。邵国平等人在分析现有 e-Learning 在资源管理方面存在的资源缺乏关联性、检索效率低、描述标准不一致等问题的基础上，认为通过学习课程本体建模、智能搜索代理和个性化内容导航等关键技术可以促进 e-Learning 资源管理。李艳燕博士[5]基于语义 Web

[1] 曹乐静，刘晓强. 基于本体和 Web 服务的适应性 e-Learning 系统[J]. 计算机系统应用，2005（4）：16-23.

[2] 刘卫红，吴江. 本体在 e-Learning 系统中的应用研究[J]. 计算机应用研究，2006（4）：63-67.

[3] José dos Reis Mota, & Márcia Aparecida Fernandes.Adaptivity and Interoperability in e-Learning Using Ontologies[C]. Lecture Notes in Computer Science, Volume 6433, Advances in Artificial Intelligence – IBERAMIA 2010, pp. 592-601.

[4] 刘革平，赵嫦花. 基于形式化本体的数字化学习资源共享技术研究[J]. 西南师范大学学报（自然科学版），2009，34（6）：204-207.

[5] 李艳燕. 基于语义的学习资源管理及利用[D]. 北京：中国科学院计算技术研究所，2005.

的思想，提出了一个基于语义的学习资源组织模型。Mikael 等人[1]对基于本体技术的元数据方案和传统的基于静态词汇表的元数据方案进行了对比研究，建议用 RDF 来代替 XML 来对元数据进行标注，使得 e-Learning 中所用到的元数据更为灵活和动态，并且降低多个基于不同元数据的系统互操作和共享的难度。Jovanović 等人[2]认为现有的对学习内容的描述规范（如 LOM）和对学习活动的描述规范（如 IMS-LD）不足以包含高级学习服务所需要的全部信息，并提出了一个针对学习对象（Learning Object）的本体描述框架，来描述学习对象的上下文信息。

上面提到应用本体技术对学习资源的内容和结构进行语义描述，其实，除对资源进行本体化的描述外，还可以对学习者、学习的上下文环境等进行语义建模，从而实现 e-Learning 资源的适应性推荐和用户的个性化学习。Bouzeghoub 等人[3]利用基于本体的领域模型、学习者模型、学习对象模型来描述一个适应性的学习系统。黄海江、杨贯中[4]研究了基于本体的学习内容个性化推荐，指出个性化推荐设计的一般思路为：①建立用户个性化的兴趣模型，称为用户概貌（User Profile）、兴趣模板或兴趣剖像；②根据用户概貌对新信息进行过滤，把用户可能感兴趣的信息自动推送给用户；③根据用户的反馈，对兴趣模型进行修正。Qingtian Zeng 等人[5]指出用户知识需求的获取对于适应性学习系统来说非常重要，并基于课程本体研究了如何利用问答历史记录和阅读历史记录来获取用户的知识学习需求，并通过两组实验验证了此方法的有效性。陈和平等[6]设计了一个基于 Ontology 和 JENA 推理机制的个性化 e-Learning 系统模型，并阐述了推理技术在个性化 e-Learning 系统中的应用。Ion-Mircea Diaconescus 等[7]通过语义 Web 和 JENARules 技术的结合来增强 MOODLE 平台的功能，核心研究如何在当前 MOODLE 课程资源的基础上使用 JENA 规则进行内容推理，实现课程内容的适应性推荐。孔德华、王锁柱[8]提出了一种新的基于 XML 的适应性

[1] Nilsson, M., Palmr, M., & Naeve, A.　Semantic Web Metadata for e-Learning-Some Architectural Guidelines[C]. W3C 2002 conference.

[2] Jovanović, J., Gašević, D., Knight, C., & Richards, G. Ontologies for Effective Use of Context in e-Learning Settings[J]. Educational Technology & Society,2007,10 (3): 47-59.

[3] Bouzeghoub, A., Defude, B., Duitama, J. F., & Lecocq, C. A knowledge-based Approach to Describe an Adapt Learning Objects[J]. International Journal on e-Learning,2006, 5(1):95-102.

[4] 黄海江,杨贯中. 基于本体的学习内容个性化推荐[J]. 科学技术与工程，2007，7（14）: 3394-3398.

[5] Zeng Q.T., Zhao Z.Y., & Liang Y.Q. Course Ontology-based User's Knowledge Requirement Acquisition from Behaviors within e-Learning Systems[J]. Computers & Education, 2009，53（3）: 809-818.

[6] 陈和平，郭晶晶，吴怀宇，杨玲贤，吕洪敏，吴威. 基于 Ontology 和 JENA 的性化 e-Learning 系统研究[J]. 武汉理工大学学报（交通科学与工程版），2007，31（6）: 1049-1052.

[7] Ion-Mircea Diaconescu, Sergey Lukichev, & Adrian Giurca. Semantic Web and Rule Reasoning inside of e-Learning Systems[J]. Studies in Computational Intelligence, 2008, 78: 251-256.

[8] 孔德华，王锁柱. 基于 XML 的自适应 e-Learning 系统模型的研究[J]. 山西师范大学学报（自然科学版），2006，20（2）: 20-23.

e-Learning 系统模型，该模型采用了贝叶斯网络的推理机制来建立学生学习模型，以处理学生学习过程中产生的众多不确定因素，该模型主要用于解决学习内容的动态组织、学习策略和学习诊断。

语义检索是语义 Web 的重要应用领域之一，也是目前信息检索领域的热门研究课题之一。通过对语义标注匹配和推理，基于语义的检索系统能有效地提高检索的精确性和覆盖率。同样，在 e-Learning 领域，基于语义的智能检索工具的目标也是尽量减少简单的人工的重复劳动，提高教师和学生检索学习资源的效率和质量。Tane 等人[1]设计了一种从含有语义标注的学习材料中自动寻找和组织所需的课件资源的工具，它借助本体来反映用户的需求，然后通过对需求的语义分析在语义 Web 中抓取合适的资源，并组织成有意义的课件。李艳燕博士提出了一种语义搜索算法来查找事实或语义相关的资源，利用学习对象的语义信息对用户请求进行自动语义标注来确定用户的搜索目标，再采用语义关联路径的启发式规则来指导搜索，可以为用户提供丰富的语义互联资源。Vega-Gorgojo 等人[2]对网格环境下学习服务的语义检索进行了研究，他们摒弃传统的服务发现机制（服务索引、UDDI），采用本体来描述学习服务，实现了学习服务的语义检索，服务提供者可以使用本体词汇描述服务，教育工作者可以使用领域概念进行学习服务搜索。

智能答疑和学习评估方面，也有一些研究成果。刘艳、张锐[3]建立了基于知识关系的覆盖型贝叶斯网络学习评估模型，并实现了基于贝叶斯网络学习评估模型的 e-Learning 原型系统，该系统能够对学生的知识掌握水平进行评估，并根据学生的评估结果，为学生提供个性化的导学建议。姜少峰、朱群雄[4]研究了贝叶斯网络推理在远程答疑专家系统中的应用，重点分析了贝叶斯网络推理与决策的方法及知识表示与知识库设计技术。郑耿忠[5]将基于范例的推理（CBR）引入到答疑系统的设计中，研究了基于 CBR 的智能答疑系统范例库的构建方法，对 BP 神经网络和范例匹配算法在 CBR 范例库检索中的应用进行了分析。其研究结果表明基于 CBR 的推理能有效地提高答疑系统的效率和准确性，进一步提高答疑系统的智能性。

语义 Web 技术的发展逐步成熟，正在从实验室慢慢走向商用。本体和推理作为语义 Web 体系架构的核心技术，引起了 e-Learning 领域研究者的极大关注，国内外众多研究机

[1] J. Tane, C. Schmitz, G. Stumme, S. Staab, & R. Studer. The Courseware Watchdog: an ontology-based tool for finding and organizing learning material[C]. In: Klaus David and Lutz Wegner, Editors, Mobiles Lernen und Forschen – Beitrge der Fachtagung an der Universitt, Kassel University Press, 2003, pp. 93-104.

[2] Vega-Gorgojo, G., Bote-Lorenzo, M. L., Gomez-Sanchez, E., Dimitriadis, Y. A., & Asensio-Perez, J. I. Semantic Search of Learning Services in a Grid-based Collaborative System[C]. CCGRID, vol. 1, pp.19-26, Fifth IEEE International Symposium on Cluster Computing and the Grid (CCGrid'05) - Volume 1, 2005.

[3] 刘艳，张锐. 基于贝叶斯网络的学习评估型及其在 e-Learning 系统的应用[J]. 滁州学院学报，2009, 11（4）：49-55.

[4] 姜少峰，朱群雄. Bayesian 推理在远程答疑专家系统中的应用[J]. 北京化工大学学报，2003, 30（6）：95-98.

[5] 郑耿忠. 基于范例推理的智能答疑的研究与实现[J]. 微计算机信息，2008, 24（12）：273-275.

构和学者开始借助本体和推理技术来解决当前 e-Learning 领域存在的资源重复建设、检索效率低、个性化支持不足等问题。除此之外，语义 Web 技术也开始在 e-Learning 课程构建[1]、e-Learning 测试与评估[2]、学习组织记忆[3]、学习设计[4]等方面应用。语义 Web 技术在 e-Learning 领域的应用，尤其是在资源组织和共享方面的应用思路为学习资源进化研究提供了很好的指导，语义化的资源组织方式（如 Semantic Wiki、Semantic Learning Object）也是实现学习资源进化的基础和保障，语义 Web 技术还可以为学习资源的内容有序进化控制和动态语义关联提供技术支撑。

3.2.3　学习元平台中的语义技术架构介绍

学习元平台的整体语义架构（见图 3-8），核心是应用了语义 Web 体系框架中的本体技术和推理技术。最底层是 Ontology API 层，LCS 使用 Java 版的 JENA 本体操作 API 构建本体编辑与管理环境，进行本体相关操作，包括概念与属性的添加/编辑/删除/查询、本体模型创建/读取、本体导入/导出等。本体和语义词典共同组成语义层，是学习资源语义信息的标注与提取的基础。语义层之上是标注层，语义标注信息的获取与存储是 LCS 开展更多上层智能应用（如资源语义聚合、资源语义检索、适应性资源推荐、社会认知网络构建等）的数据基础。LCS 中的语义标注信息，一方面，通过学习资源的半自动化语义标注程序产生；另一方面，通过学习资源的语义基因提取程序（详见 5.3 节）产生。在语义标注层之上是推理层，通过编辑推理规则，借助 JENA 内置的推理机，可以完成各种推理应用（如资源关系推理、人际关系推理等）。

1. 本体组织架构

本体的构建是实现泛在学习环境智能化、支持个性化学习、实现学习资源适应性推荐的数据基础。LCS 包括三类本体（见图 3-9），分别是知识本体（Knowledge Ontology）、用户本体（User Ontology）和情境本体（Context Ontology）。每类本体的构建遵循 W3C 的 OWL 规范，本体的查询使用 W3C 推荐 SPARQL 语言。其中，知识本体是指面向不同学科

[1] 李好，杨贯中. 基于本体的 e-Learning 课程构建[J]. 计算机工程与设计，2010, 31（4）: 881-884.

[2] 郭成栋，杨贯中，唐金鹏，蒋沛航. e-Learning 中基于对象本体的测试与评估[J]. 计算机工程，2006, 32（24）: 72-74.

[3] Abel, M.-H., Benayache, A., Lenne, D., Moulin, C., Barry, C., & Chaput, B.. Ontology-based Organizational Memory for e-Learning[J]. Educational Technology & Society, 2004, 7 (4): 98-111.

[4] Sicilia, M. Á., Lytras, M. D., Sánchez-Alonso, S., García-Barriocanal, E., & Zapata-Ros, M. Modeling Instructional-design Theories with Ontologies: Using methods to check generate and search learning designs[J]. Computers in Human Behavior, 2011, 27(4): 1389-1398.

领域的教学内容本体；用户本体是对 LCS 中用户基本信息及其用户关系的规范性说明；情境本体是对学习者的学习上下文环境进行的规范性说明，包括时间、地点、学习设备等信息。

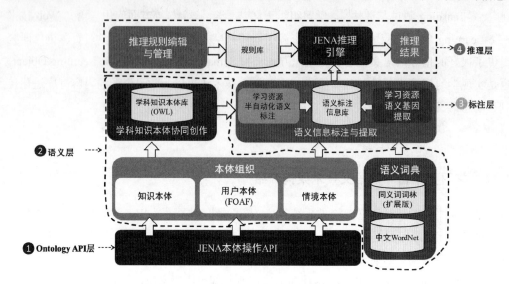

图 3-8　语义技术整体框架

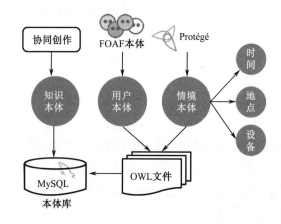

图 3-9　本体组织架构

　　由于知识本体所属学科领域的多样性和复杂性，LCS 中采用协同创作的本体构建模式，鼓励普通用户和学科专家通过协作来动态构建学科知识本体。LCS 中的用户本体直接引入了当前国际上比较流行的 FOAF 本体（http://www.foaf-project.org/）。情境本体采用 Protégé 工具进行构建，直接导出 OWL 文件，然后通过 LCS 的本体导入接口将 OWL 文件中的内容存储到 MySQL 的本体数据表中。

2.　语义词典集成

除引入本体技术外，LCS 还集成了哈工大扩展版的同义词词林和中文 WordNet 作为语义词典。同义词词林共包含 77343 条词语，通过为每条词语进行特定格式的编码来表征词语之间的同义和同类关系。WordNet（http://wordnet.princeton.edu/）是由 Princeton 大学的心理学家，语言学家和计算机工程师联合设计的一种基于认知语言学的英语词典。它不光是把单词以字母顺序排列，而且按照单词的意义组成一个"单词的网络"，其框架的合理性已被词汇语义学界和计算词典学界所公认[1]。东南大学在英文 WordNet 词典的原理基础上实现了中文版的 WordNet（以下简称 C-WordNet），包含约 118000 个中文词和 115400 个同义词集。C-WordNet 中词汇概念间的语义关系主要包括上下位、同义、反义、整体和部分、蕴含、属性、致使等不同的语义关系[2]。

语义词典主要提供语义词汇及其语义关系服务，可用于学习资源的语义标注、语义检索、动态关联与动态聚合，也可用于相似用户的识别与用户聚类。为了将一些新的词汇可以及时添加进来，LCS 还提供了语义词典编辑功能，管理员可以按照同义词词林和中文WordNet 的编码规则动态扩充语义词典。

3.　学科知识本体协同创作

本体协同开发机制可以改变采用传统本体构建方法构建本体时参与人数较少，构建的本体较为片面、难以推广的缺陷[3]。Tania Tudorache 等[4]分析了协同本体开发的具体需求，并开发了 Collaborative Protégé 工具来支持多人协同本体开发。Joao Sarraipa 等[5]采用定性信息收集的方法研究协同本体构建。张媛等[6]提出了社会化本体协同开发模型，并对社会化本体协同开发机制的原理、权限、体系模型、专家组兴趣型社群形成以及相关算法等方面进行了研究。

随着语义 Web 的快速发展，本体的重要性越来越突出，需求量越来越大，单靠某个人或组织的力量无法实现本体的有效开发和演化发展，本体的协同创作与进化已成为本体领域的重要研究内容。基于协同创作与进化的指导思想，LCS 基于 JENA 框架开发了在线知识本体的协同创作与管理环境（见图 3-10）。通过开放本体的创建权限，允许任何用户参与

[1] 于江生，俞士汶. 中文概念词典的结构[J]. 中文信息学报，2002，16（4）：12-19.

[2] 吴思颖，吴扬扬. 基于中文 WordNet 的中英文词语相似度计算[J]. 郑州大学学报（理学版），2010，42（2）：66-69.

[3] 张媛，孙新. SOBM 中社会化本体协同开发机制研究[C]. WISA Web Information System and Application，北京，2007.

[4] Tudorache, T., Noy, N. F., Tu, S., & Musen, M. A. Musen.Supporting Collaborative Ontology Development in Protégé [C]. The Semantic Web-ISWC 2008. Lecture Notes in Computer Science, 2008, Volume 5318/2008, 17-32, DOI: 10.1007/978-3-540-88564-1_2.

[5] Sarraipa, J., Jardim-Goncalves, R., Gaspar, T., & Steiger-Garcao, A.Collaborative Ontology Building Using Qualitative Information Collection Methods[C].IEEE Conf. of Intelligent Systems, 2010: 61-66.

[6] 张媛，孙新. SOBM 中社会化本体协同开发机制研究[C]. WISA Web Information System and Application，北京，2007.

本体创作，从下到上构建学科知识本体，并在系统运行过程中，实时监控、评价知识本体的应用效果。一方面，采用本体精炼技术自动将部分过时的、不合格的本体淘汰掉；另一方面，不断将趋于稳定的、被普遍接受的知识本体纳入到系统本体中，逐步形成各个学科领域的以群体智慧为基础的、可进化的知识本体。当前，LCS 中知识本体的产生途径主要有三种，一是由普通用户创建，二是由系统管理员将外部成熟的本体直接从后台导入，三是通过系统自动挖掘（如一些热门标签、应用较广的知识群内的私有本体等）。知识本体的类型包括两类，分别是私有本体（只能在局部范围内试用）和公共本体（可在系统全局中正式应用）。

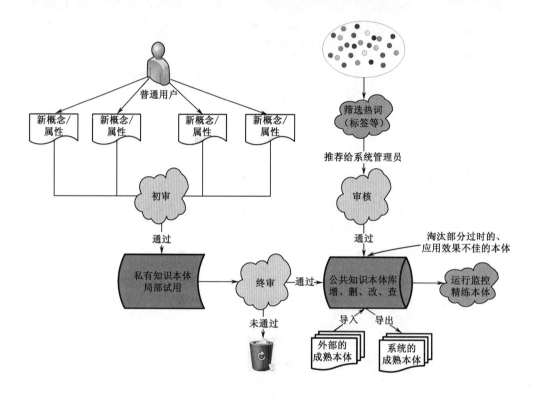

图 3-10　学科知识本体的协同创作

4. 学习资源半自动化语义标注

通过语义标注可以将 Web 的状态从机器可读提高到机器可理解，这是发展和实现语义 Web 的基础。语义标注是用本体来描述网页中的概念或概念实例，具体实现是给网页上添加语义信息[1]。传统的语义标注方法主要分为手动标注、半自动标注和自动标注三类[2]：手

[1] 陈星光，张文通，汪霞. 基于领域本体的自动化语义标注方法的研究[J]. 科学技术与工程，2009，9（8）：2215-2218.

[2] 张玉芳，艾东梅，黄涛，熊忠阳. 结合编辑距离和 Google 距离的语义标注方法[J]. 计算机应用研究，2010，27

动标注方法大多集中在建立标注及分享标注工具上；半自动语义标注是利用词汇语义分析对网页进行标注；自动语义标注主要利用机器学习的方法从统计学的角度为网页建立标注。这三种标注方式各有优劣，手动标注准确性高，但耗时耗力；自动标注省时省力，但准确性不高；半自动方式一定程度上可以节省人力，但仍需要人工干预，方可保证标注的质量。近些年，语义标注的范围逐步扩展，正在从文本标注扩展到图片标注[1]、视频标注[2]等多媒体语义标注。

　　基于领域本体的语义标注便可以理解为将自然语言中的句子转换成本体中 RDF 陈述的过程，也就是将人可理解的语言转换成计算机可理解的语言的过程。图 3-11 描述了 LCS 中学习资源半自动化语义标注的技术路线。本体解析器的目的是解析领域本体，生成一系列的 RDF 三元组。这里可以借助惠普公司的 JENA API 进行领域本体的解析，解析之后的结果是一系列的 RDF 三元组，形如：（类、属性、实例）。文本分析器的目的是借助自然语言处理技术，生成文档中句子的语法关系三元组，形如：（主语，谓语，宾语）。得到 RDF 三元组和语法关系三元组之后，将两者进行匹配，对于匹配成功的语法关系三元组进行语义标注；匹配不成功的，可以根据不成功的情况进行本体的扩展或者不进行语义标注。

　　5. 推理规则与推理机应用

　　JENA 自身提供了基于规则的推理机（Rule-Based Reasoner）。该推理机可以应用于 RDFS 和 OWL 本体中，支持基于 RDF 有向图的规则推理，提供前向、后向和混合推理模式。规则集合被绑定到数据模型中，形成新的推理数据模型，用于用户查询操作，返回的查询结果不仅包含原始数据集中的三元组，还包括使用推理规则得出的数据。

　　JENA 的每条规则都采用产生式表示，"→"左侧的部分表示推理的条件，"→"右侧的部分表示推理的结果，条件项和结果项都采用 RDF 三元组（Subject，Predicate，Object）的形式描述。一个简单规则如下：

　　　　　　String rule6="[(?x lc:isPartof ?y) -> (?y lc: hasPart ?x)";
　　该规则表达的含义是：如果 x 是 y 的一部分，那么 y 包含 x。

（2）：555-562.

[1] Su, J. H., Chou, C. L., Lin, C. Y., & Tseng, V. S.Effective Semantic Annotation by Image-to-Concept Distribution Model[J]. IEEE Transactions on Multimedia, 2011, 13(3): 530-538.

[2] Elena Garca-Barriocanal,Miguel-Angel Sicilia,Salvador Snchez-Alonso,& Miltiadis Lytras. Semantic Annotation of Video Fragments as Learning Objects: a case study with YouTube videos and the Gene Ontology[J]. Interactive Learning Environments, 2011, 19(1):25-44.

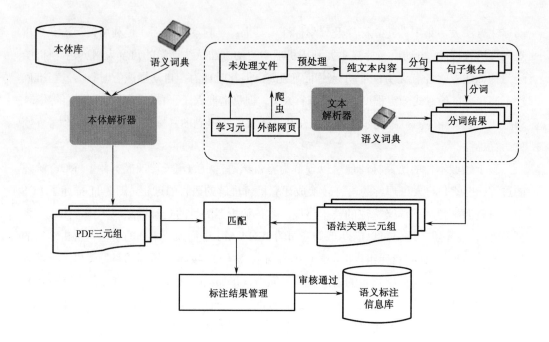

图 3-11　基于领域本体的学习资源半自动化标注

LCS 中基于 JENA 框架开发了在线的推理规则编辑与管理功能，系统管理员可以根据业务需求动态添加、编辑、删除推理规则，也可以通过"启用"和"禁止"功能控制推理规则的活跃状态。若规则被禁用，JENA 推理机将不会加载该规则。

LCS 中应用 JENA 推理机应用的基本思路如图 3-12 所示，按照 JENA 规定的规则语法要求编写推理规则；创建推理机实例；将推理规则（集）加载到推理机中；应用推理机对本体数据模型进行推理；生成推理后的新本体数据模型；编写 SPARQL 查询语言提取需要的三元组数据。LCS 中的推理功能既可以用于资源关联关系的计算，也可以用于社会认知网络的构建，还可以用于学习路径和资源的推荐。LCS 中开发了推理规则的编辑与管理环境，可以根据需要动态生成新的推理规则或淘汰陈旧的、失效的推理规则。

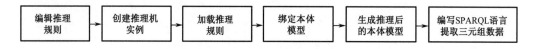

图 3-12　JENA 推理机应用的基本思路

03
Section **学习元平台中的语义技术应用**

　　语义技术架构的最终目的是构建更加智能化的应用服务，LCS 中依托上述语义技术的整体架构，分别在学习资源的有序进化控制，学习资源的动态语义关联，学习资源的动态语义聚合，学习资源的适应性推荐，学习资源的语义化检索以及社会认知网络的动态构建等方面进行了探索性研究（见图 3-13）。这里仅简要介绍学习资源的语义化检索、学习资源的适应性推荐以及社会认知网络动态构建方面的应用思路。资源内容进化的智能控制应用思路请详见第 6 章，学习资源动态语义关联与动态语义聚合的应用思路请详见第 7 章。

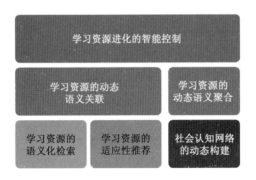

图 3-13　语义技术应用框架

3.3.1　学习资源的语义化检索

　　学习元的一个重要特色是，它经过语义标注的学习资源，其资源文件紧紧围绕内部的领域知识本体展开。因此，LCS 可以提供比基于简单文本匹配的检索更为强大的语义检索功能。完整的学习元语义检索的流程[1]如图 3-14 所示。

---

[1] 程罡. 泛在学习环境下的学习资源共享模型——学习元的体系结构和运行环境研究[D]. 北京：北京师范大学，2009.

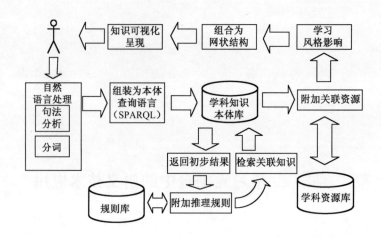

图 3-14 学习资源的语义化检索流程

目前，LCS 提供了基于关键词的初级检索和基于复合知识属性的高级检索两种检索功能。基于关键词的语义检索相对于文本匹配的关键词检索，优势主要体现在查全率方面。检索结果不仅包括标题、标签等文本中包含检索词的学习资源，而且寻找包含那些与检索词在语义上等价或近似的主题词的学习资源，例如用户检索"数字化学习"，检索结果不仅会包括含有"数字化学习"主题词的内容，还会返回包含"e-Learning""数位学习"的内容，并提示一些相关度较高的主题词如"移动学习""混合式学习""远程学习""网络教学"等，并依据其语义关系形成一个动态的网状图，供学习者进一步了解和检索。

两个知识点是否具有语义上等价的关系，是通过学习元本体模型中的内置属性"别名"和内置关系"等价"来判断的。当用户声明两个知识点是"等价关系"，或一个知识点的名称与另一个知识点的一个"别名"相同时，就认为它们具备语义上的等价关系。当一个知识点作为搜索的候选结果呈现时，与其具备语义上等价关系的知识点也会并入搜索的候选结果列表。

这些语义关系的构建，一方面通过用户手动的直接填写知识点的属性和语义关系来完成，例如我们为刚才创建的知识点的"别名"属性添上关键词"赢政"，当用户检索"赢政"的时候，"秦始皇"也能作为匹配的结果呈现。另一方面通过基于本体的推理规则，能发现一些用户没有直接声明的语义关系，例如：

知识点 x 与 y 等价，y 与 z 等价，知识点 x 有别名 a,b，而等价属性具有传递性质，则借助推理规则可推出知识点 y,z 也有别名 a,b。上述规则用简化的规则描述语言的表示如下：

规则 1：等价(?x,?y) ^ 等价(?y,?z) → 等价(?x,?z);

规则 2：别名(?x,?a) ^ 等价(?x,?y) → 别名(?y,?a);

类似地，可以通过设定推理规则，结合用户自定义的知识类型和属性，实现更复杂的推理逻辑，例如亲属关系的推理：

父亲(?x,?y) ^ 哥哥(?x, ?z) → 叔叔(?z, ?y)

　　其次，学习元的知识本体模型，为学习资源提供了一种可由用户定制的动态元数据描述，使得用户对不同知识类型，能够输入不同的检索条件，实现较为精准的查询，过滤一些在文本上匹配，但语义上不符合查询者要求的结果。例如，对刚才创建的"历史人物"类型知识的检索，其检索条件如图 3-15 所示。

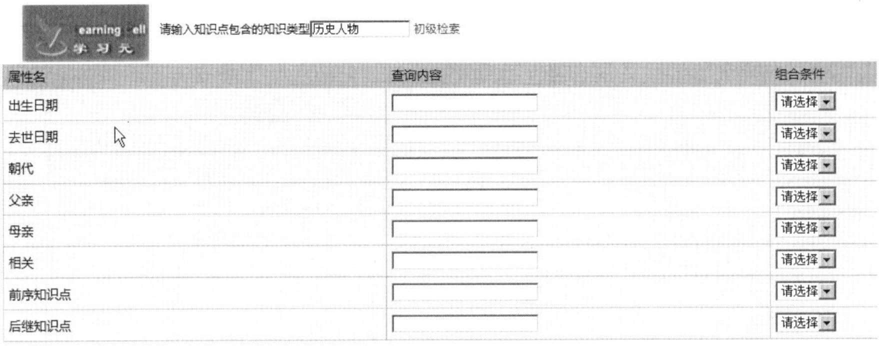

图 3-15　复合条件的语义检索

　　当检索别的知识类型如"历史事件"时，可供组合为检索条件的属性项又会发生变化，动态的调整为"历史事件"这个知识类型包含的属性。这种基于知识本体的动态元数据检索，比 LOM、Dublin Core 等静态元数据标准更具灵活性和扩展性，能根据不同的应用领域、用户的具体需要而随时调整，有助于学习者更准确地找到他所需要的学习资源。此外，借助用户模型中的学习风格（包括设备偏好、感觉通道偏好、活动类型偏好），当用户开启基于用户模型调整的功能时，可以实现对检索结果进行再次排序，能够将用户偏爱的资源类型优先呈现给用户。

3.3.2　学习资源的适应性推荐

　　个性化资源推荐是解决当前网络信息迷航的重要途径。泛在学习环境会持续产生海量的学习资源，学习资源的个性化推荐已成为当前泛在学习发展过程中急需解决的重要问题。学习元是由内容、活动、人际网络、过程性信息、语义信息等组成的高度结构化的资源单元。学习元的个性化推荐不仅仅要推送资源内容，还要向用户推送适合的活动和人际资源，以消除泛在学习时的孤独感，促进深度学习的发生。此外，泛在学习环境下，用户可以使用各种学习设备进行无所不在的学习。多终端的物理特性差异要求在推送学习元时充分考虑同一份资源在多个终端设备上的自适应性呈现问题。LCS 中学习资源适应性推荐的技术框架[1]如图 3-16 所示。

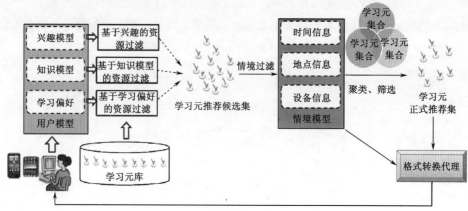

图 3-16　学习资源的适应性推荐

　　LCS 中学习资源适应性推荐的主要思路是：①根据用户模型（包括用户兴趣、已有知识和学习偏好），对学习元库中的资源进行过滤，过滤结果作为推荐资源候选集；②依据情境模型（时间、地点、设备等）进行二次情境过滤，剔除掉一部分不合适的资源集，比如 iPad 不支持 Flash，则自动去除含有 Flash 课件的学习元；③应用资源聚类算法，将候选推荐集中的资源进行归类和筛选，最终得到符合用户需求的推荐资源列表；④依据设备特征信息，调用资源格式转换处理程序，将资源在用户终端上进行适应性呈现。图 3-17 显示了个人学习空间中的资源推荐列表。

图 3-17　个人学习空间中的资源推荐列表

[1] 陈敏，余胜泉，杨现民. 泛在学习的内容个性化推荐模型设计——以"学习元"平台为例[J]. 现代教育技术，2011，21（6）：13-18.

用户模型和情境模型是资源适应性推荐技术的核心部件。其中，用户模型由知识模型、兴趣模型和学习偏好模型构成。基于知识模型的资源过滤，主要结合学科知识本体，识别、挖掘用户在学科知识结构方面的缺陷，重点推荐能够弥补知识结构缺陷的资源。基于兴趣的资源过滤主要采用经典协同过滤算法，将与当前用户兴趣高度相似的用户群体订阅、收藏或访问的学习资源推荐给学习者。基于学习偏好的资源过滤，主要将符合用户学习风格的学习资源推荐给学习者。情境模型由时间信息、地理位置信息和设备特征信息构成。时间信息通过读取服务器上的系统时间获得，地理位置信息通过读取终端设备的 GPS 数据获得，设备信息则通过调用终端系统相关 API 获得。

3.3.3　社会认知网络的动态构建

联通主义学习理论认为，学习是网络形成的过程。这里的网络包括知识网络和人际关系网络。知识网络是由若干个知识点通过彼此间的语义关联形成的网络，人际网络是用户之间通过社会交互形成的关系网络。泛在学习环境下，学习资源应当作为知识网络的核心节点，同时也是人际网络联通的中介点。这里可以将由知识网络和人际关系网络组合而成的网络称为社会认知网络。社会认知网络是由人与人、人与知识的深度互动过程中构建起来的。通过社会认知网络学习者既能找到想学的知识，还能找到知识背后的"人"，如领域专家、学习伙伴等。图 3-18 描述了 LCS 中社会认知网络动态构建的技术实现框架。

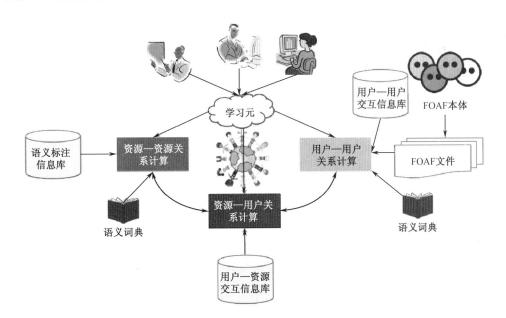

图 3-18　LCS 中社会认知网络的动态构建技术实现框架

LCS 中存在用户与资源的交互（浏览、编辑、创建、评论、批注等），用户与用户的交互（添加好友、邀请协作、发短消息等），这些交互信息将分别存入用户—资源交互信息库和用户—用户交互信息库。每个资源实体通过半自动化的语义标注程序将获得语义标注信息，这些信息将存入语义标注信息库。每个用户实体的信息都基于 FOAF 本体进行规范化描述，并自动生成对应的 FOAF 文件。

LCS 中的社会认知网络主要通过三种关系的计算而生成，分别是资源与资源的关系（如相似、相关、前序、等价等）、用户与资源的关系（如参与、贡献等）以及用户之间的人际关系（如协作、好友、竞争、师徒等）。资源之间的语义关系利用语义标注信息库和语义词典进行推理、计算和动态更新；用户与资源之间的关系通过用户—资源交互信息库中的数据进行挖掘，动态建立和更新用户与资源之间的关系。用户之间人际关系的计算一方面利用用户—用户交互信息库中的数据，通过设定相应的规则，如用户 A 如果频繁访问用户 B 的个人空间，则可推断出用户 A 是用户 B 的关注者；另一方面，对用户 FOAF 文件中的相关字段进行计算处理，如通过比较 Organization 字段，若相同，则视为同事，还可以借助语义词典对用户 FOAF 中的 Interest 字段进行相似度计算，判断二者是否兴趣相投。图 3-19 显示了 LCS 中的社会认知网络。

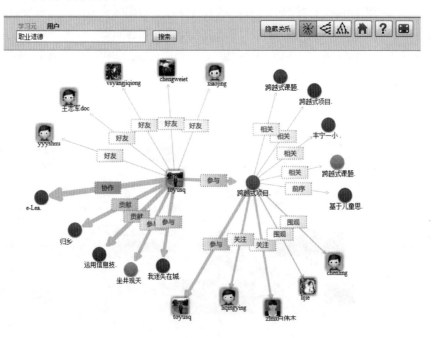

图 3-19　LCS 中的社会认知网络

随着语义 Web 技术的不断发展，越来越多的 e-Learning 支撑系统将采用语义技术架构，实现从资源的语义化组织到具有更强智能性和个性化的高级应用服务（如适应性资源推送、个性化学习、智能导航等）的开发。语义技术将使软件系统具备更好理解用户学习需求的能力，有助于大大提升数字化环境下的学习体验。LCS 中的语义技术框架已经初步形成，一些应用也已在语义技术架构之上进行了探索，并取得了一定的成效。接下来，针对如何将语义技术在 e-Learning 系统中推广应用提出了几点启示，供同行参考。

（1）积极引入外部开放的、较成熟的本体，比如 FOAF 本体、Freebase 中的开放本体、学科领域本体（如 Gene 本体）等。本体构建是一个复杂的过程，耗时耗力，如果外部已有相关的成熟本体，可以直接导入到系统本体库，而无须重复开发，突出本体的共享价值。此外，还要重视教育领域学科知识本体的建设，为面向学科的智能应用的开发提供本体数据支持。

（2）纯手动或完全自动化的语义标注不具有很强的应用实践价值。在 e-Learning 系统开发或升级改造时，比较理想的方法是采用人工标注与自动标注相结合的方式，实现对数字学习资源较为可靠和快捷的语义标注。

（3）目前的推理使用 JENA 内置的推理引擎，在大数据量处理时，难以保障推理效率。因此，建议集成具有较强针对性和运行效率高、效果好的推理机，如 Pellet、Sesame、Jess 等。

（4）语义技术的应用方面需要拓展思路，除在资源的智能控制、资源语义关联与聚合、语义检索、适应性推荐、认知网络构建等方面有"用武之地"外，还可以结合现实需求引入更多语义技术的高级应用服务（如资源社区潜在专家的挖掘，个人知识地图与学习路径的自动生成，学习资源的动态聚类等）。

（5）除重视资源的语义标注外，还要特别关注用户信息的语义化表征。Web 2.0 时代的到来，越发强化人际关系在促进社会化学习中的重要作用。从支持学习的角度出发，如何动态构建人与人之间的社会认知网络，是未来 e-Learning 系统发展需要重点关注的问题。

（6）重视情境模型的设计与情境本体的构建。泛在学习是一种高度情境化的学习方式，e-Learning 系统通过提供情境感知功能，将获取更多有价值的、有助于促进适应性学习的情境信息。同时，在情境模型和情境本体的支持下，e-Learning 系统将真正升级为适应性学习系统。

第 4 章
Chapter 4

泛在学习资源进化模型

01 Section 学习资源进化的概念及内涵

《现代汉语词典》将进化定义为事物由简单到复杂、由低级到高级逐渐发展变化。从《现代汉语词典》对进化的解释，可以发现进化不仅仅指生物学意义上的演化过程，而是涵盖了所有总体上朝进步方向的变化，分子、天体、社会、观念、学科等各种事物都可以不断进化。进化所体现的核心思想是"发展、变化、适应"，事物通过与外界环境的交互作用来慢慢改变自己，逐渐成长，以更好地适应其生存的环境。

所谓学习资源进化，是指在数字化学习环境中，学习资源为了满足学习者的各种动态、个性化的学习需求而进行的自身内容和结构的完善和调整，以不断适应外界变化的学习环境。该定义包含了学习资源进化三个方面的属性，分别是进化的主体、目的和表现。首先，这里的学习资源特指数字化学习环境中的数字学习资源，并不包含传统意义上的一般性学习资源（校舍、书本、教师、专家、电脑等）。其次，学习资源进化的最终目的是为学习服务，为了更好地满足学习者的各种学习需求，以适应不断变化的数字化学习环境。进化是更好地发挥和体现资源价值的手段和途径，而服务学习需求，适应外界学习环境才是资源进化的最终目标。最后，学习资源表现为两个方面的进化，一是资源内容的调整和完善，二是资源内外结构的优化。内容是学习资源的核心要素，开放的内容组织能够通过多用户参与下的协同内容编辑，实现群体智慧聚合下学习内容的快速更新和持续发展。另外，结构决定功能，资源内部要素之间的关系及其组织方式构成了资源的结构，结构的不断完善也将增强学习资源的功效，进而提高学习的有效性。

02
Section　**数字化学习资源的进化现状**

　　e-Learning 领域的学习资源种类繁多、数量巨大，为了整体把握当前学习资源的进化方式、特点及趋势，分析其存在的缺陷及不足，接下来将选取 e-Learning 领域较为典型和常见的几种学习资源，包括网络课程、学习对象、维基资源、开放教育资源等，进行分析。

4.2.1　网络课程

　　网络课程的建设模式基本可以分成两类：传统团队建设模式和开放建设模式。传统建设模式中又包括两种形式，即教师课题组制作和商业公司制作[1]。无论哪种形式，通常都是由专门的课程制作团队（学科教师、专家、资源制作人员等）负责设计、开发与维护。这种建设模式下网络课程的内容更新方式与传统的课程教材并无区别，需要专门的课程维护团队负责资源的更新与重新递送。虽然也有进化发展，但这种资源进化的方式周期较长，一门网络课程开发出来，常常需要 2～3 年甚至更长时间才会进行改版与升级。Web 2.0 理念支持下的网络课程开放式建设模式正在不断发展，国内已经有一些研究者从支持网络课程协同建设的目标出发，设计开发了网络课程交互协同编辑系统[2,3]，可以让学生参与到网络课程的建设中来。协同编辑是实现资源内容进化的一种重要方式，通过用户贡献集体智慧可以实现学习内容的不断进化。将网络课程内容本身的协同建设与持续进化也作为开放的对象，可以加快资源内容更新的速度，更加适应知识经济时代的要求。

　　总的来说，当前的网络课程仍然是以传统的团队建设模式为主。同时，在 Web 2.0 开放共享理念的影响下，网络课程正在从传统团队建设模式向基于 Web 2.0 的开放建设模式慢慢转变，课程进化的方式也在逐步由专业团队维护向聚集草根智慧，吸引大众参与的方

[1] 周立元. 基于资源的开放式网络课程建设模式研究[J]. 中国远程教育，2006，(4)：48-51.

[2] 孙宇. 基于 Web 2.0 理念的网络课程交互协同编辑系统的设计研究[D]. 北京：北京师范大学，2008.

[3] 许大伟. 网络课程协同编辑系统的设计与实现[D]. 北京：北京师范大学，2010.

向发展。但是，由于网络课程的服务对象主要是传统的正规教育，因此，短时间内基于专业团队维护实现网络课程进化的模式仍然不会改变。

4.2.2　学习对象

学习对象由于采用了动态、开放的结构描述，可以允许用户按照各自需求将学习对象进行结构重组，生成不同形态的课程资源。从生态观的视角来看待学习对象，可以发现学习对象的进化基本上采用了复制式的"繁殖"模式，学习资源通过在不同的 LMS 中通过导入导出实现资源"种群"的繁殖。虽然，开放的结构描述允许用户进行对象重组，但也仅限于结构的改变，其内容本身仍是封闭的。学习对象在信息的组织模式上存在结构封闭、难以更新的缺陷。单向信息传递是 Web 1.0 时代最明显的标志，学习对象是在 Web 1.0 环境下成长起来的学习技术，其继承了 Web 1.0 的信息资源组织和传递的模式。教师、专家、资源建设者作为信息的生产者，提供内容和解决方案内容，学习者仅仅是信息的消费者，无法为学习对象的进化贡献智慧和力量。

近年来，在语义网、本体等技术的推动下，针对现有学习对象缺少语义的不足，一些学者开始关注学习对象的语义化研究[1,2]。语义网技术在促进学习对象共享方面具有广阔的发展空间，语义学习对象已经成为学习对象的重要发展方向。同样，对于学习对象的进化而言，也具有重要的意义。通过语义化的信息描述，学习对象将具有更强的自我描述和被机器理解的能力，这将对学习对象之间的语义链接产生重要影响。依据上述学习资源进化的定义，资源之间动态语义关系的构建也属于资源进化的重要部分，将大大促进语义网环境下学习对象的进化。

4.2.3　维基资源

Wiki 作为 Web 2.0 技术的典型代表，开创了基于互联网的协同内容创作的先河，在研究和实践领域引起了广泛关注。区别于一般的网络课程和学习对象，Wiki 资源的进化不再依赖专门的资源建设团队，而将内容编辑的权限开放给任何用户，通过聚集普通用户的点滴智慧来形成推动 Wiki 资源持续发展的巨大动力。周庆山等指出，维基百科通过集合全体用户的智慧，形成了超强的信息集合，这种信息集合不是死的、静止的信息堆积，而是动态发展演化的、活的有机体。当然，开放的同时也会导致一些问题，如质量问题、可信度危机[3,4]等。为了解决这些问题，促使 Wiki 资源有序进化发展，部分研究者对维基百科的

[1] 巩丽红，余雪丽. 用 RDF 绑定学习对象元数据[J]. 太原理工大学学报，2004，35（4）：463-466.

[2] 胡瑛，贾积有. 学习对象内容本体描述框架研究[J]. 开放教育研究，2009，15（2）：102-106.

[3] John Seigenthaler Sr. A False Wikipedia'Biography'[N]. USA Today, 2005.

[4] 罗志成，付真真. 外部因素对维基百科序化过程的影响分析[J]. 图书情报知识，2008（3）：28-33.

质量控制机制[1,2]、动态版权机制[3]等进行了研究。

　　总的来说，Wiki 资源主要是通过用户的群体贡献，并结合一些质量控制、版权保护等保障机制来实现资源内容的进化。与语义学习对象类似，语义网与 Wiki 的结合产生了语义 Wiki（Semantic Wiki）。语义 Wiki 的概念于 2000 年首次提出，2005 年开始受到广泛关注，产生了一批优秀的语义 Wiki 系统，如 Semantic MediaWiki、Freebase、OntoWiki等。语义 Wiki 通过为网络资源附加可供机器理解和处理的语义信息，能更好地促进网络资源的大规模重用和自动处理。语义 Wiki 作为 Wiki 的升级和发展，并没有改变"开放共创"的内容建设模式和依赖群体智慧实现自我组织和进化的发展方式，但其结构化的、丰富的语义描述将为学习资源提供更强大的进化潜力和动力，尤其在学习资源的动态语义关联和聚合方面。

4.2.4　开放教育资源

　　开放资源的内涵绝不仅仅是共享，开放的另一层含义是指学习资源内容本身的开放，也就是说，学习资源允许用户在使用过程中补充、修订和完善，使其具有生成性和进化性。依据资源的内容是否开放，可以将 OER 分成两类：一类是资源包共享层面的开放教育资源，另一类是允许内容协同编辑的开放教育资源。

　　第一类 OER 通过依据特定的资源数据模型（DC 数据模型、AICC 课程结构数据模型、LOM 数据模型等）和资源包装规范（IMS-CP、IMS-CC、CELTS-9等）将学习资源封装成标准的课程包，实现异构系统间的资源传递和共享。此类 OER 的内容相对完整，整体结构较封闭，主要面向正规教育和培训。在进化方面，常常存在缺乏持续更新的动力，更新周期较长，进化缓慢等问题。

　　第二类 OER 主要借鉴了 Web 2.0 的核心思想，通过开放的内容结构，允许多用户、多角色协同编辑资源内容。当前，支持开放内容协同创作的资源网站越来越多，比较典型的是 Google 的 Knol （http://knol.google.com/k）和英国开放大学的 Cloudworks（http://cloudworks.ac.uk/）。

　　总的来说，当前开放教育资源的建设仍然以第一类资源为主，但是，开放知识协同创作的资源建设和共享模式已经成为 OER 的重要发展方向，因其具有更强的进化能力，在未来的非正式学习和终身学习领域将发挥至关重要的作用。

---

[1] Stvilia, B., Twidale, M., Gasser, L., & Smith, L. Information Quality Discussions in Wikipedia[R]. Technical Report ISRN UIUCLIS-2005/2+CSCW, 2005.

[2] Hu, M., Lim, E. P., Sun, A., Lauw, H. W., & Vuong, B. Q. Measuring Article Quality in Wikipedia: Models and Evaluation [A]. Proceedings of the sixteenth ACM conference on Conference on information and knowledge management [C]. Lisbon: ACM press, 2007. 243-252.

[3] 马艺方. 解决 Wiki 百科版权危机的动态版权平衡机制[J]. 科技进步与对策，2009，26（8）：96-98.

03
Section **数字化学习资源进化缺陷分析**

当前学习资源的建设模式可以归为两类，Web 1.0 环境下的传统团队建设模式和 Web 2.0 环境下的开放共创模式。传统团队建设模式下的学习资源，比如网络课程，主要服务于正规、正式教育，质量可靠，具有较强的专业性和权威性。不足之处是资源的结构封闭，更新速度缓慢，且只能通过在平台或资源库之间导入导出的方式实现异构系统的资源共享。开放共创模式是随着 Web 2.0 理念和技术的普及应用发展起来的新型资源建设模式，通过聚合"草根"智慧实现资源的内容协同建设和更新。这种模式下的学习资源具有内容开放、聚合集体智慧、更新速度快等优势，学习者可以在第一时间获取与自身需求紧密相关的新知识，更加适用于非正式学习。然而，Web 2.0 理念指导下的开放共创资源建设模式也存在一些问题，主要表现为如下四个方面。

1. 缺乏对资源进化方向的控制，导致资源"散乱"生长

开放的资源结构允许多用户编辑内容，在汲取大众智慧的同时也导致了资源内容的"散乱"生长。同一份学习资源，不同的用户依据各自的需求添加、删除、修改资源内容，导致资源量急速增长，资源内容五花八门，许多与主题毫不相关的东西都被填充进来。开放知识社区面临的资源"质量"问题，大都源于缺乏对资源进化方向的控制，而单纯依赖人工审核控制资源进化又无法适应信息时代知识更新的速度。

2. 缺乏系统、有效的机制环境，无法保障资源的安全、有效进化

学习资源的安全、有效进化离不开强大机制环境的保障。Web 1.0 时代的 e-Learning 资源建设由于其运作模式简单，一般不需要设计系统的保障机制，只需严格规范资源生产者单方的行为即可。Web 2.0 时代"群建共享"的资源生产和更新模式，由于多用户的参与，必然需要构建一套完善的资源进化保障机制，来协调、激励、引导用户之间的合作。

3. 缺乏对资源本身智能性的发掘，忽视资源间的动态语义关联

资源的进化除内容的生长外，还涉及结构的完善。资源间的动态语义关联，有助于大

大减轻学习者盲目检索资源的压力和负担，使其更加直观地发现自己感兴趣的、所需要的资源，起到"知识导航"的作用。而对于资源本身而言，通过与外部资源实体产生联系，一方面将大大提高其被发现和检索的概率，将被更多的用户浏览、编辑，还能够增强自身的竞争力，使其在资源的竞争中更具优势，降低被淘汰的风险。当前的 e-Learning 资源大多采用静态元数据的描述技术，资源之间的关联主要采用超链接的实现方式（如 Wiki 词条间的关联），缺乏足够的、一致的、可以被机器理解和处理的语义描述信息。因此，无法有效发挥资源本身的"智能性"，也难以在资源之间动态产生语义的关联。

4. 忽视学习过程性信息的重要性，导致资源进化"养料"的流失

学习资源在使用的过程中，会产生大量的生成性信息，例如学习者针对某主题展开的讨论，对某段学习内容附加的批注，学习的笔记等。学习过程中产生的各种生成性信息，是非常适合的观察对象，有助于促进后继学习者的学习。然而，在当前 e-Learning 资源进化的过程中，学习过程性信息并未纳入资源进化和共享的范畴中来，导致部分资源进化"养料"的流失。

04
Section **泛在学习资源进化模型的设计**

通过对 e-Learning 领域学习资源进化现状的分析，整体把握了当前资源进化的方式和途径，也为泛在学习资源进化模型的构建提供了基础。泛在学习不同于一般的 e-Learning，对学习资源具有更高的要求，包括如何满足无限群体的个性化学习需求，如何实现学习资源的动态生成与生命进化，如何构建无处不在的学习资源空间，如何支持非正式学习中的情境认知，如何实现不同微内容基于语义的自然聚合，如何共享学习过程中的人际网络和社会认知网络等。因此，泛在学习资源的进化需要更强的进化动力，更完善的进化保障机制和更适合的进化技术支撑。为了从宏观上指导泛在学习资源进化研究，急需构建完备的学习资源进化模型。

4.4.1 相关进化模型分析

基于生态学视角思考并解决问题，已经开始在自然、社会、工程等多个领域普及应用。借鉴一般的生物进化模型结合领域需求，不同领域的研究者构建了独具特色的进化模型，如软件进化模型[1]、企业进化模型[2]、知识进化模型[3,4]、文化进化模型[5]等。这些进化模型的核心都是围绕对象的生命周期及其与外部环境的关系而构建的，对资源进化模型的构建具有一定的启发意义。

值得关注的是，学习资源领域的部分学者也开始从进化的视角研究网络课程的内容进

---

[1] 李喜英. 基于超图的软件进化模[J]. 商丘职业技术学院学报，2009，8（5）：29-32.

[2] 闫安，达庆利. 基于生态位构建的企业进化模型[J]. 华东经济管理，2009，23（1）：83-86.

[3] 李徐平，和金生. 新划分标准下的知识进化与知识传播模型[J]. 中国地质大学学报（社会科学版），2007，7（1）：42-46.

[4] P. Hall, & N. Amin. Domain Knowledge Evolution in Business and IT System Change[A]. 11th International Workshop on Database and Expert Systems Applications (DEXA'00) [C]. Dexa: IEEE Computer Society Press , 2000：823.

[5] Lynch, A., & Jenkins, P. F. A Model of Cultural Evolution of Chaffinch Song Derived with the Meme Concept[J]. American Naturalist, 1989, 133(5): 634-653.

化问题[1,2]。但是，当前的研究大都从技术的角度研究课程内容如何实现进化，缺乏对资源进化动力、进化周期、进化机制等要素的考虑，未涉及学习资源进化模型的系统构建。因此，需要构建完备的泛在学习资源进化模型，以宏观指导泛在学习资源的进化研究。接下来，将依据生物进化理论，综合考虑泛在学习的特性、资源的生命周期、资源进化的动力源、进化机制和技术支撑环境等要素来构建泛在学习资源的进化模型。

4.4.2　学习资源进化模型设计

本节构建了泛在学习环境下的资源进化模型（见图 4-1）。模型中心显示了资源的完整生命周期，体现了资源的进化路径。

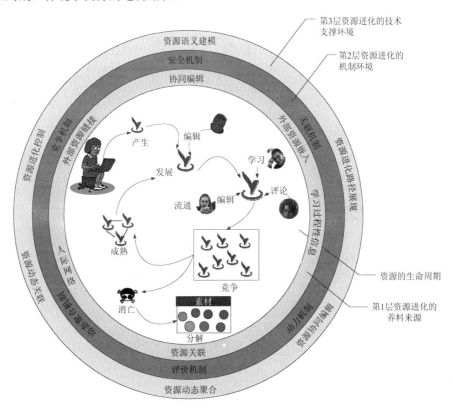

图 4-1　泛在学习环境下的资源进化模型

第 1 层的协同编辑、学习过程性信息、人际网络、资源关联、外部资源链接、外部资

---

[1] 谭霓，余胜泉，吕啸. 网络课程的内容进化机制设计与技术实现[J]. 远程教育杂志，2011，29（1）：80-84.

[2] 王雅丽. 网络课程的进化式开发研究[J]. 教育教学论坛，2011（2）：137-138.

源嵌入等要素作为资源进化的养料来源。第 2 层为资源进化的保障机制，包括资源进化的安全机制、动力机制、评价机制、竞争机制、关联机制、动态聚合机制等。第 3 层为实现泛在学习资源进化的技术支撑环境，展示了系统的核心功能，包括内容协同编辑与版本控制、资源语义建模、资源动态关联、资源动态聚合、资源的有序进化控制、资源进化的可视化路径展现等。

1. 泛在学习资源的生命周期

从生态学的视角出发，可以将泛在学习环境下的学习资源视为可进化发展的有机生命体，和用户群体共同组成泛在学习生态系统的两大关键物种。从生命周期理论出发考量学习资源，有助于正确把握泛在学习资源的总体发展规律，摸清资源之间及其与用户之间的复杂关系，更加高效地建设、利用、传递、管理资源。同时，资源生命周期也是构建泛在学习资源进化模型的基础。学习资源与生物的生命一样，也存在产生、成长、成熟、消亡的一般过程。在普通生命周期的基础上，结合泛在学习资源的泛在性、开放性、社会性、情境性、进化性等特征，设计了泛在学习资源的生命周期模型（见图 4-2）。

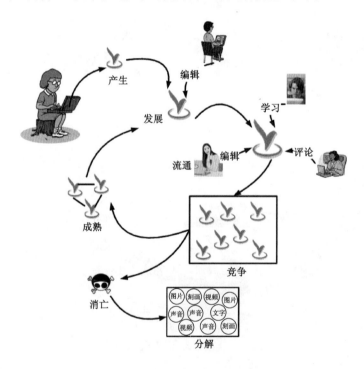

图 4-2　泛在学习资源的生命周期

用户利用资源制作工具开发各种学习资源，属于资源的产生期。生产出来的资源需要填充完善内容，创建者可以自己编辑也可以邀请好友一起编辑资源，是资源的发展期。待资源内容基本充实，创建者认为符合要求后，便可以将资源对外发布，使其进入流通期。

流通中的资源作为商品可以自由买卖，学习者、协作者、浏览者等各种用户都可以编辑资源内容、发表评论、参与资源附加的学习活动等。资源流通过程中产生的各种生成性信息（笔记、评论、历史版本、活动信息等）都将统一存储，一方面作为资源继续进化的养料，另一方面也为资源选择提供依据。流通中的资源进行自由竞争，评价打分、内容质量、活动设计、浏览量、学习人数等都将成为影响资源竞争的因素。竞争中部分优质资源将继续生存下来，继续发展，进入成熟期。质量较差、长时间无人光顾的资源将自动被系统淘汰，进入消亡期，并被系统分解成各种素材，供资源制作者选择性使用。

2. 资源进化的动力及养料来源

泛在学习的开展和实施离不开学习资源，学习者对学习的需求是学习资源产生和进化的根本动力，正是不断增长的各种个性化学习需求导致了形态各异、千差万别的学习资源不断涌现和持续进化。学习资源的进化需要汲取外界源源不断输入的"养料"来提高自身的质量和"素质"（更好地适应外界环境，满足学习者的学习需求）。泛在学习资源进化的营养主要来自用户和资源两个方面。用户通过贡献集体智慧，协同编辑资源使其内容越来越丰富、完善、精练和准确。学习者在参与学习的过程中，还会对资源发表评论、写笔记、作批注、参与各种学习活动（讨论、作业、投票、答疑等），所有这些学习的生成性信息都将附加在资源上，成为其进化的"养料"。泛在学习过程中每个资源将成为学习者之间产生联通的"管道"和"中继器"，隐藏在学习资源背后的人际关系网络也将成为资源的一部分，为资源进化提供营养。除来自用户的贡献外，资源之间也将依据语义相似度自动形成主题资源圈，通过资源聚合来增强彼此的生存能力，因此，资源关联也属于资源进化的"养料"。另外，外部开放资源的嵌入和 Web 链接也能加强当前学习资源与外部资源生态系统的联系，从而获得更多来自外部生态系统的进化养料。

3. 资源进化的机制环境与关键技术

泛在学习资源系统不是一个纯粹的"自组织"系统，需要借助外部的"他力"来约束、激励资源的持续进化和发展。完全自由进化的资源生态必将出现 Web 2.0 环境下资源散乱生长，难以控制等弊端。为解决资源进化的"无序性"，实现泛在学习资源持续、安全、有序的进化，需要为资源进化提供一套系统的、规范化的、一致的约束规则和保障机制。

资源进化的安全机制主要考虑如何避免用户的恶意攻击、删除和评论，如何保障资源的存储、运行、编辑环境的安全可靠等。资源进化的动力机制主要考虑如何发挥集体的智慧和力量，增强资源进化力，使资源具有持久的进化营养和驱动力。资源进化的评价机制主要考虑如何对每个资源实体进行全面的、合适的、客观的、利于促进资源进化的评价，如何评价资源的质量、资源的进化力等。资源进化的竞争机制主要考虑如何促进资源之间的良性竞争，如何通过竞争淘汰那些陈旧的缺乏进化动力的资源。资源间的动态关联机制主要考虑资源间自动建立关联需要满足什么样的条件，资源关联的数量有无限制，关联后的资源应该以什么样的形式呈现等问题。资源间的动态聚合机制主要考虑资源个体之间如何依据内在的语义关系自动聚合成结构化的粒度较大的资源。

进化机制本质上是有关学习资源进化的一系列约束规则，技术上表现为促进学习资源进化的软件功能集合。为保障上述进化机制的实施，实现学习资源的有序进化，需要重点突破内容协同编辑与版本控制、资源的语义建模、资源的动态语义聚合、资源的有序进化控制、资源进化的可视化路径展现等关键技术。

内容协同编辑和版本控制技术主要是在现有 Wiki 技术基础上进行适应性的改进，保证多用户可以对学习资源的内容进行协同编辑，并通过灵活的版本控制技术来保证资源的安全性。资源的语义建模技术主要是引入语义网技术，构建开放的学习资源本体，对资源进行快捷的语义标注。资源的动态语义聚合技术主要是在资源语义建模的基础上，实现相似资源之间的自动聚合，组成同主题的资源圈。资源的有序进化控制技术主要是通过知识本体、内容审核等技术来控制资源进化的方向，避免其毫无目的地"散乱"生长。资源进化的可视化路径展示技术主要是通过 Flex 技术来直观呈现资源的进化过程以及成长过程中不同用户的贡献，使学习者不仅能够了解当前的知识，还能够从整体上知晓知识是如何一步步发展起来的。

05 泛在学习资源进化模式预设
Section

在上述泛在学习资源进化模型的指导下，如何体现学习资源的进化，如何设计资源进化的模式是接下来急需明确的。通过资源模型可以发现，泛在学习资源进化的营养来源主要包括协同内容编辑、资源动态聚合、人际网络、学习过程性信息、外部资源链接、外部资源嵌入。资源进化的营养来源总体上可以归为"内容"和"关联"两类，据此分类预设了两种资源进化的模式。

4.5.1　进化模式 1：学习资源的内容进化

用户首先生产出学习资源，然后对外发布，邀请协作者来编辑资源内容，由于资源对外开放，任何普通学习者都可以编辑已有的资源内容，添加图片、修改文字、嵌入外部的 RSS 资源等。随着资源的成长，越来越多的用户开始接触到该资源，开始发表评论信息、写笔记、作批注等。用户基于该资源，在编辑、学习、评论、批注的过程中自然而然地围绕当前的学习资源形成了一个微型的人际网。之后，更多的用户参与到资源内容的编辑完善中，有的用户将外部相关或参考的资源链接附加到当前学习资源上，关注当前资源的人越多，人际网络也就越来越大。随着时间的推移和用户集体智慧的不断汇聚，资源的版本不断升级更迭，最终形成高质量的、可满足不同用户需求的学习资源，如图 4-3 所示。

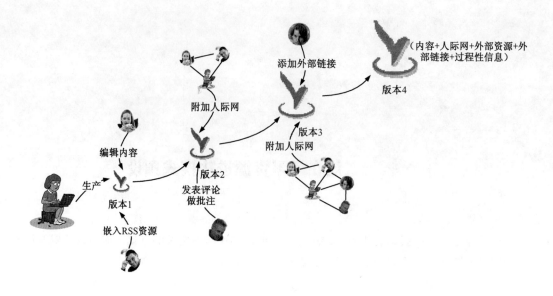

图 4-3   学习资源的内容进化

4.5.2   进化模式 2：学习资源的关联进化

学习资源在不断生长的过程中会与其他资源通过手动（用户在自己创建的资源间通过可视化关系编辑器建立语义关联）或自动（系统通过语义关联器自动在资源间挖掘语义关系）的方式建立某种语义关系，如相似关系、上下位关系、前驱关系、包含关系、等价关系等。依据学习资源进化的定义，关联也是一种宝贵的学习资源，资源之间语义关系的挖掘可以用于知识导航，引导学习者总体了解某领域的知识关系。随着资源关联的不断生长，相似资源之间将依据资源进化的关联机制自动形成主题资源群。另外，用户还可以将具有语义关联的资源之间按照知识的内在逻辑组织成结构化的课程，用于学习者对某方面知识的系统学习。无论是主题资源群还是结构化的课程都是依据资源之间的语义关联信息进行的逻辑层面的资源二次组织，不涉及物理层面的资源实体复制。最终，所有的资源都将成为资源网的一个节点，在与其他资源节点的动态关联中实现自我发展，如图 4-4 所示。

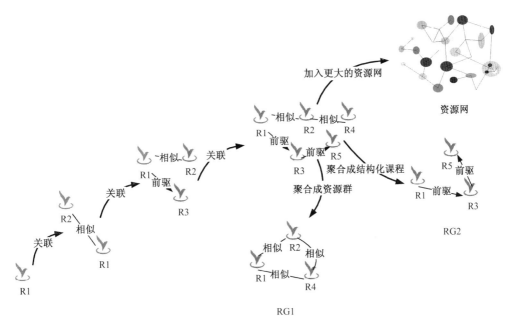

注：R 代表 Resource，RG 代表 Resource Group，资源群。

图 4-4 学习资源的关联进化

06
Section 学习资源进化关键问题

影响泛在学习环境下开放学习资源有序进化的两大关键问题分别是内容进化中的智能有序控制和关联进化中的动态语义关联与聚合。

4.6.1 如何实现内容进化中的智能有序控制

学习资源内容进化的有序控制是泛在学习资源进化研究急需解决的核心问题。当前 e-Learning 领域的资源进化常常以 Web 2.0 技术为核心，导致开放环境下生产的资源往往过于"杂乱"，内容缺乏核心主题。在资源质量的保障方面，主要采用人工审核的方式来控制学习资源的有序进化，比如著名的维基百科、互动百科等，都需要有一批专职人员负责审核词条内容，以保证词条的版本更迭是朝着高质量的、可信可靠的方向发展。这种完全基于人工的质量控制模式耗时、耗力，难以满足泛在学习资源动态生成、无限扩展的需求。为解决开放环境下的资源有序进化问题，本书拟采用语义 Web 技术和社会信任机制，通过智能控制资源内容的编辑，避免资源内容上的"杂乱"生长，实现泛在学习资源内容进化方面的有序控制。

4.6.2 如何实现关联进化中的动态语义关联

动态建立、挖掘和发展资源之间的各种语义关联，是资源进化的重要手段和目的。从学习资源进化的定义可知，资源间的关联是进化的重要组成部分，无论对于学习者还是资源本身都具有极其重要的意义和价值。资源之间的动态语义关联，可以为资源的个性化推荐提供数据支持；可以起到"学习导航"的作用，有助于促进学习者的有效、高效学习；还可以为学习资源动态聚合成更高粒度，具有内在逻辑联系的资源群提供数据基础。学习资源关联的目的是要在不同的资源之间建立利于促进学习的语义关系，在资源节点间实现有意义的连通，最终形成可无限扩展的资源网。本书将探索一种自动化的资源动态语义关联技术，以尝试弥补传统人工建立资源关联时耗时、耗力、主观性强等方面的缺陷。

07 关键问题的技术解决思路
Section

　　本书针对内容进化的智能有序控制和关联进化的动态语义关联与聚合，提出了如下整体解决方案（见图 4-5）。学习元平台采用语义资源组织模型，存储了各种基于本体的语义化描述信息，可以为资源内容进化和关联进化提供语义数据支持。

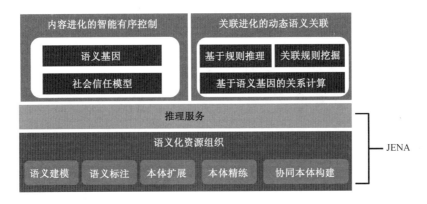

图 4-5　关键问题解决思路

　　（1）内容进化方面，一方面应用语义 Web 中的本体技术描述资源的语义特征（本书形象化地称之为语义基因），通过计算编辑的内容与当前资源语义基因的相似度来决定是否接受此次内容修订；另一方面借鉴计算机科学领域（网络通信、电子商务）的信任评估模型，通过计算用户的可信度来决定是否接受该用户的此次内容修订。实际应用中，将考虑两方面的信息，综合判断每次内容编辑的可信度以决定是否允许修改资源内容，以保证资源内容沿着正确的进化方向发展。

　　（2）关联进化方面，综合应用三种技术实现资源之间的动态语义关联。首先，应用语义 Web 中的推理技术，基于 JENA 提供的推理服务，编写各种资源关联规则，实现基于规则的资源动态关联；其次，通过资源语义基因间的关系计算，动态发现高度相似资源间的语义关联；最后，应用数据挖掘领域的关联规则挖掘技术，基于用户的各种交互数据，动态发现资源间的各种隐性关联。

第 5 章
Chapter 5

内容进化的智能控制

01
Section **传统资源内容进化控制技术分析**

开放环境下的资源建设存在资源"杂乱"生长、质量难以保障等缺陷，严重影响了开放学习资源的顺利建设和应用推广。维基百科完全开放式的编辑与组织方式使其质量和可靠性问题成为关注的焦点[1]。俗话说"没有规矩不成方圆"，不加控制与约束的资源进化必然导致"事与愿违"。Web 2.0 时代人人可以生产、消费、传播资源，用户群体的复杂性和生产的自由化直接导致数字资源的爆炸式增长和无序进化。因此，必须对资源的内容进化进行有效控制，才可保障资源进化的有序性和质量的可靠性。

网络课程是国际远程教育领域非常重要的一种资源形态。传统网络课程常采用一次性的"瀑布式"开发方法，建成后很少进行内容的变动，进化能力不足。进化式网络课程开发模型[2]通过对原型系统的渐进式开发，实现网络课程的版本更迭和进化发展，最终生成高质量的课程资源。国内有研究者设计了网络课程的内容进化机制[3]，提出采用严格的角色权限管理和版本控制技术实现对网络课程内容进化的控制。当前的网络课程建设无论采用何种创建模式和内容进化机制，在对课程内容进化的控制上基本都采用了相同的方法，即依赖课程建设团队的集体决策或课程教师的人工审核。此种方法的优点是进化控制的准确率高，比较可靠，有利于课程内容朝着理想的方向不断进化发展；缺点是需要过多的人工干预，控制周期较长，不利于资源内容的快速更新。

维基百科是以"协同创作"为核心特征的开放知识社区。在内容的进化控制上，维基百科主要采用的是一套基于人工协作的协调机制[4]和一系列的约束规则[5]（3R 规则、事实校验和实时同级评审规则等）来实现信息的有序进化。其他各种开放知识社区（百度百科、

---

[1] 王丹丹. 维基百科自组织模式下的质量控制方式研究[J]. 图书馆理论与实践，2009，（8）：21-24.

[2] 王雅丽. 网络课程的进化式开发研究[J]. 教育教学论坛，2011（2）：137-139.

[3] 谭霓，余胜泉，吕啸. 网络课程的内容进化机制设计与技术实现[J]. 远程教育杂志，2011，29（1）：80-84.

[4] Kittur, A., & Kraut, R. E.Harnessing the Wisdom of Crowds in Wikipedia: quality through coordination[C], Proceedings of the 2008 ACM conference on Computer Supported Cooperative Work, November 08-12, San Diego, CA, USA .

[5] 罗志成，付真真. 外部因素对维基百科序化过程的影响分析[J]. 图书情报知识，2008，（3）：28-33.

Google Knol、Freebase 等）也基本上沿用维基百科的控制模式，在反馈、交流的基础上最终通过人工审核的方式实现内容版本的不断更迭和进化。近年来，一些研究者开始从信任的角度研究维基百科的进化控制[1,2]，通过构建信任模型计算词条或用户的可信度，以辅助用户判断词条的质量或编辑的可靠性。信任思想的引入，无疑给维基百科内容的有序进化提供了一种新的解决思路。语义维基[3]采用语义化的信息描述和组织方式，与维基百科相比，更容易基于语义信息开展一些上层应用。Denny Vrandĕcí（2009）提出，可以通过约束语义（概念基数、定义域值域限制、属性限制等）进行自动化的内容检查[4]，但只提出了一个想法，并未对具体方法进行设计和实现。如何利用结构化语义信息控制外部资源的自动引入是急需解决的关键问题。

总的来说，当前 e-Learning 领域的开放资源大都通过人工决策与手动版本审核的方式来实现对资源内容质量的控制。随着资源群体和用户群体规模的不断扩大，单纯依赖人工决策与手动版本审核来实现资源内容的有序进化已经无法满足泛在学习对资源进化性的需求，因此急需探索一种智能化的、可以有效减轻资源管理者负担和压力，促进资源快速有序进化的智能控制方法。本书提出一种综合应用语义基因和信任评估模型的内容进化智能控制方法。该方法通过智能审核资源的内容编辑，实现对资源进化方向的智能控制，一定程度上减轻资源管理者人工审核内容版本的负担，促进学习资源内容的持续有序进化。

[1] Adler, B. T., Chatterjee, K., De Alfaro, L., Faella, M., Pye, I., & Raman, V. Assigning Trust to Wikipedia Content[C], Proceedings of the 4th International Symposium on Wikis, September 08-10, 2008, Porto, Portugal.

[2] Maniu, S., Abdessalem, T., & Cautis, B. Casting a web of trust over Wikipedia: an interaction-based approach[C]. In Proceedings of the 20th international conference companion on World wide web (WWW '11). ACM, New York, NY, USA, 87-88.

[3] Völkel, M., Krötzsch, M., Vrandecic, D., Haller, H., & Studer, R. Semantic Wikipedia[J]. Journal of Web Semantics, 2007, (5):251- 261.

[4] Vrande, D.Towards Automatic Content Quality Checks in Semantic Wikis[EB/OL]. http://www.aaai.org/Papers/ Symposia/Spring/2009/SS-09-08/SS09-08-017.pdf, 2010-10-4.

02
Section

内容进化的智能控制技术框架

5.2.1 智能控制相关假设

内容进化中的智能有序控制方法是基于两个基本假设进行设计和实施的。

假设 1：内容进化是围绕特定主题的进化，内容的前后变化往往具有较强的语义相关性

一般而言，资源的内容进化具有很强的指向性，围绕特定知识结构（语义基因）的进化发展。也就是说，资源内容要表达特定的主题，内容版本的更迭是对主题的不断丰富和完善。资源内容的前后变化往往具有较强的语义相关性，新增加的内容和语义基因具有一定的语义相似性。

假设 2：高可信用户的行为往往比较可靠，倾向于善意的内容编辑

用户的信任度是基于信任评估模型，通过分析影响用户信任的各种交互数据计算得出的。用户善意行为的积累，会不断提高其信任值。如果某用户的信任度超过一定的数值，则认为该用户的绝大多数操作是可信的，其参与的内容编辑（增、删、改）可以被系统自动接受。

5.2.2 智能控制技术框架

语义基因是指能够反映资源内容所要表达含义的基本信息单元，形式上表现为基于本体描述的带有权重的概念集合（包括核心概念以及概念间的关系）。社会信任模型是参照现实社会中的信任关系构建的一套可计算的信任评估技术，可用于评价代理、用户、资源等任何参与网络交互实体的信任度。关于语义基因和信任评估模型的详细信息请参考 5.3 节和 5.4 节。

图 5-1 描述了基于语义基因和社会信任评估模型的内容进化智能有序控制技术的总体框架。其核心是综合两方面的信息进行内容编辑的可信度计算，一方面应用新添加内容的特征信息和当前资源的语义基因进行语义相似度计算，另一方面基于用户的交互操作数据，

应用社会信任模型计算用户的信任度。设定内容编辑可以被接受的可信度阈值，如果此次
内容编辑的可信度超过阈值则自动接受此次内容编辑的结果，否则，自动拒绝。

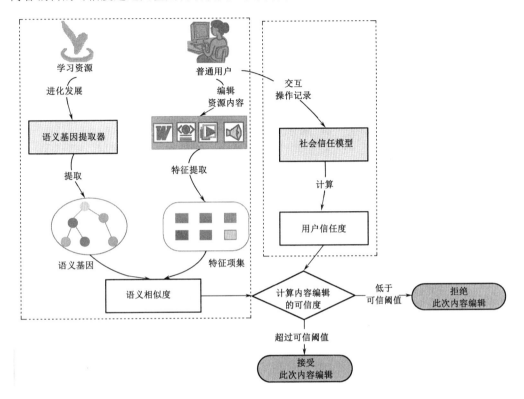

图 5-1　内容进化中的智能有序控制技术框架

03 资源语义基因的定义与提取
Section

随着语义 Web 技术的发展，各种语义化的产品和智能应用不断出现（如 Powerset、Hakia、Twine），语义 Web 技术正在改变着数字化学习资源的组织方式，基于本体的语义化学习资源设计与建设已经成为研究的热点。开放知识社区也在逐步转型，变得越来越语义化，如语义维基[1]、语义博客[2,3]、Freebase、Google Base 等。通过为知识实体附加更加丰富的、规范化的语义信息，知识社区变得越来越"聪明"，越来越理解"人"的需求。知识社区的语义化已经成为一种不可忽视的重要趋势。

学习资源是知识的载体，学习资源的语义化组织是语义知识社区的核心。任何资源都传达了一定的信息，自动化提取资源背后所隐藏的能够表征知识核心思想的特征词，具有重要意义。这里将那些能够传达资源所要表达核心内容的概念及概念间的关系形象化地称为语义"基因"（详细定义见 5.3.1）。语义基因的自动化提取（Semantic Gene Selection，SGS）类似于 Web 数据挖掘中的文本特征提取（Text Feature Selection，TFS），都要从文本中提取最具代表性的文本特征，但又不同于 TFS。

TFS 经常采用基于统计的方法提取文本中的关键词集，并通过构造评估函数来计算特征词的权重，常用于文本的自动分类和聚类。SGS 更加侧重于提取学习资源所传达知识的核心概念及概念间的关系，是语义层面的资源特征描述，而非统计学意义上的简单关键词集。SGS 除了可以提高文本自动分类和聚类的准确度，还为实现学习资源的动态语义关联

---

[1] 龚立群. 语义维基技术及应用[J]. 图书馆杂志，2007，26（2）：43-46.

[2] 孔晨妍. 本体技术在语义博客中的应用研究[J]. 计算机与数字工程，2011，39（8）：77-79.

[3] Son, J. W., Han, Y. J., Noh, T. G., Park, S. B., & Park, S. Y. User Analysis and Visualization from a Semantic Blog System[C]. In Proceedings of the first international workshop on Intelligent visual interfaces for text analysis (IVITA '10), Shixia Liu, Michelle X. Zhou, Giuseppe Carenini, and Huamin Qu (Eds.). ACM, New York, NY, USA,2010, 13-16.

提供了基础。通过语义特征词集合领域本体，可以计算出更加丰富的资源间的关系。此外，SGS 还可以作为学习资源进化发展的"内在控制因子"，控制资源进化的方向。例如，一篇关于"建构主义教学设计"的文章，如果有用户试图将关于"一元二次方程解法"的内容加进去，该文章的"语义基因"便可以拒绝此次内容修改，从而在一定程度上控制资源的质量。

　　本书借鉴 Web 数据挖掘领域的文本特征提取技术，提出了一种有效的适合语义化知识社区的自动化语义基因提取方法。语义基因的提取对于动态建立资源之间的语义关系，控制资源有序进化，提高资源检索的准确度，提高文本自动分类和聚类的效果等都具有重要意义。

5.3.1　语义基因的概念界定

　　在界定语义基因的概念之前，首先对"语义"和"基因"的含义进行简要说明。语义学上的语义是指语言的意义，是语言形式所表达的内容。在计算机科学领域，语义是数据所表征的含义，是数据在某个领域上的解释和逻辑表示。基因的概念产生于遗传学，是控制性状的基本遗传单位。随后，基因的概念逐步渗透到文化学、管理学、计算机科学等多个领域。广义的基因概念是指能够决定和控制事物发展方向和表现特征的信息单元。

　　知识管理领域，刘惠植提出了知识基因的概念，认为知识基因是知识进化的最小功能单元，具有稳定性、遗传与变异性等特点，能够控制某一知识领域（学科、专业、研究方向）的发展走向 [1]。吴力群指出，知识的基因是知识的内核，它由核心概念及核心概念之间的关系组成[2]。

　　通过对"语义"和"基因"概念的分析，同时借鉴知识基因的定义，本书中将语义基因的概念界定为：学习资源背后的内在知识结构，能够反映资源所要表达的核心内容。区别于文本相似度比较中的文档特征项，语义基因不是简单的关键词集合，而是资源背后所隐藏的语义概念网络。语义基因就好比一棵大树的"树根"，控制着大树的性状和生长方向，如图 5-2 所示。

---

[1] 刘植惠. 知识基因理论的由来、基本内容及发展[J]. 情报理论与实践，1998，21（2）：71-76.

[2] 吴力群. 知识基因、知识进化与知识服务[J]. 现代情报，2005，25（6）：177-179.

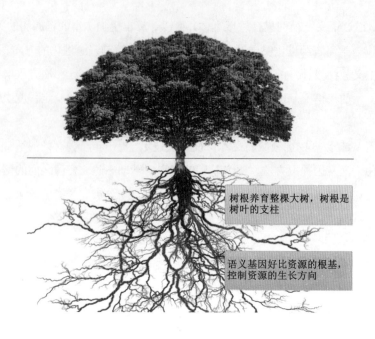

树根养育整棵大树，树根是
树叶的支柱

语义基因好比资源的根基，
控制资源的生长方向

图 5-2　语义基因的形象化表示

5.3.2　语义基因的形式化定义

语义基因在形式上表现为基于本体描述的带有权重的概念集合（包括核心概念以及概念间的关系）。语义基因可以被形式化地表示为有序三元组，即 SG = <CS, WS, RS>，其中，CS 是核心概念集合，CS = $\{C_1, C_2, C_3, \cdots, C_n\}$；WS 是概念项的权重集合，WS = $\{W_1, W_2, W_3, \cdots, W_n\}$，其中 W_i 为 C_i 的权重，$\sum_{i=1}^{n} W_i = 1$；RS 为核心概念间的关系集，RS = $\{R_1, R_2, R_3, \cdots, R_n\}$，每个关系采用领域本体中的 RDF 三元组<Subject, Predicate, Object>表示，R_1=<Concept1, Relationship, Concept2>，这里的 Concept1 和 Concept2 不一定包含在 CS 中，可以是领域本体库的其他概念，Relationship 是从领域本体库中提取的概念关系，如图 5-3 所示。

为了更加清晰地解释什么是资源的语义基因，下面将以教育技术领域一段关于教学设计论述的文本（简称为"教学设计论述"）为例，从中提取其语义基因。需要说明的是语义基因的提取有特定的设计思路和实现算法（见 3.2 节、3.3 节），这里仅从形式上描述样例文本的语义基因：CS = {建构主义，教学设计，学习环境，自主学习策略，自主建构}，WS = { 0.35，0.25，0.10，0.15，0.15 }，RS = { <自主学习策略，下位概念，学习策略>，<建构主义，发展，认知主义>，<自主建构，互补，协同建构> }，如图 5-4 所示。

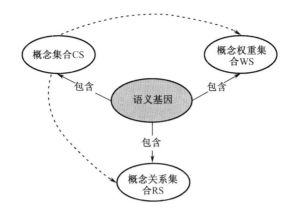

图 5-3　语义基因的结构要素

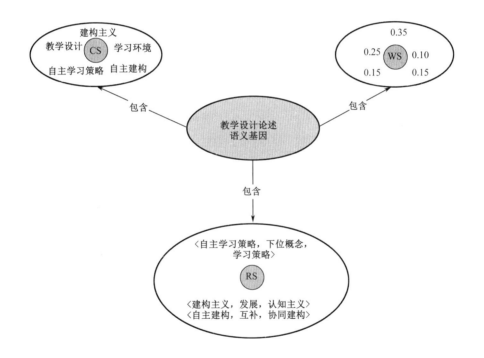

图 5-4　教学设计论述的语义基因

　　建构主义的教学设计有两大部分：一部分是学习环境的设计，另一部分是自主学习策略的设计。环境的设计实际上是要求设计出能提供一种有利于学生自主建构知识的良好环境，例如创设与学习主题相关的情境，提供必要的信息资源以及组织合作学习，等等。可见，学习环境是促进学习的外部条件，是外因。另外，由于建构主义理论的核心是学习者的"自主建构"，这就要求学习者应具有高度的学习主动性、积极性。如何调动这种主动性与积极性呢？就要靠自主学习策略，包括支架式、抛锚式、启发式、自我反馈等策略，这些自主学习策略可以有效地激发学生的主动性和积极性，是诱导学生自主学习、自主建构的内因[1]。

5.3.3 语义基因的提取过程

1. 语义基因提取的技术框架

提取学习资源语义基因的前提是领域本体库的建立，语义基因本质上是基于本体的资源内容特征项，即用标准化的本体数据来表征资源的核心内容。关于语义基因的设置主要有两种方式：一种是手动设置，即让资源的创建者手动添加语义基因，从领域本体库中选择能够准确表征资源内容的本体类，并赋予不同的权重；二是自动提取，即通过语义基因提取代理自动从资源的文本内容中提炼出核心的语义特征项（概念）及关系，并通过一定的规则为每个语义特征项赋予不同的权重。本书重点研究的是自动化的语义基因提取方法，总体技术框架如图 5-5 所示。

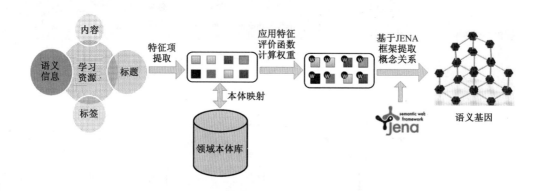

图 5-5　语义基因提取的总体技术框架

为了从学习资源的内容中提取语义基因，首先需要将资源实体进行结构化表征。这里可以将学习资源实体用四元组表示 Res = <Title, Tag, Content, SemanticData>，Title 表示资源的标题，Tag 表示资源上附加的标签，Content 表示资源的具体内容，SemanticData 表示附加在资源上的基于本体的语义描述信息。Title、Tag、Content 和 SemanticData 为语义基因提取的四种重要来源，在表征资源核心内容方面具有不同的重要程度。一般而言，资源的语义描述信息最为重要，SemanticData 采用规范化的本体对资源内容进行描述，是获取语义基因非常重要的数据来源；其次，资源的标题也很重要，通过 Title 可以大体判断资源

---

[1] 何克抗. 从 Blending Learning 看教育技术理论的新发展（上）[J]. 电化教育研究，2004（3）：5-10.

的核心内容，用户在检索、选择资源时也常常依赖标题；再次，资源的标签是创建者为了从整体上描述资源而附加的特征词，常常也会成为用户判断资源内容和选择浏览资源的重要依据；最后，资源的内容是对资源的详细描述，由于数据丰富，承载了资源所要表达的核心内容，因此，也常常作为文本特征提取的重要来源。

本书假设在语义基因提取方面，SemanticData 所占权重大于 Title 所占权重，Title 所占的权重大于 Tag 所占的权重，Tag 所占的权重大于 Content 所占的权重。权重集合可以表示为 WT={WT$_1$, WT$_2$, WT$_3$, WT$_4$}，其中 WT$_1$ 表示 SemanticData 所占权重，WT$_2$ 表示 Title 所占权重，WT$_3$ 表示 Tag 所占权重，WT$_4$ 表示 Content 所占权重。WT 的初始值可以设置为 WT = {0.4, 0.3, 0.2, 0.1}。

明确了语义基因提取四种重要数据来源及各自的权重后，接下来，借鉴 Web 数据挖掘领域较为成熟的文本特征项提取技术，同时结合领域本体库从资源中提取出一系列的特征词（核心概念），并将这些特征词映射到本体，存放到 CS 集合中；然后，通过预先设定好的特征评价函数为每个特征项赋予不同的权重值，将这些权重值放到 WS 集合中；最后，通过 JENA 框架将这些特征词在领域本体库中存在的语义关系以三元组的形式提取出来放到 RS 集合中。

上述总体设计思路中包含四个关键性步骤：基于领域本体的特征项提取；根据特征评价函数计算特征项的权重；特征词到本体概念的映射；基于 JENA 框架提取特征项（概念）在本体库中存在的语义关系。

2. 基于领域本体的特征项提取

文本的表示与特征提取是文本挖掘领域的一个基本问题，它把从文本中提取出的特征词进行量化来表示文本信息。当前大多数文本特征提取算法都是基于统计学理论的[1,2,3]，没有结合领域知识，体现语义层面的需求和分析。国内外已有少数研究者开始关注语义层面的文本特征提取[4,5,6,7]。语义层面的文本特征提取方法较之纯统计学意义上的提取算法，理论上具有更高的准确率，提取的特征项更能全面反映文本内容的真实含义。不足在于，

[1] 尚文倩，黄厚宽，刘玉玲，林永民，瞿有利，董红斌. 文本分类中基于基尼指数的特征选择算法研究[J]. 计算机研究与发展，2006，43（10）：1688-1694.

[2] 张翔，周明全，耿国华. 基于粗糙集的中文文本特征选择方法研究[J]. 计算机应用与软件，2010，27（3）：4-7.

[3] 李凯齐，刁兴春，曹建军，李峰. 基于改进蚁群算法的高精度文本特征选择方法[J]. 解放军理工大学学报（自然科学版），2010，11（6）：634-639.

[4] Khan, A., Baharudin, B., & Khan, K. Semantic Based Features Selection and Weighting Method for Text Classification[C]. In: ITSIM'10, June 2010, Kuala Lumpur, Malaysia.

[5] 李开荣，林颖，杭月芹. 基于语义模型的文档特征提取[J]. 计算机工程与应用，2005，41（17）：173-176.

[6] 晋耀红，苗传江. 一个基于语境框架的文本特征提取算法[J]. 计算机研究与发展，2004，41（4）：582-586.

[7] 唐晓文. 基于本体论的文本特征提取[J]. 电脑与信息技术，2005，13（1）：36-39.

此类方法依赖领域本体库或主题词的建立，推广起来较为困难。但是，随着语义 Web 技术的不断发展和推广应用，结合领域知识，采用概念词、同义词或本体来代替具体的关键词成为特征词，体现语义层面上的需求和分析已经成为文本特征提取研究的重要趋势。

归纳起来，一般的文本特征项提取算法的主要步骤包括分词，停用词过滤，记录候选词在文献中的位置，根据 TF-IDF 计算词语权重，根据权重排序提取 Top N 的关键词等。区别于一般的文本特征提取，语义基因的提取重在从语义层面提取能够表征资源内容的核心概念以及概念间的关系，而非简单的统计学意义上的关键词集合。

基于领域本体的特征项提取流程，如图 5-6 所示。首先，将 HTML 文档中的 html 标签过滤掉，得到纯文本形式的资源内容。然后，调用中科院的中文分词工具 ICTCLAS 对文本内容和资源标题进行分词处理（标签已经是词集，不需要进行分词），得到初始分词结果 R1。接着，将分词结果中的虚词过滤掉，只保留名词、动词和形容词，得到 R2。由于 ICTCLAS 分词的结果都是通用词典中的词汇，没有包含领域词汇，领域特征词在分词过程中会被切分成多个通用词汇，因此，需要结合领域本体将位置临近的通用词汇循环组合以识别领域特征词。比如 ICTCLAS 将"教学设计"切分成"教学"和"设计"两个词汇，通过结合教育技术领域本体可以将"教学设计"这一新的领域主题词识别出来，得到 R3。词语组合遵循"最长词语单元（Longest Term Unit，LTU）"原则，将几个相邻的能够准确表达某领

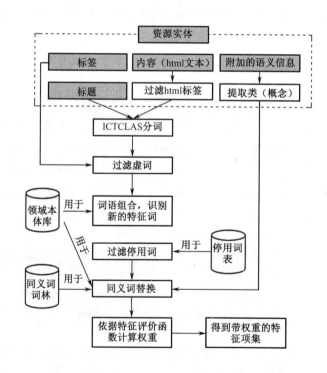

图 5-6　基于领域本体的特征项提取流程

域概念的词语组合成一个词语单元，因为一个 LTU 比单个独立的词汇常常更能表达文本内容的核心思想。接下来，应用自然语言处理领域通用的中文停用词表过滤 R3 中的停用词（所谓停用词就是在各种文档中经常出现的，不能反映文档内容特征的常用词，如：助词、语气词等），得到 R4，并将资源附加的语义信息中提取的类（已是有意义的领域概念，不需要进行分词、虚词和停用词过滤）作为特征项合并到 R4 中。由于 R4 中可能存在多个同义词，为保证特征项提取的一致性和权重计算的准确性，需要进行同义词替换，即将 R4 中所有的同义词项替换为相同的词汇。这里使用哈工大扩展版的同义词词林[1]（共 77343 条词语）结合领域本体进行同义词替换，替换的原则是尽量替换成本体中包含的概念，得到 R5。最后依据特征评价函数计算每个特征项的权重，得到带权重的特征项集合。

3. 特征评价函数设计

TF-IDF（term frequency–inverse document frequency）是计算特征项权重的经典理论，常用于文本自动分类。TF-IDF 是一种统计方法，用以评估一个字词对于一个文件集或一个语料库中的一份文件的重要程度。TF-IDF 的主要思想是：如果某个词或短语在一篇文章中出现的频率 TF 高，并且在其他文章中很少出现，则认为此词或者短语具有很好的类别区分能力，适合用来分类。常用的 TF-IDF 公式为 $\mathrm{TF-IDF} = \log(\mathrm{TF}/\mathrm{DF})$。

由于本书不是针对文本自动分类进行的特征项提取，因此在特征评价函数的设计上可以不考虑 DF（Document Frequency），可以只以 CF（Concept Frequency）作为权重计算的重要依据。结合对语义基因不同来源（标题、标签、内容和附加语义信息）的权重设计，语义特征项的特征评价函数可以表示为：

$$\mathrm{FE}(t) = \log(\mathrm{CF}(c, \mathrm{SemanticData}) \times \mathrm{WT}_1 + \mathrm{CF}(c, \mathrm{Title}) \times \mathrm{WT}_2 + \mathrm{CF}(c, \mathrm{Tag}) \times \mathrm{WT}_3 + \mathrm{CF}(c, \mathrm{Content}) \times \mathrm{WT}_4)$$

$\mathrm{CF}(c, x)$ 表示概念 c 在 x 中出现的频度，$x \in \{\mathrm{SemanticData}, \mathrm{Title}, \mathrm{Tag}, \mathrm{Content}\}$。

4. 特征词到本体概念映射

为了给上节得到的特征项赋予规范化的语义信息，需要在特征词和领域本体的概念间进行映射（见图 5-7）。假设特征词集为 $\mathrm{TS} = \{t_i \mid i = 1, 2, 3, \cdots, n\}$，映射成一个概念词集 $\mathrm{CS} = \{c_i \mid t_j \xrightarrow{\text{map}} c_i \land t_j \in \mathrm{TS}, j \in [1, n]\}$。

基于 JENA 框架的特征词到概念的映射算法（Term Mapping to Concept，TM2C）如下：

输入：资源的特征项集合 $\mathrm{TS} = \{t_i \mid i = 1, 2, 3, \cdots, n\}$

输出：资源的概念词集合 $\mathrm{CS} = \{C_j \mid j = 1, 2, 3, \cdots, n\}$

---

[1] Che, W., Li, Z., & Liu, T. LTP: A Chinese Language Technology Platform[C]. In Proceedings of the Coling 2010: Demonstrations. 2010(8):13-16, Beijing, China.

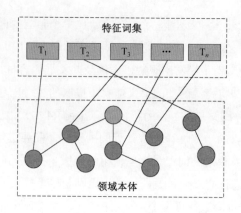

图 5-7　特征词到本体概念的映射

算法的伪代码如下：

```
List<OntClass>    CS; //定义返回的本体概念集合

String uri; //定义临时本体类的 uri 字符串

OntClass concept; //定义临时本体类

OntModel    model = getModelFromDB ( ontology ); //获取 ontology 的 JENA 本体模型，用于操作本体

for( int i=1 to n ){
        uri = getClassURI ( TS[ i ], model ); //本体库中查找名字为 TS[i]的类是否存在，获取 uri
        if(uri is null) { //不存在，自动生成本体概念，加入本体库
                    concept = model.createClass ( uri );
        }else{    //存在则获取本体概念
                    concept = model.getOntClass ( uri );
        }
        CS.add ( concept ); //添加到 CS 集合
}
        return CS; //返回本体概念集合
```

5. 相关概念关系提取

得到带权重的概念集合（可以分解为概念集合 CS 和权重集合 WS）后，使用 JENA 框架编写概念关系提取算法，依次将此概念集中的概念项在领域本体库中存在的概念关系提取出来，通过三元组形式存放到 RS 集合中。本书设计了基于 JENA 框架的概念关系提取算法（Concept Relationship Extraction, CRE）。

输入：资源的概念词集合 $CS = \{C_j \mid j = 1, 2, 3, \cdots, n\}$

输出：概念关系集合 $RS = \{R_j \mid j = 1, 2, 3, \cdots, m\}$

算法的伪代码如下：

```
    List<Statement> RS;  //定义返回的关系集合，Statement 为 JENA 中的内置对象，表示一个三
元组描述的陈述
    List<Statement>  tmpList;  //定义临时 RDF 三元组集合
    OntModel  model = getModelFromDB ( ontology ); //获取 ontology 的 JENA 本体模型，用于操
作本体
    while ( c in CS){  //循环读取 CS 中的元素
        if ( c exits in OntModel ) { //如果 c 在本体库中存在
            tmpList = OntModel.listStatements( c ); //列出 Subject 为 c 的所有 RDF 三元组
            while (Statement s in tmpList) {
                if ( s.object is concept ){ //将三元组中 Object 是概念的 Statement 加入到 RS 中
                    RS.add (s);
                }
            }
        }
    }
            return  RS; //返回概念关系集合
```

6. 语义基因提取算法

结合上述语义基因提取的总体设计，以及各关键步骤实现方法的分析，这里提出如下
语义基因提取算法。

名称：语义基因提取算法
输入：资源的 Title、Tag、Content 和 SemanticData
输出：资源的语义基因 SG = <CS, WS, RS>
关键步骤：
Step1　调用 ICTCLAS 将 Title 进行分词处理和噪声过滤
Step2　调用 ICTCLAS 将 Tag 进行切割和噪声过滤
Step3　调用 ICTCLAS 对 Content 进行 html 标签过滤，分词处理，噪声过滤（去除虚词）
Step4　获取语义描述信息中的本体类
Step5　对 Step2 到 Step5 中得到的特征词集合，结合领域本体进行词语组合，识别新的特征词
Step6　调用停用词表，将 Step6 得到的词语集合进行停用词过滤
Step7　结合哈工大的扩展版同义词词林和领域本体进行同义词替换，得到特征词集 TS
Step8　应用特征评价函数计算各特征词的权重，得到特征词的权重集合 WS
Step9　应用 TM2C 算法得到概念集合 CS
Step10　应用 CRE 算法提取概念关系集合 RS
Step11　算法结束，输出 CS、WS 和 RS

5.3.4 语义基因的提取效果检验

接下来，将基于 LCS 平台采用机器提取与人工提取的结果相比较的方法检验上述语义基因提取方法的实际效果。

1. 评价标准

语义基因提取效果的评价标准可以采用信息检索和信息提取领域通用的查全率（Recall）、查准率（Precision）和 $F_{measure}$ 指标。

查准率：用来衡量语义基因提取（不考虑权重）的准确性（精度），即提取出来的正确的语义基因与提取的全部语义基因的百分比。表示为：$Precision = (CG/TG) \times 100\%$。CG 表示正确的语义基因数量，TG 表示提取的语义基因总数。

查全率：用来衡量语义基因提取（不考虑权重）的全面性（召回率），即提取出来的正确的语义基因与实际存在的语义基因总数的百分比。表示为：$Recall = (CG/AG) \times 100\%$。CG 表示正确的语义基因数量，AG 表示实际存在的语义基因总数。

$F_{measure}$ 是衡量语义基因提取整体效果（不考虑权重）的指标，表示为：

$$F_{measure} = \frac{2 \times Precision \times Recall}{Precision + Recall}$$

区别于一般的信息检索结果，语义基因是一个带有权重的集合项，Precision、Recall 和 $F_{measure}$ 仅仅可以判断提取出的语义基因的准确性和全面性，但无法验证基因所赋权重的准确性。因此，需要增加另一个指标 w-precision 判断基因权重的准确性。自动提取的语义基因和人工选择语义基因都是两个带权重的概念集合，因此，可以通过计算两个特征向量的夹角余弦来判断两组带权语义基因的相似度，进而判断语义基因提取的总体准确性。

$$w\text{-}precision = \cos(\theta) = \frac{\boldsymbol{X} \cdot \boldsymbol{Y}}{\|\boldsymbol{X}\| \cdot \|\boldsymbol{Y}\|}$$

其中，$\boldsymbol{X}$、$\boldsymbol{Y}$ 分别表示自动提取的语义基因向量和手动提取的语义基因向量。

2. 实验设计

采用将自动提取结果与专家人工提取结果相比较的方法验证上述语义基因提取方法的有效性。语义基因提取效果检验的语义基因提取效果检验的实验设计如图 5-8 所示。人工选择 LCS 中的 45 个学习元，分成三组；专家对每组学习元人工提取语义基因，与系统自动提取的语义基因进行比较，统计 Precision、Recall、$F_{measure}$ 和 w-precision 指标值；三组结果比较分析，得出实验结论。

LCS 中具备完善的教育技术领域本体库，在实验对象的选取上：选择 15 个属于教育技术学科且标注了详细语义信息的学习元作为 A 组；选择 15 个属于教育技术学科但未进行语义标注的学习元作为 B 组；选择 15 个属于计算机科学技术学科（无领域本体，无语义标注）的学习元作为 C 组。

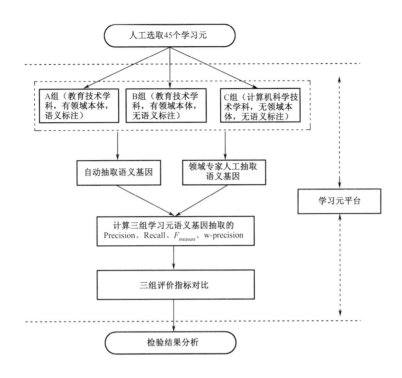

图 5-8　语义基因提取效果检验的实验设计

领域专家的选择满足两个必备条件：一是了解 LCS 平台，属于 LCS 的注册用户；二是在特定领域至少具有 8 年以上的研究经验，保证对上面选择的学习元的内容具有较深的专业理解。

将待提取语义基因的学习元列表整理成 Excel 文件（见图 5-9），通过 E-mail 分别发给教育技术和计算机科学技术学科的专家，并附加语义基因的解释信息和提取流程，便于专家正确理解，准确提取资源的语义基因。其中，教育技术学科专家负责提取 A 组和 B 组资源的语义基因，计算机科学技术学科专家负责提取 C 组资源的语义基因。

编号	学习元名称	访问地址	核心概念及权重											
			概念1	权重1	概念2	权重2	概念3	权重3	概念4	权重4	概念5	权重5	概念6	权重6
1	韦纳归因理论 second version	http://lcell.bnu.edu.cn/do/lcpage?action=view&koId=6019												
2	信息技术与课程整合和CAI区别	http://lcell.bnu.edu.cn/do/lcpage?action=view&koId=1026												
3	紧紧围绕新型教学结构的创建	http://lcell.bnu.edu.cn/do/lcpage?action=view&koId=1035												
4	要注意运用“学教并重”的教学设计理论	http://lcell.bnu.edu.cn/do/lcpage?action=view&koId=1036												
5	信息技术课程何以不尽如人意	http://lcell.bnu.edu.cn/do/lcpage?action=view&koId=6238												
6	信息技术与课程整合的异化现象分析	http://lcell.bnu.edu.cn/do/lcpage?action=view&koId=6228												
7	运用信息技术深化基础教育课程改革——信息技术与课程深层次整合的视角	http://lcell.bnu.edu.cn/do/lcpage?action=view&koId=6054												
8	信息技术与数学的关系	http://lcell.bnu.edu.cn/do/lcpage?action=view&koId=1096												
9	信息技术环境下建构以言语交际为中心的英语教学	http://lcell.bnu.edu.cn/do/lcpage?action=view&koId=1084												
10	技术何以革新教育	http://lcell.bnu.edu.cn/do/lcpage?action=view&koId=6373												
11	信息技术与数学课程深层次整合的内涵与目标	http://lcell.bnu.edu.cn/do/lcpage?action=view&koId=1033												
12	网络远程教育的特征	http://lcell.bnu.edu.cn/do/lcpage?action=view&koId=769												
13	学习元与维基百科的区别	http://lcell.bnu.edu.cn/do/lcpage?action=view&koId=6095												
14	泛在学习及其资源建设新需求	http://lcell.bnu.edu.cn/do/lcpage?action=view&koId=605												
15	学习元的理念与结构	http://lcell.bnu.edu.cn/do/lcpage?action=view&koId=606												

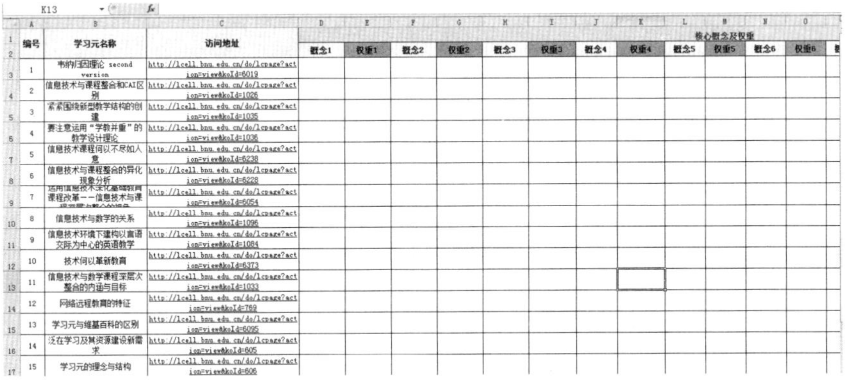

图 5-9　语义基因提取 Excel 文件

3. 数据分析

学科专家通过 E-mail 返回语义基因提取结果，表 5-1 显示了部分系统提取和专家提取的语义基因（不含概念关系）。

表 5-1　系统提取与专家提取结果比较（部分数据）

	系统提取	专家提取
韦纳归因理论	归因 0.155，归因理论 0.111，失败 0.111，学习动机 0.102，原因 0.1，行为 0.097，成功期望 0.086，学习 0.083，能力 0.08，情绪体验 0.075	归因理论 0.1，归因 0.2，学习动机 0.1，情绪体验 0.1，成功期望 0.1，后继行为 0.1，积极归因 0.15，消极归因 0.15
信息技术与课程整合和 CAI 的区别	教学结构 0.15，CAI 0.145，整合 0.13，学生 0.124，信息技术课程 0.098，教师 0.093，区别 0.078，信息技术 0.062，知识 0.062，计算机辅助教学 0.057	信息技术 0.2，课程整合 0.2，CAI 0.15，教学结构 0.15，课程 0.1，学生 0.1，教师 0.1
网络远程教育的特征	网络教育 0.208，学习 0.2，特征 0.16，网络 0.128，学历教育 0.104，远程教育 0.056，教育 0.048，内容 0.032，网络远程教育 0.032，掌握 0.032	网络远程教育 0.15，网络教育 0.2，特征 0.15，内容 0.1，学历教育 0.1，掌握 0.1，远程教育 0.1，个性交流 0.1

LCS 中提供了语义基因浏览和更新功能，图 5-10 显示了 LCS 中所有学习元的语义基因列表，图 5-11 显示了单个学习元的语义基因详细信息，包括核心概念和概念关系两部分。

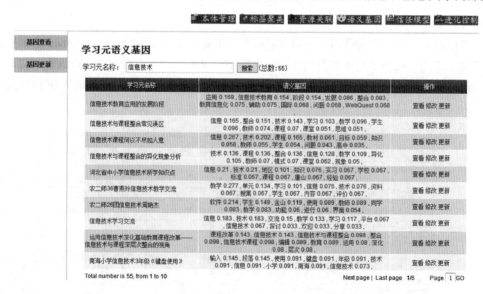

图 5-10　LCS 中学习元语义基因列表

图 5-11　LCS 中的单个学习元语义基因

　　将专家返回的语义基因提取结果和系统自动提取的结果逐个比较，计算每组学习元基因提取的四个评价指标（Recall，Precision，F_{measure}，w-precision），最后计算每组的平均值，得到表 5-2 所示的比较结果。

表 5-2　三组基因提取结果比较

	Recall	Precision	F_{measure}	w-precision
A 组	0.87	0.61	0.71	0.48
B 组	0.76	0.50	0.60	0.37
C 组	0.64	0.41	0.50	0.25

　　从表 5-2 可以发现，有领域本体支持且标注了语义信息的资源组的语义基因提取的查全率达到了 0.87，准确率为 0.61，F_{measure} 值为 0.71；有领域本体支持但没有进行语义标注的资源组的语义基因提取的查全率为 0.76，准确率为 0.50，F_{measure} 值为 0.60；既无领域本体又没有进行语义标注的资源组的语义基因提取的查全率为 0.64，准确率为 0.41，F_{measure} 值为 0.50。从整体的语义基因提取效果来看，A 组最佳，Recall、Precision、F_{measure} 等指标均高出 B 组约 10 个百分点；B 组居其次，说明标注了语义信息的资源能够得到更好的提取效果；C 组效果最差，与 B 组相比，Recall、Precision、F_{measure} 等指标均比 B 组约低 10 个百分点，说明领域本体支持下的语义基因提取较之无领域本体支持的提取效果更佳。

4. 结果讨论

　　根据数据分析的结果，可以发现有领域本体支持且标注了语义信息的资源，本研究提出的方法能够得到较为理想的提取结果。领域本体起到三方面的作用：一是用于发现领域概念，将初始切词后的词串按照 LTU 原则，将几个相邻的能够准确表达某领域概念的词语组合成一个领域概念；二是用于发现提取出的概念之间的关系；三是用于相似概念的合并，减少提取概念数量的同时提高概念提取的准确性。除领域本体外，5.3.3 节中提出的方法还引入了同义词词林，用于和领域本体一起识别新的概念。

没有经过语义标注的资源提取效果较之标注过的效果较差的原因在于：经过语义标注的资源具有更加规范的概念表述，从语义信息中提取的概念项在权重评价函数中占有更高的比重。因此，标注准确的资源往往能获得更好的提取效果，反之，则效果较差。同时也说明，只要有完善的领域本体支持，即便资源未经过规范的语义标注，语义基因提取的查全率也可以达到 0.76。因此，领域本体支持下的资源语义基因提取结果较为理想。

而对于无领域本体支持且未标注语义信息的资源，语义基因提取的查全率和准确率均偏低，特别是准确率仅为 0.41，也就是说提取的 10 个概念中平均有 4 个是不正确的。由于无领域本体的支持，因此 5.3.3 节提出的方法直接退化为传统文本挖掘领域的特征项提取。不同之处在于，本书引入了同义词词林，可以将语义上相似的词语进行合并，同时提高词语权重。

从 w-precision 指标来看，虽然 A 组高于 B 组，B 组高于 C 组，但都未超过 0.5，说明虽然提取的核心概念较为理想，但在权重赋值上的准确性还有待进一步提高。目前，5.3.3 节提出的方法中用到的基于 CF 的特征评价函数存在不足，除了考虑概念频率，下一步还需要考虑不同位置对概念权重的影响。

此外，语义基因提取过程中，WT=\{WT_1, WT_2, WT_3, WT_4\}权重集合的赋值也直接影响提取结果。本书最初设置 WT= \{0.4, 0.3, 0.2, 0.1\}，经过多次试测，将权重集的各项值调整为 WT = \{0.50, 0.22, 0.20, 0.08\}，下一步还将结合新的特征评价函数，进一步完善调整 WT。

04 Section　**开放社区信任评估模型构建**

　　开放知识社区有其独特的优势，可以吸引大量用户参与、发挥集体智慧、促进知识流通与分享。然而，开放的同时也带来了不可回避的麻烦。人们对维基百科的价值和可靠性的质疑，导致了维基百科的信任危机[1]。虽然维基百科采用了一些机制来改善用户的词条编辑质量，但内容质量的可信度仍然被严重质疑[2]。如何判断知识和用户的可信度，如何帮助用户选择高可信度的知识，已经成为开放知识社区亟待解决的问题。本书针对开放知识社区现有信任模型设计的不足，在分析开放知识社区特征的基础上，提出了一种可以评价用户信任度和资源信任度的双向互动反馈模型（Two-way Interactive Feedback Model，TIFM）。

5.4.1　信任评估模型研究现状

　　自从 1994 年 Marsh 博士[3]在其博士论文中首次将社会网络中的信任关系引入到计算机网络环境以来，信任评估模型便开始在网络通信、电子商务等领域普及应用。近年来，少数 e-Learning 领域的研究者将信任的思想应用到虚拟学习社区的机制设计[4]，学习资源和学习路径的选择[5]等方面，但在信任模型的设计和应用研究上仍处于起步阶段。开放知识社区的研究者们为了解决开放导致的信任危机，也开始尝试从信任的角度寻求解决方法。

[1] John Seigenthaler Sr. A False Wikipedia'Biography'[N]. USA Today, 2005, Nov. 29.

[2] Dondio, P., Barrett, S., Weber, S., & Seigneur, J. M. Extracting Trust from Domain Analysis: A Case Study on the Wikipedia Project[J]. Lecture Notes in Computer Science, 2006, 4158: 362-373.

[3] Marsh, S. Formalising Trust as a Computational Concept[D]. Ph.D. thesis, Department of Mathematics and Computer Science, University of Stirling, 1994.

[4] 王淑娟，刘清堂. 虚拟学习社区信任机制的研究[J]. 远程教育杂志，2007（3）：12-15.

[5] Mason, J., & Lefrere, P.Trust, Collaboration, e-Learning and Organisational Transformation[J]. International Journal of Training & Development, 2003, 7(4): 259–270.

由于维基百科的流行，当前大多数开放知识社区中的信任研究是针对维基百科开展的。B. Thomas Adler 等开发了可以定量计算维基文章信任值的系统，根据每篇文章的修订历史记录和贡献者的信誉度计算文章信任值[1]。Javanmardi 等依据从英文维基百科大量的历史页面中提取出来的用户编辑模式和统计信息，设计了三种用户信誉度的计算模型[2]。Sai T. Moturu & Huan Liu 提出了离散度评分模型，利用各种特征值距离平均值的离散程度来计算文章的可信度[3]。Teun Lucassen & Jan Maarten Schraagen 的研究表明，文本特征、参考文献和图片是开放编辑环境中评价信息可信度的三项重要指标[4]。Silviu Maniu 等利用维基百科中的用户交互数据构建了信任网络，重点分析了用户的可信度及其对文章阅读者和文章分类的影响[5]。Felix Halim 等提出一种利用第三方的用户身份验证信息（如 OpenID，OAuth）来提高维基可信度的方法，用户编辑的词条将自动加上来自第三方的用户签名，可信度的计算将综合考虑用户的教育水平、专业特长、所属机构等会对内容可信度产生影响的要素[6]。Korsgaard 开发了一种推荐系统作为代理，通过存储用户之间的评价反馈信息来计算用户之间的信任网络，进而辅助用户判断可信用户和内容[7]。

综上所述可以发现，当前以维基百科为代表的开放知识社区的信任研究主要存在两种倾向：一是单纯从文章的编辑历史等交互数据中构建信任模型，将信任用于文章的质量评价；二是利用用户交互数据或其他途径获取的用户信息计算用户信任度，构建用户信任网络。忽视了用户信任度与内容信任度之间的连接关系，也就是说，用户的信任度可作为内容信任度计算的重要指标，而内容信任度反过来又会影响用户的信任度。举个例子，一个教育技术领域的专家创建的教学设计方面的文章常常具有较高的信任度，而若干篇高质量的教学设计方面的文章又会提高该专家的信任度。此外，信任度的计算不仅仅要考虑编辑历史和基于贡献的用户交互数据，还需要利用 Web 2.0 环境下更丰富常见的交互数据，如

[1] Adler, B. T., Chatterjee, K., De Alfaro, L., Faella, M., Pye, I., & Raman, V. Assigning Trust to Wikipedia Content[C], Proceedings of the 4th International Symposium on Wikis, September 2008, Porto, Portugal.

[2] Javanmardi, S., Lopes, C., & Baldi, P. Modeling User Reputation in Wikis[J]. Statistical Analysis and Data Mining,2010, 3(2):126–139.

[3] Moturu, S. T., & Liu, H. Evaluating the Trustworthiness of Wikipedia Articles through Quality and Credibility[C], Proceedings of the 5th International Symposium on Wikis and Open Collaboration, October 25-27, 2009, Orlando, Florida.

[4] Lucassen, T., & Schraagen, J. M. Trust in Wikipedia: how users trust information from an unknown source[C]. In Proceedings of the 4th workshop on Information credibility (WICOW '10). ACM, New York, NY, USA, 19-26.

[5] Maniu, S., Abdessalem, T., & Cautis, B. Casting a Web of Trust over Wikipedia: an interaction-based approach[C]. In Proceedings of the 20th international conference companion on World wide web (WWW '11). ACM, New York, NY, USA,2011, 87-88.

[6] Halim, F., Wu, Y., & Yap, R. Wiki Credibility Enhancement[C]. In Proceedings of the 5th International Symposium on Wikis and Open Collaboration (WikiSym '09). ACM, New York, NY, USA, 2009, Article 17, 4 pages.

[7] Korsgaard, T. R.. Improving Previous termTrustnext Term in the Previous termWikipedianext Term[D]. Master's thesis, Departmen of Informatics and Mathematical Modelling, Technical University of Denmark (2007).

邀请协作、推荐、加好友、订阅、收藏、评价等。

此外，网络通信和电子商务领域也已构建了大量的信任评估模型[1,2,3,4,5]，与上述开放知识社区中的信任模型相比，考虑到了时间衰减效应对信任评价的影响，有些研究还引入了惩罚因子[6,7,8]，以区分正负交互行为对信任不同程度的影响。这些细节的设计符合现实社会中信任的特征，对于开放知识社区中信任模型的设计具有很好的借鉴意义。

5.4.2　开放知识社区特征分析

开放知识社区是以协同创造、传播、分享知识为目的，通过知识与知识、人与人、人与知识之间的多重交互连接而构建起来的一种网络社区。除具有一般网络社区的特征（以网络为传播媒介，共享信息与沟通，满足社会生活需要，提供归属感）[9]外，还包括如下特征。

1.　用户群体多样，知识良莠不齐

开放知识社区的开放特性直接导致社区用户群体的多样性和社区知识的良莠不齐。社区中的大多数用户是"善意"的，但也存在部分"恶意"用户，为了获得社区积分、提高级别，利用社区的开放性随意发布未经任何处理的"低劣"知识，进行恶意评论等。此外，虽然在众人的参与下会源源不断地产生很多高质量的知识，但同时也不乏质量低劣、不可信的知识。

2.　存在多种交互操作

开放知识社区作为一种生态系统，包括两类关键物种，分别是知识和人。"交互"是实

[1] 李致远，王汝传. P2P 电子商务环境下的动态安全信任管理模型[J]. 通信学报，2011，32（3）：50-59.

[2] 姜守旭，李建中. 一种 P2P 电子商务系统中基于声誉的信任机制[J]. 软件学报，2007，18（10）：255I-2563.

[3] Kaplan, S. E., & Nieschwietz, R. J. A Web Assurance Services Model of Trust for B2C e-Commerce[J]. International Journal of Accounting Information Systems,2003, 4(2): 95-114.

[4] Denko, M. K., Sun, T., & Woungang, I.Trust management in Ubiquitous Computing: A Bayesian approach[J]. Computer Communications, 2011, 34(3): 398-406.

[5] Jones, K., & Leonard, L. N. K. Trust in Consumer-to-consumer Electronic Commerce[J]. Information & Management, 2008, 45(2): 88-95.

[6] Liu, Z., Yau, S. S., Peng, D., & Yin, Y. A Flexible Trust Model for Distributed Service Infrastructures[C]. 11th IEEE Symposium on Object Oriented Real-Time Distributed Computing (ISORC), 2008:108-115.

[7] 于洪涛，张金辉，钟正. 基于时间因子和惩罚措施的 P2P 网络信任模型[J]. 计算机工程与应用，2009，45（20）：115-117.

[8] 汪克文，谢福鼎，张永. 基于惩罚机制的 P2P 电子商务模型[J]. 计算机工程，2010，36（12）：265-268.

[9] 王欢，郭玉锦. 网络社区及其交往特点[J]. 北京邮电大学学报（社会科学版），2003，5（4）：19-21.

现生态系统中信息流动的必要手段，包括知识与知识之间的交互（引用、链接等），人与知识之间的交互（浏览、评价、订阅、编辑、收藏等）以及人与人之间的交互（协作、回复、邀请、分享等）。

3. 知识与用户相互影响

开放知识社区中的用户和知识不是孤立的，而是相互联系、相互作用的。用户是知识的生产者、消费者和传递者，知识是用户实现自身进化（知识增长、技能提高）的必备"养料"和人际关系网络构建的中介[1]。用户的可信度直接影响其创作、分享知识的可信度，反过来，知识的可信度又会影响其创作者的可信度。

4. 具有现实社区的部分特征

开放知识社区是一种特殊的社区，同样具有现实社会人际交往社区的一些特征。比如，人与人之间的信任关系会受到时间因素的影响，不同的事件会对信任变化产生不同程度的影响等。

5.4.3 信任评估模型的设计

开放知识社区中信任评估的对象包括知识和人，因此应当包括两个方面的信任评价，一是对知识的信任度评价，二是对人（社区用户）的信任度评价。知识常常以不同的形态出现，比如在维基百科中称为条目，互动百科中称为词条，Google Knol 中称为知识单元（Knol, a unit of knowledge）。然而，资源作为知识的载体是所有开放知识社区的共性，因此这里将知识统称为"学习资源"，对知识信任度的评价实际上是对资源的信任度评价。开放知识社区信任评估模型的总体设计思路如图 5-12 所示。

图 5-12　开放知识社区信任评估模型的总体设计思路

开放知识社区中信任评估模型设计的总体思路为：分析影响资源信任度和用户信任度的关键要素，确定各个要素对信任度的影响权重；设定信任评价的相关假设，作为模型形式化定义和计算的依据；构建信任模型框架，明确模型要素及其关系；对信任度进行形式化的定义和表述，确定信任度的计算方法；最后通过仿真实验和 LCS 平台的实际应用验证

---

[1] 杨现民，余胜泉. 生态学视角下的泛在学习环境设计[J]. 教育研究，2013（3）：98-105.

模型，并根据实验结果优化信任度计算方法。

1. 信任度影响因素分析

1）资源信任度的影响因素

对于资源信任度可以从两个方面进行评价：一是针对资源的显性信任评价（直接评价），通过在社区中提供资源信任度投票评价功能，让用户进行主观的评价；二是通过记录、分析用户与资源的交互日志对资源信任度进行隐性的评价（间接评价）。

（1）资源的显性信任评价。目前还没有统一的评价指标体系，各个社区结合自己的特征和需求，采用了不同的评价指标。维基百科从内容的可靠性、客观性、完整性、写作规范性四个维度对词条进行评价。学习元网站从内容准确性、内容客观性、内容完整性、标注规范性、内容更新及时性等维度进行评价。百度百科、互动百科则直接采用五星级整体评分和对"本词条对我有帮助"投票的方式进行评价。

（2）资源的隐性信任评价。资源的隐性信任评价主要依赖用户与资源的交互记录，是一种基于交互过程性信息的间接评价，常见的交互操作包括协同编辑、订阅、收藏、浏览、引用等。当然，不同的社区由于软件功能设计上的差异，会支持不同类型的交互操作。实际上，用户与资源交互的背后一定程度上反映了用户对资源信任度的一种潜在评价。比如，越来越多的用户订阅资源 A，客观上可以说明资源 A 比较具有吸引力、更为可靠。

2）用户信任度的影响因素

开放知识社区中影响用户信任度的因素，一方面源于用户所创建资源的平均信任度，另一方面源于用户之间的交互记录，不同的交互行为代表了用户之间的隐性评价。影响用户信任度的常见因素有以下几个。

（1）创建资源的可信度。用户所创建的资源的信任度会反过来影响用户的信任度，若用户 A 创建了很多高质量、高可信的资源，则用户 A 的信任度会比较高。

（2）被邀请协作或取消协作的次数。用户 A 邀请用户 B 可以视为用户 A 对用户 B 的一次正向投票，反之，取消协作可视为一次负向投票；当很多用户都邀请 B 协作编辑资源时，表明用户 B 具有较高的可信度。

（3）被加为好友或取消好友的次数。用户 A 添加用户 B 为好友，可视为用户 A 对用户 B 的一次正向投票，反之，取消好友关系可视为一次负向投票；当很多用户喜欢添加 B 为好友时，表明用户 B 具有较高的可信度。

（4）修订被接受或拒绝的次数。用户 A 编辑的内容被接受一次可以视为对用户 A 的一次正向投票，反之被拒绝一次可视为一次负向投票，用户 A 进行的内容修订被接受的概率越高，表明用户 A 越具有较高的可信度。

2. 信任评估的相关假设

（1）时间效应假设。信任具有时间衰减性，用户对资源的交互操作，用户对用户的交互操作对于信任的效用依赖于时间并有一定的期限，影响程度将随着时间的增长而逐渐减弱。也就是说，近期的交互操作与早期相同的交互操作相比，对信任度的影响程度更大。

（2）差异影响假设。不同用户对同一个客体（资源或用户）进行的相同的交互操作会对客体信任度的改变产生不同的影响。高可信用户进行的操作更加值得信赖，对客体的影响值较大；反之，低可信用户的操作对客体信任度的影响则较小。

（3）多数可靠假设。多数人参与的评价结果是可靠的，假定很多用户都对某资源进行了显性信任度投票，则该评价结果能较好地反映资源的真实信任度；反之，若只有少数几个用户参与了资源的显性信任度投票，则该评价结果将难以反映资源真实的可信度。

（4）交互影响假设。一个资源被用户引用、推荐、订阅、收藏的次数越多，则表明该资源越受欢迎，越值得用户信赖。同样，若一个用户被邀请协作的次数越多，被添加为好友的次数越多，修订内容被接受的次数越多，创建高可信资源的数量越多，则表明该用户比较受其他用户认可，进行的操作行为比较可信。

3. 信任评估模型的构建

通过上述对信任度影响因素的分析以及信任评估相关假设的设定，这里设计了图 5-13 所示的面向开放知识社区的信任评估模型——双向互动反馈模型（Twoway Interactive Feedback Model，TIFM）。TIFM 包括资源信任度和用户信任度两个核心部件，二者相互影响；两侧是信任度的各项影响因素；中心是有关信任评估的四条假设。需要说明的是，这里的信任指全局信任，而非 P2P 网络中两个对等节点间的信任关系。资源信任度表示所有社区用户对资源节点的整体信任评价，用户信任度表示社区中的所有其他用户对当前用户的整体信任评价。

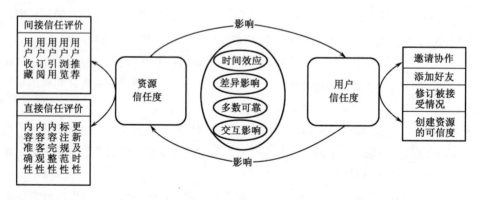

图 5-13　信任评估模型的整体框架

4. 信任度的定义与计算

信任度的表示主要有两种方法：一种是采用一组离散的信任值表示信任度，其优点是符合人们表达信任的习惯，缺点是可计算性差；另一种是采用连续的数值表示信任度，优点是能基于数学模型进行科学计算，缺点是不便于用户直观地判断信任等级。TIFM 在信任度的表示上采用连续值方式，信任度是[0, 1]上的实数。同时，为了便于用户更加直观地判断资源信任度和用户信任度，前端呈现时可以将[0, 1]的连续信任值根据实际经验映射为Full（完全可信）、Strong（高可信）、Medium（中等可信）、Weak（低可信）、Very Weak（极低可信）五个不同的信任等级。

1）资源信任度的定义与计算

资源信任度（Resource Trust, RT）包含直接信任度和间接信任度两部分：直接信任度（Direct Resource Trust, DRT）根据用户进行的显性信任评价计算得出；间接信任度（Indirect Resource Trust，IRT）根据用户与资源的交互记录计算得出。在资源创建初期，由于用户参与直接信任评价的次数较少，因此 DRT 在资源的总体信任度评价中所占权重 w 偏低。权重 w 是以直接信任评价次数为自变量的增函数，将根据直接评价次数的变化动态调整，随着直接信任评价次数的增多，DRT 将越来越能够代表 RT，w 值也将逐渐提高。资源信任度的计算公式可以表示为：

$$RT = w \times DRT + (1-w) \times IRT \tag{1}$$

权重 w 是以直接信任评价次数为自变量的增函数，理想的增长趋势应该是先慢再快最后趋于平稳。也就是说，最开始的时候直接评价的次数较少，w 值较小，且增长缓慢，待次数达到一定量时，w 增长加速，最后又趋于平稳，w 逐渐接近 1。

直接信任度的评价指标集合可以表示为：$DIF = (dif_1, dif_2, dif_3, \cdots, dif_n)$，$n$ 表示资源直接信任度的评价指标数量，dif_i 表示第 i 个评价指标。目前，各类开放知识社区由于各自的侧重点不同，信任度评价指标体系有所区别，DIF 的确定可以根据各社区的实际需求动态调整。这里给出通用的资源信任度评价指标体系 DIF =（内容准确性，内容客观性，内容完整性，标注规范性，更新及时性）。

直接信任度评价指标的权重集合可以表示为：$DW = (DW_1, DW_2, DW_3, \cdots, DW_n)$，$DW_i$ 表示第 i 个评价指标在整个评价指标体系中所占权重，所有权重之和为 1。基于均值的思想可以将资源直接信任度的计算公式设为：

$$DRT = \frac{\sum_{j=1}^{n} (UT_j \times \sum_{i=1}^{|DIF|} (f(u_j, dif_i) \times DW_i) \times \partial^{t-t_j})}{n \times itemScore} \tag{2}$$

式（2）中，n 表示参与资源直接信任度评价的用户数量，u_j 表示第 j 个用户，UT_j 表示第 j 个评价用户的用户信任度，$|DIF|$ 表示评价指标的数量，$f(u_j, dif_i)$ 表示第 j 个用户在第 i 个评价指标上的评分。itemScore 表示每个评价指标项的满分值，若采用五分制，则 itemScore=5。式（2）中增加了时间影响因子 ∂^{t-t_j}，其中 $\partial \in (0,1)$，t 表示信任度计算的发生时间，t_j 表示第 j 次评论的发表时间，时间差的计算以月为单位。

资源的间接信任度是通过分析用户与资源之间的交互记录（除显性信任评价外）而计算得出的资源信任度，交互类型集合可以表示为：IIF = (iif$_1$, iif$_2$, iif$_3$, ···, iif$_n$)，n 表示影响资源信任度的用户与资源之间的交互类型（推荐、订阅、收藏、浏览、引用等）数量，iif$_i$ 代表第 i 类交互行为，比如用 iif$_1$ 表示用户推荐资源，iif$_2$ 表示用户订阅资源等。每种交互类型又可以分成正向交互和负向交互，正向交互是能够提高资源信任度的操作，比如用户 A 订阅了资源 B，负向交互是可以降低资源信任度的操作，如用户 A 取消了对资源 B 的订阅。表 5-3 描述了开放知识社区中影响资源间接信任度的常见交互类型。

表 5-3 影响资源间接信任度的交互操作

交互类型	正向交互	负向交互
推荐	推荐资源（顶）	反推荐资源（踩）
订阅	订阅资源	取消订阅资源
收藏	收藏资源	取消收藏资源
引用	引用资源	取消引用资源
浏览	浏览资源	—

用户与资源之间的交互权重集合可以表示为：IW = (IW$_1$, IW$_2$, IW$_3$, ···, IW$_n$)，IW$_i$ 表示第 i 类交互在间接信任度评价指标中的权重，所有权重之和为 1。资源间接信任度的计算采用基于次数累积的思想结合归一化处理将信任值设定在[0,1]。式（3）表示未归一化前的资源间接信任度。

$$IRT\_N = \sum_{i=1}^{n}(UT_i \times \alpha \times IW_j \times \partial^{t-t_i}) \quad (3)$$

$$\alpha = \begin{cases} 1 & 第i次交互为正向交互 \\ -(1+\rho) & 第i次交互为负向交互 \end{cases}$$

式（3）中，n 为社区用户与某资源的交互总次数，UT$_i$ 为第 i 次交互对象（用户）自身的信任度，α 为调节因子，若为正向交互则 α=1，负向交互则 α=−(1+ρ)，ρ 为惩罚因子，$\rho \in (0,1)$。惩罚因子的设定主要考虑到现实社会关系中负向行为对信任关系的影响程度要高于正向行为。IW$_j$ 为第 j 次交互所属交互类型的权重值。此外，用户与资源的交互同样要考虑时效性，近期的交互事件对资源间接信任度的影响较大，增加时间影响因子 ∂^{t-t_i}[同式（2）]。

间接信任度的归一化处理采用分段映射的方式，通过建立分段映射函数将间接信任度映射为[0,1]的离散值。所分段数及各段所对应的数值区间，可以根据实际应用效果进行动态调整。

$$IRT = \begin{cases} 0.0 & IRT\_N < a \\ 0.2 & a =< IRT\_N < b \\ 0.4 & b =< IRT\_N < c \\ 0.6 & c =< IRT\_N < d \\ 0.8 & d =< IRT\_N < e \\ 1.0 & e =< IRT\_N \end{cases}$$

2）用户信任度的定义与计算

开放知识社区中的用户信任度表征为四元组：UT = {UT$_{res}$, UT$_{col}$, UT$_{fri}$, UT$_{rev}$}，UT$_{res}$ 表示由用户所创建资源的信任度计算得出的用户信任度，UT$_{col}$ 表示由用户之间协作关系计算得出的用户信任度，UT$_{fr}$ 表示由用户之间的好友关系计算得出的用户信任度，UT$_{rev}$ 表示由编辑历史计算得出的用户信任度。用户信任度的计算公式如下：

$$UT = UW_1 \times UT_{res} + UW_2 \times UT_{col} + UW_3 \times UT_{fri} + UW_4 \times UT_{rev} \tag{4}$$

用户信任度四元组中的影响要素权重集合可以表示为：UW = (UW$_1$, UW$_2$, UW$_3$, UW$_4$)，总权重之和为 1。UT$_{res}$ 使用用户 u 所创建资源的平均信任度来表示（见式（5）），n 为创建资源的总数，RT(r_i) 表示第 i 个资源的信任度（由式（1）计算得出）。

$$UT_{res} = \frac{\sum_{i=1}^{n} RT(r_i)}{n} \tag{5}$$

UT$_{col}$ 的定义见式（6），采用基于次数累积的思想结合归一化处理，归一化函数可以采用分段映射的方式，具体的 nomalize_utcol 方法可以根据实际经验设定和调整。其中，|invited_col_log(u)| 表示用户 u 被邀请协作和被取消协作的总次数。α 为调节因子，若被其他用户邀请协作（正向行为），则 α =1；若被取消协作（反向行为），则 $\alpha = -(1+\rho)$，ρ 为惩罚因子，$\rho \in (0, 1)$。∂^{t-t_i} 为时间影响因子，用来表征邀请协作或取消协作随时间变化对用户信任度的影响。

$$UT_{col} = normalize\_utcol\left[\sum_{i=1}^{|invited\_col\_log(u)|} (UT_i \times \alpha \times \partial^{t-t_i})\right] \tag{6}$$

UT$_{fri}$ 的定义见式（7），采用基于次数累积的思想结合归一化处理，归一化函数可以采用分段映射的方式，具体的 nomalize_utfri 方法可以根据实际经验设定和调整。add_fri_log(u) 表示用户 u 被添加为好友和被取消好友的总次数。α 为调节因子，若被其他用户添加好友（正向行为），则 α =1；若被取消好友关系（反向行为），则 $\alpha = -(1+\rho)$，ρ 为惩罚因子，$\rho \in (0, 1)$。∂^{t-t_i} 为时间影响因子，用来表征被添加好友或取消好友随时间变化对用户信任度的影响。

$$UT_{fri} = normalize\_utfri\left[\sum_{i=1}^{|added\_fri\_log(u)|} (UT_i \times \alpha \times \partial^{t-t_i})\right] \tag{7}$$

UT$_{rev}$ 可以使用用户所编辑内容被接受的概率来表示，rev_accept(u) 表示用户 u 的编辑被接受的次数，rev_total(u)表示用户 u 编辑内容的总次数。

$$UT_{res} = \frac{rev\_accept(u)}{rev\_total(u)} \qquad (8)$$

5. 交叉计算问题的解决方法

TIFM 存在交叉计算的问题，即资源信任度的计算用到了用户信任度，而用户信任度的计算又用到了资源的信任度。因此，在计算上陷入了"鸡和蛋"的问题。这里采用迭代逼近法解决此问题，核心思路是通过多次迭代计算系统中所有资源和所有用户的信任度，直到前后两次计算结果中各项信任值之差的绝对值都小于设定的最大误差值，表明所有信任值的计算结果趋于稳定（见图 5-14）。

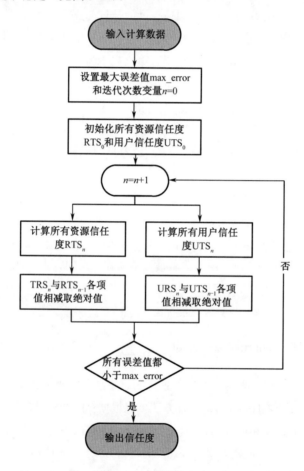

图 5-14　迭代逼近法解决交叉计算问题

首先，输入信任计算相关的交互数据；设置最大误差 max_error < 0.1 和迭代次数变量 $n=0$；初始化所有资源的信任度 $RTS_0 \in (0, 1)$ 和所有用户的信任度 $UTS_0 \in (0, 1)$；利用信任度计算公式［见式（1）和式（4）］进行第 $n+1$ 次所有资源信任度 RTS_{n+1} 和所有用户信任

度 UTS_{n+1} 的计算；计算 RTS_{n+1} 和 RTS_n 中各项资源信任度之差的绝对值；计算 UTS_{n+1} 和 UTS_n 中各用户信任度之差的绝对值；判断所有误差值是否都小于 max_error，若是则输出所有资源信任度和所有用户信任度，程序结束，否则令 $n=n+1$ 进行下一次信任度计算。

5.4.4　信任评估模型实施策略

1. 指标权重集的确定

TIFM 需要确定多个指标权重集合，权重值的设定直接影响最终信任度计算的准确性和合理性。这里采用层次分析法 AHP（Analytic Hierarchy Process）来确定各指标的权重。AHP 是一种定性和定量相结合的、系统化、层次化的分析方法。AHP 能够比较科学地确定各评价因子的权重大小，目前已有不少研究者使用该方法来确定不同评价指标体系的权重[1][2][3]。

TIFM 需要确定权重的指标集合包括：DRT 评价指标权重集 $DW=(DW_1, DW_2, DW_3, DW_4, DW_5)$ 的各项权重值，IRT 交互类型权重集 $IW=(IW_1, IW_2, IW_3, IW_4, IW_5)$ 的各项权重值，UT 中用户信任度影响因素权重集 $UW=(UW_1, UW_2, UW_3, UW_4)$ 的各项权重值。DW_1 表示内容准确性的权重，DW_2 表示内容客观性的权重，DW_3 表示内容完整性的权重，DW_4 表示标注规范性的权重，DW_5 表示内容更新及时性的权重；IW_1 表示用户推荐资源的权重，IW_2 表示用户订阅资源的权重，IW_3 表示用户收藏资源的权重，IW_4 表示用户浏览资源的权重，IW_5 表示用户引用资源的权重；UW_1 表示用户创建资源信任度的权重（简称创建资源），UW_2 表示用户之间协作关系的权重（简称协作关系），UW_3 表示用户之间好友关系的权重（简称好友关系），UW_4 表示用户编辑历史记录的权重（简称编辑历史）。

这里采用专业的层次分析法软件 yaahp0.5.2 确定各指标权重，主要步骤为：采用 A. L. Satty 提出的 1～9 及其倒数的标度方法（见表 5-4），邀请教育技术领域的 8 位研究者（参与学习元项目）对各评价指标权重集的相对重要性进行判断；综合研究者的评分取得判断矩阵，进行一致性检验（见表 5-5）；采用规范列平均法（和法）计算各指标的权重。求解的判断矩阵及权重结果如表 5-6 所示。

[1] 洪跃，崔海峰. 高校图书馆学科馆员服务质量评价体系研究[J]. 图书情报工作，2008，52（7）：129-132.

[2] 郑康锋，王秀娟，郭世泽，杨义先. 用户评价的信息系统服务质量评估模型[J]. 北京邮电大学学报，2010，33（1）：84-88.

[3] 赵利明，祁乐珍. 基于 AHP 研究法的网络课程评价[J]. 远程教育杂志，2008（2）：65-67.

表 5-4　Satty 提出的 1～9 标度法

标度	含义
1	i 元素和 j 元素重要程度相同
3	i 元素比 j 元素稍微重要
5	i 元素比 j 元素明显重要
7	i 元素比 j 元素强烈重要
9	i 元素比 j 元素极端重要
2、4、6、8	上述两相邻判断的中值
1～9 的倒数	若元素 i 与元素 j 比较的判断 b_{ij}，则元素 j 与元素 i 比较的判断为 $b_{ji}=1/b_{ij}$

表 5-5　1～10 阶矩阵的平均一致性指标取值表

1	2	3	4	5	6	7	8	9	10
0.00	0.00	0.58	0.90	1.12	1.24	1.32	1.41	1.45	1.49

从表 5-6 可以发现 DW 权重判断矩阵的随机一致性指标 CR<0.1，因此上面的判断矩阵具有满意的一致性。DW 权重判断矩阵中的权重值取小数点后两位，得到 DW=（0.50,0.30, 0.11, 0.04, 0.05）。

表 5-6　DW 权重判断矩阵及一致性比例

评价指标	内容准确性	内容客观性	内容完整性	标注规范性	更新及时性	权重值
内容准确性	1	3	6	9	7	0.5014
内容客观性	1/3	1	5	7	8	0.3043
内容完整性	1/6	1/5	1	4	5	0.1132
标注规范性	1/9	1/7	1/4	1	1/2	0.0354
更新及时性	1/7	1/8	1/5	2	1	0.0457

备注：一致性指标 CI=0.0942，随机一致性比率 CR=CI/RI=0.0942/1.12=0.0841，RI 的值参照 1～10 阶矩阵的平均一致性指标取值表。

从表 5-7 可以发现 IW 权重判断矩阵的随机一致性指标 CR<0.1，因此上面的判断矩阵具有满意的一致性。IW 权重判断矩阵中的权重值取小数点后两位，得到 IW=（0.28, 0.18,0.44, 0.03, 0.07）。

表 5-7　IW 权重判断矩阵及一致性比例

评价指标	推荐	订阅	收藏	浏览	引用	权重值
推荐	1	2	1/2	7	5	0.2795
订阅	1/2	1	1/3	6	4	0.1811
收藏	2	3	1	8	7	0.4394
浏览	1/7	1/6	1/8	1	1/4	0.0325
引用	1/5	1/4	1/7	4	1	0.0674

备注：一致性指标 CI=0.0513，随机一致性比率 CR=CI/RI=0.0513/1.12=0.0458，RI 的值参照 1～10 阶矩阵的平均一致性指标取值表。

从表 5-8 可以发现 UW 权重判断矩阵的随机一致性指标 CR<0.1，因此上面的判断矩阵具有满意的一致性。UW 权重判断矩阵中的权重值取小数点后两位，可以得到 UW=（0.39,0.16, 0.05, 0.39）。考虑到 UW 的权重之和为 1，可以将 UW_3 的权重调整为 0.6，最终得出 UW=（0.39, 0.16, 0.06, 0.39）。

表 5-8　UW 权重判断矩阵及一致性比例

评价指标	创建资源	协作关系	好友关系	编辑历史	权重值
创建资源	1	3	6	1	0.3919
协作关系	1/3	1	5	1/3	0.1643
好友关系	1/6	1/5	1	1/6	0.0519
编辑历史	1	3	6	1	0.3919

备注：一致性指标 CI=0.0397，随机一致性比率 CR=CI/RI=0.0397/0.90=0.0441，RI 的值参照 1～10 阶矩阵的平均一致性指标取值表。

2. 权重 w 函数的确定

直接信任评价的权重 w 应该是一个连续的增函数，理想的增长趋势应该是先慢再快最后趋于平稳。也就是说，最开始的时候直接评价的次数较少，w 值较小，且增长缓慢，待次数达到一定量时，w 增长加速，最后又趋于平稳，w 逐渐接近 1。根据这一变化趋势，w 随着直接评论次数的增长率应该是先递增，当达到某一峰值后又递减。令递增函数 w 随着直接评价次数 n 的增长率先呈斜率为 a（$a>0$）的线性增长，直到 $n=m$（m 为正整数）时，增长率达到最高；当 $n>m$ 后，增长率呈斜率为 $-a$ 的线性递减；当 $n>2m$ 后，增长率为 0。$n=0$ 时，$w=0$；$n>2m$ 时，$w=1$。那么有：

$$\frac{\mathrm{d}w}{\mathrm{d}n}=\begin{cases} an & 1\leqslant n\leqslant m \\ -an+2am & m<n\leqslant 2m \\ 0 & n>2m \end{cases} \tag{9}$$

通过微分方程求解可得：

$$w=\begin{cases} \dfrac{n^2}{2m^2} & 1\leqslant n\leqslant m \\ -\dfrac{n^2}{2m^2}+\dfrac{2n}{m}-1 & m<n\leqslant 2m \\ 1 & n>2m \end{cases} \tag{10}$$

m 的具体取值可根据实施策略确定。

3. 信任度的更新

信任度的更新一般采用三种方式：定时更新、实时更新和条件更新。定时更新的优点是不用频繁计算信任度，减轻服务器压力，缺点是无法实时反映出最新的信任度。实时更新是一种第一时间计算最新信任度的更新方式，优点是可以实时反映信任度的变化，缺点是计算量大，服务器资源消耗大。条件更新采用触发器的方式，通过设定更新的条件规则，一旦满足这些规则，则触发信任度更新程序，重新计算信任度。

条件更新可以有效弥补其他两种更新方式的缺陷，因此，这里采用条件更新的方式更新资源信任度和用户信任度。条件规则的设定如下：

条件规则 1：当某资源受到的交互（浏览、订约、收藏等）次数超过阈值 min_resinteract 时，则更新该资源的信任度。

条件规则 2：当某资源信任度变化|trust_var|<= min_var 时，不用更新相关用户信任度。

条件规则 3：当某资源信任度变化 min_var<| trust_var|<=max_var 时，更新相关用户信任度，但不需要进行交叉计算。

条件规则 4：当某资源信任度变化 max <|trust_var|时，更新相关用户信任度，同时进行交叉计算。

条件规则 5：当某用户受到的交互（协作、好友等）次数超过阈值 min_userinteract，则更新该用户的信任度。

条件规则 6：当某用户信任度变化|trust_var|<= min_var 时，不用更新相关资源信任度。

条件规则 7：当某用户信任度变化 min_var<|trust_var|<= max_var 时，更新相关资源信任度，但不需要进行交叉计算。

条件规则 8：当某用户信任度变化 max_var<|trust_var|时，更新相关资源信任度，同时进行交叉计算。

上述规则中 min_resinteract 表示资源的最少交互次数，min_userinteract 表示用户的最少交互次数，trust_var 表示单个资源或用户信任度更新前后的差值，min_var 表示信任度变化最小值，max_var 表示信任度变化最大值 min_var。上述变量的确定与变更可以根据系统实际运行情况进行动态调整。

5.4.5 信任评估模型的验证

为了验证 TIFM 的有效性，一方面进行了仿真实验，用于检验 5.4.3 节提出的交叉计算方法的可行性和权重 w 函数的合理性；另一方面在 LCS 平台中实现文中提出的信任评估模型，运行 6 个月后进行试验，通过比较系统自动计算得出的信任度和专家评价得出的信任度的一致性，验证信任评估模型的有效性。

1. 交叉计算仿真

为了检验 TIFM 中用到的交叉计算方法的合理性，这里进行了仿真实验。实验设计思路如下：

（1）生成一个资源组（res_num = 1000）和一个用户组（user_num =100）；

（2）设置资源初始信任度（init_rt = 0.1）、用户信任度（init_ut = 0.1）、最大误差值（max_error=0.0001）；

（3）随机化各种交互记录，如收藏某资源的用户，某用户被邀请协作的次数等；

（4）应用文中信任度计算公式进行迭代交叉计算，直到满足前后两次所有的信任值的误差小于 max_error，算法结束；

（5）变化 user_num、res_num、init_rt、init_ut、max_error 等变量，重复上述步骤（1）～（4）；

（6）分析比较实验结果数据。

依据上述实验设计思路，采用 Java 编程实现，在 PC（Intel Core i5 CPU 2.4GHz, 32 bit OS，2.00GB RAM）上进行了如下三个方面的模拟实验。

模拟一：交互记录固定，设定不同的资源初始信任度和用户初始信任度，观察信任度计算结果。

将步骤（3）获得的各种交互记录数据进行存储，然后设定不同的 init_rt 和 init_ut。分成三组，第一组：init_rt = init_ut =0.01；第二组：init_rt = 0.01，init_ut = 0.1；第三组：init_rt = 0.1，init_ut = 0.01。实验结果表明无论初始值如何选取，在交互记录数据确定的情况下，都能得到相同的信任值（见图 5-15 和图 5-16）。

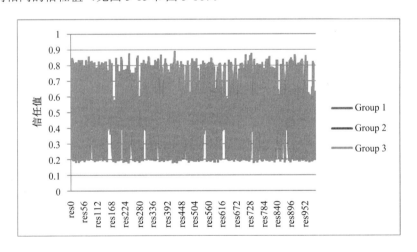

图 5-15　不同初始信任度下的资源信任度变化

模拟二：资源数量和用户数量固定，交互记录固定，设置不同级别的 max_error，观察迭代次数。

固定资源数量（res_num=1000）和用户数量（user_num=100），固定信任度初始值（init_rt = 0.01，init_ut = 0.1），设定四个不同等级的 max_error，分别是 0.001，0.0001，0.0000001，0.0000000001，0.00000000000001 和 0.0000000000000001，得到如图 5-17 和图 5-18 所示结

果。表明 max_error 是影响迭代次数的重要指标，随着最大误差值精度的提高（max_error 越来越小），交叉计算迭代次数不断增加，时间开销基本上和迭代次数成正比关系。

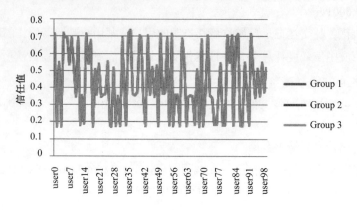

图 5-16　不同初始信任度下的用户信任度变化

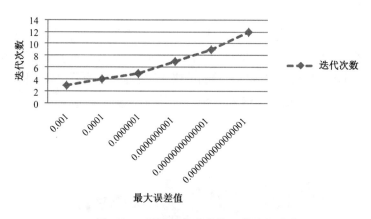

图 5-17　不同最大误差值下的迭代次数

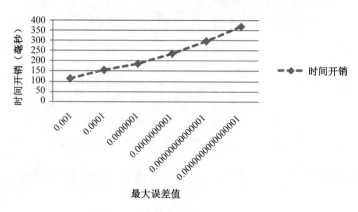

图 5-18　不同最大误差值下的时间开销

模拟三：资源数量和用户数量固定，交互记录固定，max_error 固定，更改信任度初始值，观察迭代次数变化。

固定资源数量（res_num=1000）和用户数量（user_num=100），固定 max_error=0.0000000001，随机设置 50 组不同的信任度初始值，得到如图 5-19 所示的结果。表明迭代次数与初始值设定无关，即无论初始值如何选取，在其他条件一定的情况下迭代次数相同，耗时也基本相同。

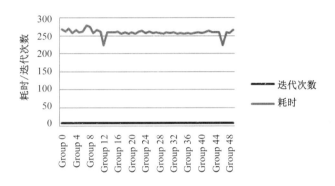

图 5-19　不同初始值对迭代次数的影响

2. 权重 w 函数仿真

权重 w 函数理想的增长趋势应该是先慢再快最后趋于平稳，假设 $m = 20$，Java 编程实现式（10），得到如图 5-20 所示的 w 函数曲线。可以发现，w 函数随着直接信任评论次数的增长呈现先慢后快又趋于平稳的规律，当直接信任评论次数超过 $2m$ 时，w 数值变为 1。

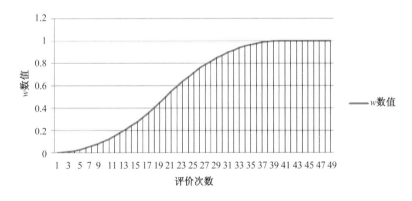

图 5-20　权重 w 函数变化曲线

图 5-21 描述了资源整体信任度、资源直接信任度和资源间接信任度随着直接信任评价次数增多的变化曲线。可以发现，刚开始评价次数较少时，资源的整体信任度（RT）曲线基本上与间接信任度（IRT）曲线重合，表示 RT 主要依据 DRT 来计算；随着评价次数逐

渐增多，RT 曲线开始与资源直接信任度（DRT）曲线慢慢靠近，直到评价次数超过 $2m$，RT 与 DRT 完全重合，表示此时只要依靠直接信任评价就可以计算资源的整体信任度。

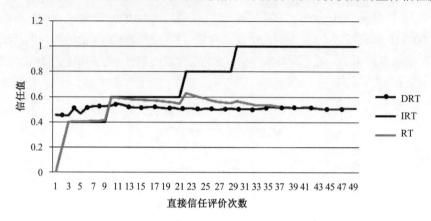

图 5-21 资源信任度随着直接信任评价次数增多的变化

3. 信任度有效性验证

1）实验设计

这里选择 LCS 平台为信任评估模型的应用环境，通过比较系统自动计算得出的信任度和专家评价得出的信任度的一致性，验证 TIFM 的有效性。LCS 以学习元作为基本的资源单元，多个学习元可以聚合成知识群。LCS 于 2011 年 5 月正式上线，截至 2012 年 3 月 1 日，1LCS 共有注册用户 3546 人、3775 个学习元、333 个知识群。实验设计如图 5-22 所示。

2）实验过程

首先，从 LCS 中依据学习元的学科属性随机选取教育技术学科下的 30 个学习元。然后，从 LCS 平台的注册用户中选择比较活跃（依据系统登录日志）的教育技术领域的 5 名专家。专家应用李克特五点评价量表对所负责资源组中的每个学习元及其创建者进行信任等级评价。LCS 依据文中的信任度计算公式自动得出学习元信任度集合（RTS1）和用户信任度集合（UTS1），依据规则将信任值转化为设定的信任等级。接着，将专家评定的每个学习元的信任等级及其创建者的信任等级进行均值计算，得到学习元信任等级集合（RTS2）和用户信任等级集合（UTS2）。最后，对 RTS1 和 RTS2、UTS1 和 UTS2 进行 KAPPA 一致性检验，分析结果数据。

领域专家的选择满足两个条件：一是了解 LCS 平台，属于 LCS 的注册用户；二是在教育技术领域至少具有 8 年以上的研究经验，保证对上面选择的学习元的内容具有较深的专业理解。

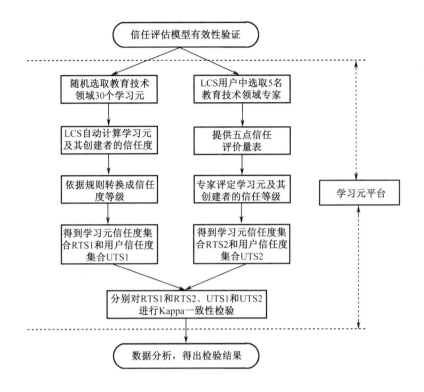

图 5-22　实验设计

3）信任评价方式

对资源的信任评价可以直接使用 LCS 目前应用的直接信任评价工具，采用五点量表进行打分。包括五个维度的信任评价指标，分别是内容准确性、内容客观性、内容完整性、标注规范性和更新及时性。为了辅助专家对用户的信任度进行评价，从系统后台提取该用户的相关统计信息，包括资源创建、邀请协作、添加好友、编辑被接受情况等信息。

制作 Excel 电子表格作为打分工具，包括资源信任评价 Sheet 和用户信任评价 Sheet。将上述评价表格通过 E-mail 发给每组专家，专家浏览学习元后在每个学习元的五项评价指标上打分，分析用户信任评价 Sheet 数据后，在最后的用户信任度项上给出五点评分。最后，专家通过 E-mail 将包含评价结果的 Excel 返回。

4）数据分析

应用 SPSS13.0（SPSS Inc., Chicago, IL, USA）对专家对资源的信任评价数据和 LCS 对资源的信任评价进行交叉表计算，得到如表 5-9 所示的列联表和表 5-10 所示的内在一致性检验结果。

表 5-9　资源信任评价的列联表

		资源系统评价				Total
		1.00	2.00	3.00	4.00	
资源	1.00	5	0	0	0	5
专家	2.00	0	2	0	0	2
评价	3.00	1	4	8	0	13
	4.00	0	0	2	8	10
Total		6	6	10	8	30

表 5-10　资源信任评价的 Kappa 一致性检验结果

	Vaalue	Asymp. Std.Error[a]	Approx.T[b]	Approx.Sig.
Measure of Agreement Kappa	0.676	0.105	6.308	0.000
N of Valid Cases	30			

a.Not assuming the null hypothesis.

b.Using the asymptotic standard error assuming the null hypothesis.

从表 5-10 可以发现，LCS 对资源的信任度评价结果和专家对资源的平均信任度评价结果之间的一致性系数 Kappa=0.676>0.61（95%置信度区间，$a<0.05$）。依据 Kappa 系数的可接受范围（见表 5-11）可知，LCS 依据文中的信任评估模型计算得出的资源信任值和专家判断的资源信任值存在显著一致性，证明文中资源信任评估方法较为可靠。

表 5-11　Kappa 系数的可接受范围

Kappa	一致性程度	Kappa	一致性程度
<0.00	极差	0.41~0.60	适中
0.00~0.20	微弱	0.61~0.80	显著
0.21~0.40	弱	0.81~1.00	最佳

采用同样的方法，对用户信任度评价的数据进行一致性检验，得到如表 5-12 所示的列联表和表 5-13 所示的一致性检验结果。

表 5-12　用户信任评价的列联表

		用户系统评价					Total
		1.00	2.00	3.00	4.00	5.00	
用户	1.00	1	0	0	0	0	1
专家	2.00	1	4	4	0	0	5
评价	3.00	0	0	2	1	0	3
	4.00	0	0	1	2	1	4
	5.00	0	0	0	0	3	3
Total		2	4	3	3	4	16

表 5-13　用户信任评价的 Kappa 一致性检验结果

	Value	Asymp. Std.Error[a]	Approx.T[b]	Approx.Sig.
Measure of Agreement Kappa	0.682	0.135	5.328	0.000
N of Valid Cases	16			

a. Not assuming the null hypothesis.
b. Using the asymptotic standard error assuming the null hypothesis.

从图 5-13 可以发现，LCS 对用户的信任度评价结果和专家对用户的平均信任度评价结果之间的一致性系数 Kappa=0.682>0.61（95%置信度区间，$a<0.05$）。统计结果表明，LCS 依据文中的信任评估模型计算得出的用户信任值和专家判断的用户信任值存在显著一致性，证明文中用户信任评估方法较为可靠。

5）结果讨论

通过上述数据分析可以发现，资源信任评价和用户信任评价的一致性 Kappa 系数都大于 0.61，表明本书提出的面向开放知识社区的信任评估模型 TIFM 具有较高的可靠性，但仍需要根据 LCS 的实际运行情况，进一步进行修正和完善。

影响此次基于 LCS 的信任评估模型检验效果的重要因素是连续信任值向离散的信任等级的转换。应用信任评估模型计算得出的信任值是[0, 1]上的实数，而用户对资源和用户的信任度评价采用的是五点量表的等级评价。相同的信任评价数据依据不同的信任等级转换函数会得出不同的 Kappa 值。

为了获得理想的信任等级转换函数，本书进行了预实验。预实验中，选择教育技术领域的 10 名研究生分别对 LCS 中的 30 个学习元和 16 名用户进行信任评价。根据结果调整优化相关参数，最终得到资源信任等级转换函数 convert_r 和用户信任等级转换函数 convet_u。

$$
convert\_r(\text{RT}) = \begin{cases} 1 & \text{RT} < 0.10 \\ 2 & 0.10 \leqslant \text{RT} < 0.30 \\ 3 & 0.30 \leqslant \text{RT} < 0.50 \\ 4 & 0.50 \leqslant \text{RT} < 0.95 \\ 5 & 0.95 \leqslant \text{RT} \leqslant 1.00 \end{cases}
$$

$$
convert\_u(\text{UT}) = \begin{cases} 1 & \text{UT} < 0.05 \\ 2 & 0.05 \leqslant \text{UT} < 0.10 \\ 3 & 0.10 \leqslant \text{UT} < 0.35 \\ 4 & 0.35 \leqslant \text{UT} < 0.70 \\ 5 & 0.70 \leqslant \text{UT} \leqslant 1.00 \end{cases}
$$

需要说明的是，LCS 运行时间较短，积累的交互数据还在不断丰富过程中，因此，上述转换函数还需要根据今后实际运行的数据结合经验，进行继续调整完善。另外，后续还需要针对信任的恶意攻击问题进行重点考虑，以增强评估模型的健壮性。

4. 总结

本书提出的双向互动反馈模型（Twoway Interactive Feedback Model，TIFM）具有三个特点：一是计算数据丰富，除了应用编辑历史数据，还综合考虑到更多影响开放知识社区中用户和资源信任度的典型交互操作，有助于提高信任评价的准确性；二是考虑到用户信任和资源信任度的联动关系，通过一种交叉计算的方法实现用户信任度和资源信任度的交叉互动计算；三是借鉴了网络通信和电子商务领域信任模型中的时间因子、惩罚因子等要素，使信任评估模型更加接近现实社会中的信任关系。仿真实验和基于 LCS 平台的实际应用效果检验的结果表明，TIFM 具有较好的可靠性，能够比较准确地判断社区中用户和资源的信任值。

本书构建的信任评估模型对于开放知识社区的发展具有如下启示：①信任机制是解决开放知识社区信任危机的有效途径，各种开放知识社区应增加信任评估功能，辅助用户判断知识和其他用户的可信度；②信任评估模型的构建要综合考虑 Web 2.0 环境下的各种典型交互操作，保证模型的全面性和完整性；③要考虑用户信任和资源信任之间的相互影响关系，不孤立计算用户信任度和资源信任度，而采用交叉计算的方式。

需要说明的是，本书构建的信任评估模型是基于交互操作数据构建的，在用户信任度计算上没有考虑用户的学科背景，如某用户在某学科领域可能是专家用户，其操作具有较高的可信性，但在另一个陌生的学科领域可能没有较高的可信度。因此，下一步需要在用户信任度和所属学科之间建立关联，增强信任评估的准确性。语义基因的提取在具有较完备领域本体支持的前提下，可以得到较高的召回率和准确率。从当前实际运行的效果来看，除教育技术学科具备较为完善的本体外，其他学科领域本体都比较薄弱，包含的概念和关系较少。如何激励用户参与领域本体协同创建是下一步急需解决的问题。

05 内容进化的智能控制流程设计
Section

不同的开放知识社区往往具有不同的角色和权限设置。总的来说，可以归总为两种角色：管理者和普通用户。管理者一般是资源的创建者，遵循"谁创建谁管理"的原则，具有对资源进行任何操作的权限。普通用户是无管理权限但可以参与内容编辑的用户。普通用户编辑的内容需要经过管理员审核后，才可正式对外公开。智能控制的目的就是要实现普通用户内容编辑的（半）自动化审核，以减轻用户频繁手动审核资源内容的负担，加快资源内容的进化速度。

基于智能控制的两个基本假设，应用语义基因和信任评估模型设计了如图 5-23 所示的资源内容进化的智能控制流程。

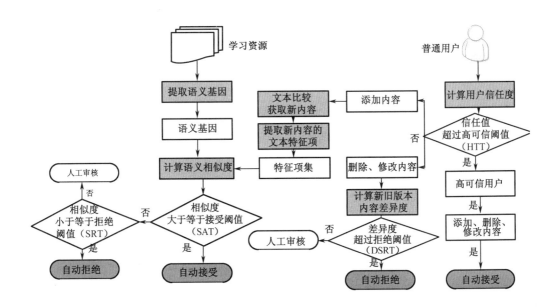

图 5-23　内容进化智能控制流程

当有普通用户编辑资源的内容时，首先使用 TIFM 中提出的用户信任度计算方法，计算得出该用户的信任值；根据预先设定的用户高可信阈值 HTT（High Trust Threshold），判断用户是否属于高可信用户；如果是高可信用户，则其对资源内容进行的增、删、改操作将默认为是善意的，系统将自动接受；如果该用户不是高可信用户，则根据用户的不同操作进行处理；如果用户进行了"添加内容"操作，则通过文本比较算法获取用户新添加的文本内容；然后，对添加的内容进行文本特征项提取；将提取的文本特征项集和资源的语义基因进行语义相似度计算；如果相似度大于等于预设的新内容语义相似接受阈值 SAT（Similarity Accept Threshold），则系统自动接受此次内容编辑，如果相似度小于等于预设的新内容语义相似拒绝阈值 SRT（Similarity Reject Threshold），则系统自动拒绝此次内容编辑，若语义相似度介于 SRT 和 SAT 之间（SRT<SAT），则进行人工审核；如果用户进行了"删除"和"修改"操作，则计算编辑前后内容的差异度；如果差异度超过预设的语义差异拒绝阈值 DSRT（Dissimilarity Reject Threshold），则系统自动拒绝此次内容编辑，否则，进行人工审核。

06 内容进化的智能控制实施策略
Section

■ 5.6.1　新内容获取

学习元平台提供多媒体编辑器，让用户通过增、删、改等操作来对内容进行不断修正和完善（见图 5-24）。对于删除和修改操作，主要通过判断用户的可信度实现自动审核。对于新添加的内容，除了可以应用用户信任度，还可以根据语义基因进行语义匹配度计算来实现更加可靠的智能控制。为了实现新加内容的智能控制，首先需要获取用户添加了哪些内容，然后才能判断新加内容是否和当前资源的语义基因具有足够高的语义匹配度。

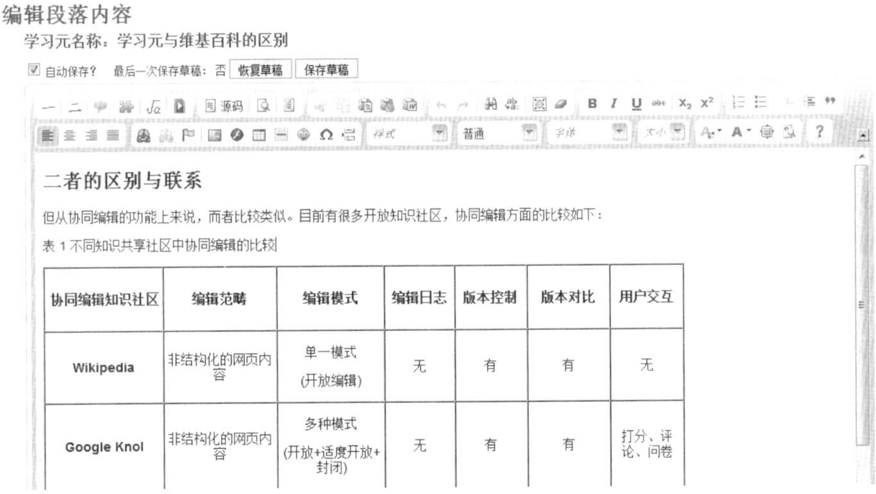

图 5-24　多媒体编辑器中的内容编辑

新内容获取采用文本比较的方式，即将当前版本的文本内容和修改后保存的新版本的文本内容进行比较，将新增加部分的文本合并为 newText。目前，主流的文本比较有两大类，一类基于编辑距离（Edit Distance），例如 LD 算法[1]；另一类基于最长公共子序列（Longest Common Subsequence），典型的有 Needleman-Wunsch 算法[2]、Hirschberg 提出的算法[3]、Nakatsu 算法[4]等。LD 算法核心通过计算字符串 A 转换为字符串 B 所经过的插入、删除、替换等操作次数来表示两个字符串的差异，算法的时间复杂度和空间复杂度都为 $O(mn)$，m、n 分别为字符串 A 和 B 的长度。Nakatsu 算法时间复杂度为 $O(n(m-p))$，空间复杂度为 $O(n^2)$ [5]，p 为最长公共子序列的长度，较之 LD 算法执行效率更高，比较适用于相似文本的快速比较（见图 5-25）。

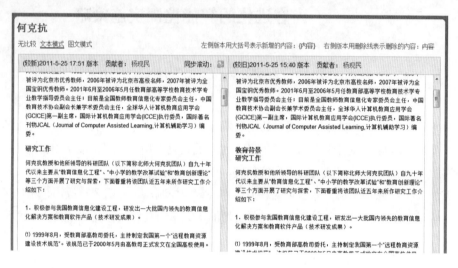

图 5-25　LCS 中的版本比较功能

本书采用 Nakatsu 算法实现了版本比较功能，将新版本增加、删除、替换的内容添加不同的标注信息，如删除的内容采用 del 标签标记<del>deleted text here</del>。在获取新旧版本内容差异的基础上，可以将新增加内容自动识别出来，并合并到字符串 newText 中。

[1] Völkel, M., Krötzsch, M., Vrandecic, D., Haller, H., & Studer, R. Semantic Wikipedia[J]. Journal of Web Semantics, 2007, (5): 251- 261.

[2] Needleman, S. B.,& Wunsch, C. D. A general method applicable to the search for similarities in the amino acid sequence of two proteins[J]. Journal of Molecular Biology, 1970, 48 (3): 443–53.

[3] Hirschberg, D.S. Algorithms for the Longest Common Subsequence Problem[J]. Journal of the Association for Computing Machinery, 1977, 24(4): 664-675.

[4] Nakatsu N., Kambayashi Y., Yajima S. A Longest Common Subsequence Algorithm Suitable for Similar Text Strings[J]. Acta Informatica, 1982, 18(2):171-179.

[5] 李欣，舒风笛. 最长公共子序列问题的改进快速算法[J]. 计算机应用研究，2000，17（2）：28-30.

5.6.2　新内容文本特征提取

获取到新增加的文本内容后，需要进行文本特征提取，技术路线采用 5.3.3.2 节提出的基本领域本体的特征项提取方法，不同的是这里仅对内容文本进行特征项提取。如果当前资源所属学科没有领域本体库，直接跳过基于领域本体的特征词识别，也无须进行特征词到本体的映射操作，特征提取直接退化为文本分类中经典的 TF-IDF 文本特征提取算法（见图 5-26）。

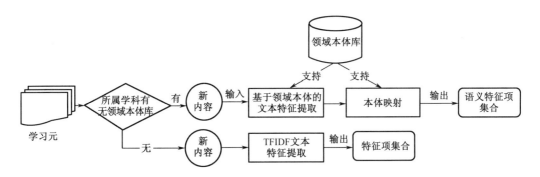

图 5-26　新内容的文本特征提取

5.6.3　语义相似度计算

文本相似度计算是信息检索和文本挖掘领域的重要研究内容，常用的方法包括：余弦系数法、Jaccard 系数法、欧氏距离（Euclidean Distance）法、马氏距离（Mahalanobis Distance）法、闵可夫斯基距离（Minkowsk Distance）法、汉明距离（Hamming Distance）法和皮尔逊相关系数（Pearson Correlation Coefficient）法等。

余弦系数法适合两个空间特征向量的相似度比较，是文本分类中应用最为广泛的一种相似度计算方法，因此本书采用余弦系数法计算当前学习资源的语义基因和用户新添加内容的文本特征项集的相似度。假设用 X 表示资源的语义基因：$X = (C_1, WC_1; C_2, WC_2; \cdots; C_n, WC_n)$，其中 C_k 是语义基因中的概念项，$1 \leqslant k \leqslant n$；用 Y 表示新内容的文本特征向量：$Y = (T_1, WT_1; T_1, WT_1; \cdots; T_m, WT_m)$，其中 T_k 是特征向量中的特征词，$1 \leqslant k \leqslant m$。由于 X 和 Y 中可能会存在同义概念，因此在进行余弦相似度计算之前，需要将 X 和 Y 中的元素进行同义词替换。同义词替换一方面基于 LCS 中内置的哈工大扩展版的同义词词林，另一方面，可以从资源语义基因中包含的概念关系三元组中查找 X 和 Y 中的同义词，并进行替换。相似度计算公式如下：

$$\mathrm{SIM}(X,Y) = \mathrm{syn\_replace}(X,Y) = \cos(\theta) = \frac{X \cdot Y}{\| X \| \cdot \| Y \|}$$

5.6.4　相关阈值设置

5.4 节涉及一系列的阈值设置，包括 HTT、SAT、SRT、DSRT 等。这些阈值的设置非常重要，直接影响智能有序控制方法的执行结果。

以新添加内容与资源语义基因的语义相似接受阈值 SAT 为例。SAT 设置的高低决定了智能有序控制的严格程度，如果 SAT 设置得较高，则众多和当前学习元的内容不具有较强语义关联度，但实际上能够发展完善当前学习元的编辑工作将很有可能被系统自动拒绝；反之，如果 SAT 设置得偏低，和当前学习元的内容稍有语义关联但却属于"垃圾"的内容将会被自动接受，影响资源进化的质量，智能有序进化控制的目标必然难以达到。同理，HTT 的设置直接关系到用户信任级别的判断。HTT 设置过高，则很多值得信赖的用户编辑的内容将难以被自动接受；若设置过低，则部分未达到高可信级别的用户的操作将被系统自动接受，影响资源内容进化的质量。

有关阈值的设置，并不存在准确的科学计算方法，需要分析各个应用系统的实际运行数据，根据需要进行多次的动态调整，直到取得较为满意的智能审核结果。

5.6.5　内容差异度计算

差异度计算是相似度计算的反面，$\mathrm{Dissim}(D_1, D_2) = 1 - \mathrm{Sim}(D_1, D_2)$，取值为[0,1]的实数。关于文档相似度计算的方法有很多，经典的基于 VSM 的文档相似度计算，虽然方法简单，但却存在高维计算的问题，效率较低。这里的文档相似度计算，因为不涉及文档的分类，仅从文本字符串上进行相似度比较，所以使用 Google 进行网页查重时采用的 simhash 算法[1]。

simhash 算法的主要思想是降维，将高维的特征向量映射成一个 f-bit 的指纹 (fingerprint)，通过比较两篇文档的 f-bit 指纹的 Hamming Distance 来确定文章是否重复或者高度近似。simhash 算法的过程如下。

Step1：将一个 f 维的向量 V 初始化为 0；f 位的二进制数 S 初始化为 0；

Step2：对每一个特征：用传统的 hash 算法对该特征产生一个 f 位的签名 b。

　　对 i=1 到 f：
　　　　如果 b 的第 i 位为 1，则 V 的第 i 个元素加上该特征的权重；
　　　　否则，V 的第 i 个元素减去该特征的权重。

Step3：如果 V 的第 i 个元素大于 0，则 S 的第 i 位为 1，否则为 0；

---

[1] Moses S. Charikar. Similarity Estimation Techniques from Rounding Algorithms[C]. STOC '02 Proceedings of the thiry-fourth annual ACM symposium on Theory of computing, ACM New York, NY, USA, 2002.

Step4：输出 S 作为签名。

5.6.6 语义基因更新

学习资源是一个持续进化的过程，具有一定的生命周期[1]。随着资源内容的不断修改和完善，其语义基因也应该动态发展。

本书采用条件更新的方式进行语义基因的更新，核心是通过判断前后两个版本内容的相异度 Dissim，如果 Dissim 超过阈值 ∂（$0<\partial<1$），则认为内容变化较大，需要进行语义基因的更新，否则，无须更新。∂ 越小，表示系统越敏感，小的内容改动也会触发更新；∂ 越大，表示只有内容进行大幅变动时才会触发更新操作。更新流程如图 5-27 所示。Dissim 采用 5.6.5 节的计算方法。

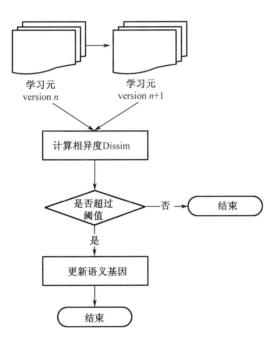

图 5-27　学习元语义基因更新流程

[1] 杨现民，余胜泉. 泛在学习环境下的资源进化模型构建[J]. 中国电化教育，2011（9）：80-85.

07
Section **内容进化的智能控制效果检验**

本书从模拟实验和LCS中的实际运行数据监控与分析两个方面来检验内容进化智能有序控制方法的实际效果。

5.7.1 模拟实验

模拟实验是在人为控制的环境中模拟不同信任级别的用户，分多次编辑完善若干个不同主题的学习元，然后查看这些学习元进化过程中的智能控制结果。

1. 评价指标

控制效果的评价指标为运用智能有序控制方法实现的内容编辑自动接受或拒绝的准确率（Precision）。准确率表示为：Precision =（CR/TR）×100%。CR 表示自动接受或拒绝内容编辑的正确次数（与人工判断结果一致的次数），TR 表示内容编辑的总次数。

2. 实验过程

模拟实验依托 LCS 平台开展，包括两类模拟对象，分别是模拟用户和模拟资源（学习元），具体操作流程如下：

（1）选择教育技术专业的 10 名研究生（LCS 平台用户，熟悉平台操作）作为模拟用户；

（2）从 LCS 平台中依据用户的基本信息和系统计算得出的用户信任度选择学科背景为教育技术的高可信用户 5 名（信任值大于 0.6）、非高可信用户 5 名（信任值小于 0.2），将这些用户在 LCS 中的账号分配给 10 个模拟用户，每个模拟用户获得一个登录账号；

（3）再从 LCS 平台中选择学科类别为教育技术、版本数量少于 5、内容需要进一步完善的 30 个学习元作为模拟资源；

（4）10 名模拟用户使用分配的账号登录 LCS，逐个访问并编辑模拟资源的内容，系统自动记录编辑历史和编辑的接受与拒绝情况；

（5）内容编辑结束后，研究者逐个检查判断每个模拟资源上模拟用户进行的内容编辑被自动接受或拒绝的结果是否正确；

（6）将结果数据进行统计分析。

3．实验要求

此次实验需要模拟不同信任级别的用户操作，因此，实验前研究者就实验要求向模拟用户进行了详细解释。实验要求如下：

（1）分配到高可信用户账号的模拟用户，尽量编辑高质量、可靠的内容；

（2）分配到非高可信用户账号的模拟用户，对编辑内容的质量不做要求，可以进行内容的恶意编辑；

（3）每个模拟用户需要进行不少于 20 次的内容编辑。

4．数据分析

此次模拟实验的总编辑次数为 242，其中高可信用户编辑 130 次，非高可信用户编辑 112 次，分布情况如图 5-28 所示。系统应用上述内容进化智能有序控制方法自动接受内容编辑 156 次，自动拒绝内容编辑 86 次，分布情况如图 5-29 所示。

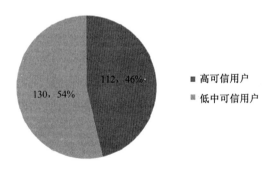

图 5-28　高、低中可信用户的内容编辑次数分布情况

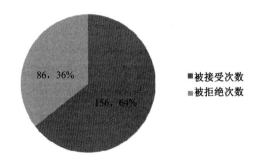

图 5-29　系统自动接受和拒绝的内容编辑次数分布情况

　　研究者逐个检查模拟用户的内容编辑记录，分析内容编辑的质量，判断系统自动接受或拒绝的正确性。在自动接受的 156 次编辑中，其中的 132 次编辑处理结果是正确的，准确率为 84.61%；在自动拒绝的 86 次编辑中，其中的 69 次编辑处理结果是正确的，准确率为 80.23%；所有编辑次数的智能控制准确率 precision = 201 / 242 = 83.06%（见图 5-30）。

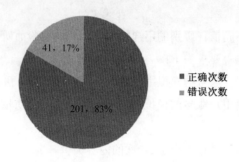

图 5-30　系统进行智能控制的准确率

5. 结果讨论

　　此次模拟实验的结果显示，智能有序控制方法的整体控制准确率取得了较为理想的效果，达到 83.06%。自动拒绝操作的准确率与自动接受操作的准确率相比稍微偏低，换句话说，自动拒绝操作较之自动接受操作的失误率较高。通过对编辑历史数据的分析发现，一些低可信用户在某些学习元上编辑了合适的内容，但由于语义相似度计算的结果小于 SRT，结果被系统自动拒绝。

　　下面一段话是"t1219479821"用户在"信息技术与课程整合和 CAI 区别"学习元中编辑的一段内容：

　　"计算机辅助教学（Computer Aided Instruction，CAI）是在计算机辅助下进行的各种教学活动，以对话方式与学生讨论教学内容、安排教学进程、进行教学训练的方法与技术。CAI 为学生提供一个良好的个人化学习环境。综合应用多媒体、超文本、人工智能和知识库等计算机技术，克服了传统教学方式上单一、片面的缺点。它的使用能有效地缩短学习时间、提高教学质量和教学效率，实现最优化的教学目标。"

　　应用 5.6.3 节的语义相似度计算方法，得出上述内容与"信息技术与课程整合和 CAI 区别"学习元语义基因的语义相似度为 0.231<0.5，且"t1219479821"用户的信任度为 0.01，属于低可信用户。因此，系统自动将此次编辑否决。但实际上上述内容与"信息技术与课程整合和 CAI 区别"学习元表达的核心内容是一致的，很好地补充了该学习元的内容。

　　此外，通过分析编辑数据还发现一些用户插入了图片、视频和动画，由于无法获取图片、视频和动画传递的文本信息，因此难以计算语义相似度，导致低可信用户插入优秀图片、视频、动画等多媒体内容无法被系统接受。

　　通过此次模拟实验发现两个问题：一是语义相似接受阈值 SAT（0.5）的设置偏高，采用余弦系数法得出的语义相似度普遍偏低，即使是与当前学习元的表达主题非常一致的编辑内容，得出的语义相似度也很难超过 0.5；二是对于多媒体内容难以进行相似度计算，基本上完全依赖用户的信任度进行判断，因此，在处理多媒体编辑内容上准确性较低。针对上述两个问题，下一步一方面需要适当降低 SAT，并根据 LCS 平台的实际运行数据不断调整优化；另一方面需要应用视频文本提取、FLASH 文本提取等技术实现多媒体文本信息的提取，之后进行文本语义相似度的比较，提高对多媒体内容智能控制的准确率。

5.7.2 实际应用

1. 总体应用效果

内容进化的智能有序控制方法于 2012 年 2 月 1 日正式在 LCS 平台中运行。截至 2012 年 3 月 1 日，运行整一个月。图 5-31 显示了 LCS 平台中的资源进化控制日志，详细记录了每条编辑记录的编辑时间、编辑原因、编辑者、审核结果与审核方式。这里的审核方式有三种：一是由学习元的管理者手动审核的；二是由系统自动审核的，即采用智能有序控制方法实现的自动审核；三是学习元的管理者和正式协作者进行的内容编辑不需要审核，即无须审核。

图 5-31　LCS 中的学习元进化控制日志

通过对 2012 年 2 月 1 日—3 月 1 日 LCS 后台监控日志的数据统计，发现一个月内共有 3938 次的编辑记录。图 5-32 显示了自动审核次数、手动审核次数、无须审核次数所占的比例，其中 87.84%的内容编辑是由资源的管理者和正式协作者完成的，8.63%的内容审核是通过系统自动审核完成的，3.53%的内容审核是由人工审核完成的。除无须审核的内容编辑外，共有 497 次编辑需要审核。图 5-33 显示了在所有需要审核的内容编辑中，自动审核与手动审核各自所占的比例。其中 340 次由智能控制程序自动审核（70.98%），139 次由人工完成审核（29.02%）。结果表明，智能控制程序减轻了约 70%的内容审核工作量。

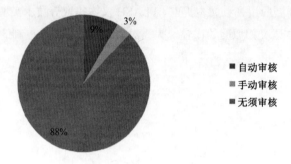

图 5-32　LCS 中三种审核方式各自所占比例

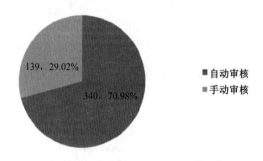

图 5-33　LCS 中自动审核与手动审核的比例

　　图 5-34 显示了所有自动审核的编辑记录中，自动接受与自动拒绝操作各自所占的比例。自动接受的总次数为 277，占自动审核总次数的 81.47%；自动拒绝次数为 63，占自动审核总次数的 18.53%。数据统计结果表明，2012 年 2 月 1 日—3 月 1 日 LCS 中绝大多数的编辑都被系统自动接受，同时也表明近期 LCS 平台中资源进化效果比较理想，恶意编辑较少。通过进一步对编辑者的数据进行分析，发现活跃的编辑用户绝大多数属于高可信用户（trust value >0.6）。智能有序控制有一个默认的假设，即高可信用户进行的操作是可靠的。因此，依据智能控制流程，这些高可信用户进行的编辑操作会被系统自动接受。反过来，用户编辑的接受率同样也会影响用户的信任度（见 5.3 节的信任评估模型），进一步提高善意用户的信任度，降低恶意用户的信任度。

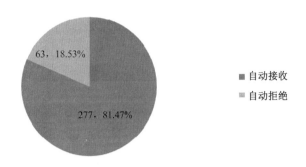

图 5-34　LCS 中自动审核与人工审核内容编辑的比例

为进一步检验 LCS 平台中近 3 个月资源进化智能控制的效果,研究者随机从进化控制日志中审核方式为"自动"的 150 条记录进行了抽检,计算智能控制的准确率。结果显示,提取的 150 条编辑记录中,有 124 条的判断结果是正确的,准确率为 82.67%,略低于模拟实验的结果(见图 5-35)。

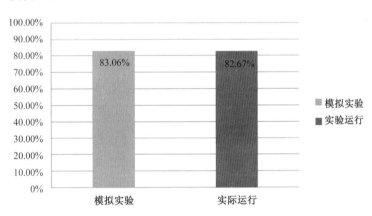

图 5-35　模拟实验和实际运行的智能控制准确率

随着 LCS 中注册用户数量的增长,用户群体将越来越丰富,用户的操作也将越来越复杂和难以预测,智能控制的准确率还需要根据实际情况做进一步的统计分析,并依据结果不断完善智能控制方法。

2. 进化控制案例

为进一步说明 LCS 中应用内容进化智能控制方法的效果,接下来对两个资源案例的内容进化过程进行分析说明,案例分别是"跨越式项目语文课堂教学实践常见问题解答"和"跨越式课题语文学科教学理念问答"。

案例 1:跨越式项目语文课堂教学实践常见问题解答

"跨越式项目语文课堂教学实践常见问题解答"学习元于 2012 年 2 月 28 日由"toyusq"

用户创建，截至 2012 年 3 月 28 日，进化持续整一个月，共被 18 个用户编辑 35 次。图 5-36 显示了该学习元的所有修订历史，包括修订时间、贡献者、更改原因、审核结果、审核方式、备注等信息。

修订时间	版本	贡献者	审核者	更改原因	审核结果	审核方式	备注
2012-3-28 11:27	查看	wujuan		在原有描述的基础上，对第一课时的操作进一步细化。	接受	自动审核	慕可信用户的可靠操作
2012-3-22 23:32	查看	余胜泉		补充正确理解跨越的内涵	接受	无需审核	
2012-3-12 21:42	查看	star		修改样式；	接受	自动审核	内容格式完善(增删标点,图片,修改字体等)
2012-3-12 21:41	查看	star		修改样式；	拒绝	自动审核	无任何操作
2012-3-5 13:30	查看	chenjie	余胜泉	补充写作课方面的问题。问题的描述来自于教师提问，但语言表述上，也许考虑到笔者的理解。	接受	手动审核	
2012-3-2 11:48	查看	star		dddd	拒绝	自动审核	新加内容和语义基因的的语义差异较大
2012-3-2 11:41	查看	star	余胜泉	delete contents	拒绝	手动审核	审核者反对该修改
2012-3-2 11:41	查看	star		noxxxx	拒绝	自动审核	无任何操作
2012-2-29 9:32	查看	yeekee		添加地球	拒绝	自动审核	新加内容和语义基因的的语义差异较大

图 5-36　案例 1 的修订历史页面

2012 年 2 月 18 日 22:10:57 "toyusq" 用户编辑产生了该学习元第一个版本的内容（见图 5-37），制订了初始的目录结构，并填充了第一部分有关 "拼音课教学目标分配" 的内容。随后，"liujunsheng""panna" 等用户补充了 "识字课教学流程""阅读课拓展材料选取" 等内容。到 2012 年 2 月 19 日 11:00 该学习元的内容进化结果如图 5-38 所示。

图 5-37　案例 1 第 1 次编辑后的内容页面

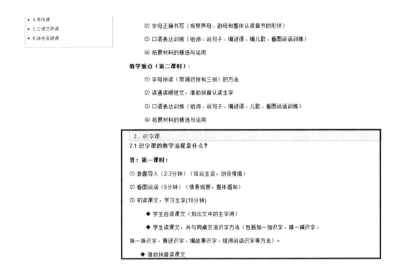

图 5-38　案例 1 第 9 次编辑后的内容页面

2012 年 2 月 19 日 11:22“noteexxx”用户进行了第 10 次内容编辑，通过查看历史记录，发现该用户将“识字课”部分的内容进行了恶意删除，并添加了一些重复的“低级错误”内容，系统自动拒绝此次内容修改，并提示“恶意用户的非法操作，可能是恶意删除”（见图 5-39 和图 5-40）。

2012-2-19 18:33	查看	李敏	余胜泉	添加	接受	手动审核	
2012-2-19 18:22	查看	李敏	余胜泉	添加	拒绝	手动审核	审核者反对该修改
2012-2-19 11:22	查看	noteexxx		修改内容;	拒绝	自动审核	恶意用户的非法操作，可能是恶意删除

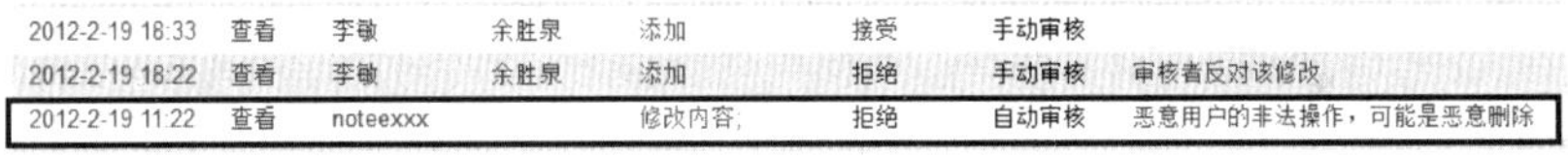

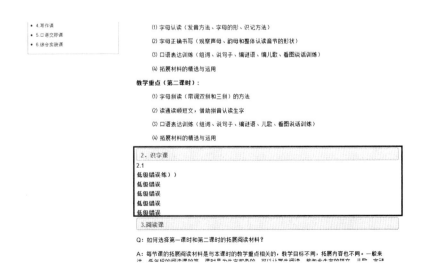

图 5-39　案例 1 第 10 次内容编辑被自动拒绝

图 5-40　案例 1 第 10 次编辑后的内容页面

2012 年 2 月 23 日 9:57 "bnu 张小艳"用户进行了第 20 次内容编辑,该用户添加了"拼音课教学模式"相关内容,系统自动接受此次内容修改,并提示"高可信用户的可靠操作",说明该用户是 LCS 中的高可信用户,其操作将被系统自动接受(见图 5-41)。

2012-2-23 10:17	查看	bnu张小艳	拼音课教学要点和注意问题。	接受	自动审核	高可信用户的可靠操作
2012-2-23 10:09	查看	bnu张小艳	添加教学模式	接受	自动审核	高可信用户的可靠操作
2012-2-23 9:57	查看	bnu张小艳	添加拼音教学模式	接受	自动审核	高可信用户的可靠操作

图 5-41 案例 1 第 20 次内容编辑被自动接受

2012 年 2 月 29 日 9:32 "yeekee"用户进行了第 27 次内容编辑,该用户添加了"地球结构"相关内容,被系统自动拒绝,并提示"新加内容和语义基因的语义差异较大",说明此次添加的内容和该学习元的语义基因毫不相关。随后,"star"用户进行第 28 次内容编辑,没有进行内容修订而直接在内容编辑页面点击了"提交",也被系统拒绝,提示"无任何操作"(见图 5-42 和图 5-43)。

2012-3-2 11:41	查看	star	noxxxxx	拒绝	自动审核	无任何操作
2012-2-29 9:32	查看	yeekee	添加地球	拒绝	自动审核	新加内容和语义基因的语义差异较大
2012-2-27 20:51	查看	陈玲	添加	接受	自动审核	高可信用户的可靠操作

图 5-42 案例 1 第 27、28 次内容编辑被自动拒绝

查看历史页面

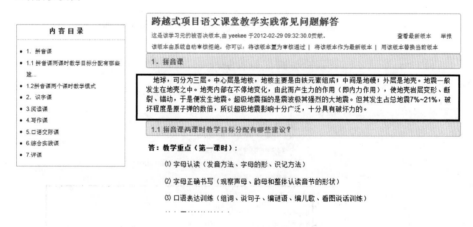

图 5-43 案例 1 第 27 次编辑后的内容页面

2012 年 3 月 12 日 21:42 "star"用户进行了第 33 次内容编辑,该用户修改了内容的样式,将部分内容标题进行了加粗显示,被系统自动接受,并提示"内容格式完善"(见图 5-44)。

2012-3-28 11:27	查看	wujuan	在原有描述的基础上，对第一课时的操作进一步细化。	接受	自动审核	高可信用户的可靠操作
2012-3-22 23:32	查看	余胜泉	补充正确理解跨越的内涵	接受	无需审核	
2012-3-12 21:42	查看	star	修改样式；	接受	自动审核	内容格式完善(增删标点,图片,修改字体等)

图 5-44　案例 1 第 33 次内容编辑被自动接受

截至 2012 年 3 月 28 日，监控数据显示，在 35 次的内容编辑中，有 14 次审核是通过系统智能控制程序自动完成的，但其中有 2 次审核有误（第 14 次和 15 次），经过创建者手动审核修正（人工修正后将审核方式自动改为人工审核），13 次审核是通过手工方式完成的，8 次操作由学习元的创建者和协作者完成，不需要经过审核（见表 5-14）。

表 5-14　案例 1 中三种不同审核方式所占比例和准确率

	自动审核	手动审核	无须审核
次数	14	13	8
百分比	40.00%	37.14%	22.86%
准确率	85.71%	100%	100%

案例 2：跨越式课题语文学科教学理念问答

"跨越式课题语文学科教学理念问答"学习元于 2012 年 2 月 17 日由"toyusq"用户创建，截至 2012 年 3 月 27 日，进化持续整一个月，共被 13 个用户编辑 32 次。图 5-45 显示了该学习元的所有修订历史。

跨越式课题语文学科教学理念问答　共被编辑 33 次

修订时间	版本	贡献者	审核者	更改原因	审核结果	审核方式	备注
2012-3-27 17:27	查看	yeekee		ddddd	拒绝	自动审核	无任何操作
2012-3-22 23:29	查看	余胜泉		补充跨越的内涵	接受	无需审核	
2012-3-22 23:03	查看	余胜泉		添加内容；	接受	无需审核	
2012-3-13 22:06	查看	刘禹		添加内容；	接受	自动审核	高可信用户的可靠操作
2012-3-5 11:06	查看	余胜泉		修改内容；	接受	无需审核	
2012-2-29 9:29	查看	yeekee		添加发动机资料	拒绝	自动审核	新加内容和语义基因的语义差异较大
2012-2-29 8:40	查看	yeekee	余胜泉	添加发动机	拒绝	手动审核	审核者反对该修改
2012-2-29 8:39	查看	yeekee	余胜泉	添加公务员信息	拒绝	手动审核	审核者反对该修改
2012-2-29 8:37	查看	yeekee		删除内容	拒绝	自动审核	前后内容语义差异较大，可能是恶意删除
2012-2-28 18:25	查看	余胜泉		补充理论基础	接受	无需审核	
2012-2-28 18:22	查看	余胜泉		扩展写"改成"随堂写"	接受	无需审核	
2012-2-27 20:39	查看	陈玲		添加	接受	自动审核	高可信用户的可靠操作
2012-2-25 11:49	查看	songjietest		添加内容；	拒绝	自动审核	新加内容和语义基因的语义差异较大
2012-2-25 8:35	查看	yeekee		听英语他	拒绝	自动审核	无任何操作
2012-2-25 8:33	查看	yeekee	余胜泉	添加内容；	拒绝	手动审核	审核者反对该修改
2012-2-21 12:24	查看	刘禹	刘禹	调整段落格式；	拒绝	手动审核	管理员手动将系统接受的版本拒绝
2012-2-21 12:22	查看	刘禹		调整段落格式；	接受	自动审核	高可信用户的可靠操作
2012-2-21 12:18	查看	刘禹		修改内容；	接受	自动审核	高可信用户的可靠操作

图 5-45　案例 2 的修订历史页面

2012 年 2 月 17 日 20:35 "toyusq" 用户编辑产生了该学习元第一个版本的内容（见图 5-49），制订了初始的目录结构，并填充了各部分初始内容。随后，"panna""郑姝" "peace2382" 等用户相继进行了添加写作题目设置、调整段落格式等操作。到 2012 年 2 月 19 日 20：22 该学习元的内容进化结果如图 5-46 和图 5-47 所示。

查看历史页面

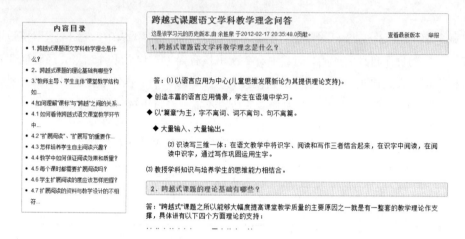

图 5-46　案例 2 第 1 次编辑后的内容页面

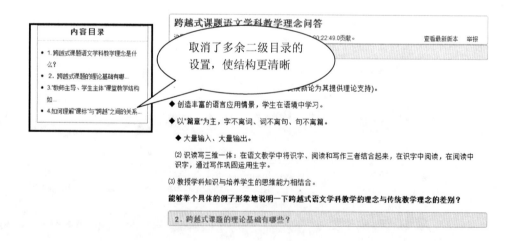

图 5-47　案例 2 第 8 次编辑后的内容页面

2012 年 2 月 19 日 21:47 "王志军 doc" 用户进行了第 10 次内容编辑，通过查看历史记录，发现该用户在第一部分 "跨越式课题语文学科教学理念是什么" 中添加了一个问题，系统自动接受此次内容修改，并提示 "高可信用户的可靠操作"，表明 "王志军 doc" 用户在 LCS 中具有较高的信任度，依据智能控制程序其操作被自动接受（见图 5-48 和图 5-49）。

2012-2-20 10:22	查看	liqingying	余胜泉	补充	接受	手动审核	
2012-2-19 23:01	查看	王志军.doc		增加学习元	接受	自动审核	高可信用户的可靠操作
2012-2-19 22:38	查看	王志军.doc		修改内容	接受	自动审核	高可信用户的可靠操作
2012-2-19 21:51	查看	王志军.doc		提问	接受	自动审核	高可信用户的可靠操作

图 5-48　案例 2 第 10 次内容编辑被自动接受

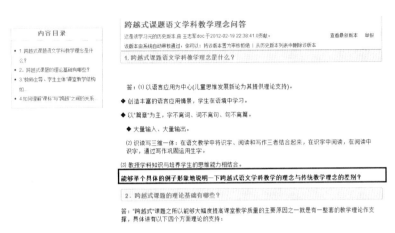

图 5-49　案例 2 第 10 次编辑后的内容页面

2012 年 2 月 25 日 8:35 "yeekee" 用户进行了第 19 次内容编辑,因为没有进行任何编辑操作,被系统自动拒绝,并提示 "无任何操作"。2012 年 2 月 25 日 11:49 "songjietest" 用户进行了第 20 次内容编辑,该用户添加了 "干露露" 相关新闻内容,系统自动拒绝此次内容修改,并提示 "新加内容和语义基因的语义差异较大",说明此次增加的内容和当前学习元的语义基因毫不相关(见图 5-50 和图 5-51)。

2012-2-28 18:22	查看	余胜泉	扩展写"改成随堂写"	接受	无需审核	
2012-2-27 20:39	查看	陈玲	添加	接受	自动审核	高可信用户的可靠操作
2012-2-25 11:49	查看	songjietest	添加内容	拒绝	自动审核	新加内容和语义基因的语义差异较大

图 5-50　案例 2 第 20 次内容编辑被自动拒绝

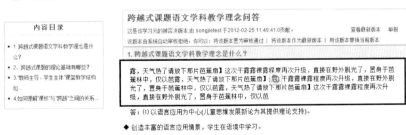

图 5-51　案例 2 第 20 次编辑后的内容页面

2012 年 2 月 29 日 8:40 "yeekee" 用户进行了第 28 次内容编辑，该用户添加了 "发动机" 相关内容，被系统自动拒绝，并提示 "新加内容和语义基因的语义差异较 大"，说明此次添加的内容和该学习元的语义基因毫不相关（见图 5-52 和图 5-53）。

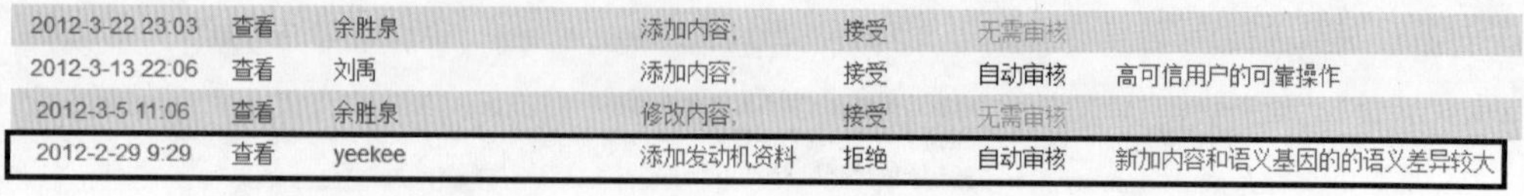

2012-3-22 23:03	查看	余胜泉	添加内容:	接受	无需审核	
2012-3-13 22:06	查看	刘禹	添加内容:	接受	自动审核	高可信用户的可靠操作
2012-3-5 11:06	查看	余胜泉	修改内容:	接受	无需审核	
2012-2-29 9:29	查看	yeekee	添加发动机资料	拒绝	自动审核	新加内容和语义基因的的语义差异较大

图 5-52　案例 2 第 28 次内容编辑被自动拒绝

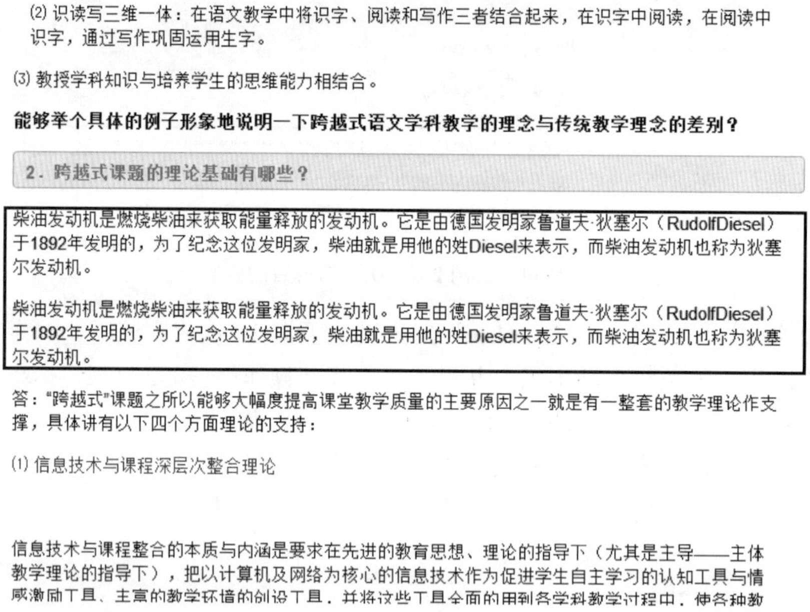

(2) 识读写三维一体：在语文教学中将识字、阅读和写作三者结合起来，在识字中阅读，在阅读中识字，通过写作巩固运用生字。

(3) 教授学科知识与培养学生的思维能力相结合。

能够举个具体的例子形象地说明一下跨越式语文学科教学的理念与传统教学理念的差别？

2. 跨越式课题的理论基础有哪些？

柴油发动机是燃烧柴油来获取能量释放的发动机。它是由德国发明家鲁道夫·狄塞尔（RudolfDiesel）于1892年发明的，为了纪念这位发明家，柴油就是用他的姓Diesel来表示，而柴油发动机也称为狄塞尔发动机。

柴油发动机是燃烧柴油来获取能量释放的发动机。它是由德国发明家鲁道夫·狄塞尔（RudolfDiesel）于1892年发明的，为了纪念这位发明家，柴油就是用他的姓Diesel来表示，而柴油发动机也称为狄塞尔发动机。

答："跨越式"课题之所以能够大幅度提高课堂教学质量的主要原因之一就是有一整套的教学理论作支撑，具体讲有以下四个方面理论的支持：

(1) 信息技术与课程深层次整合理论

信息技术与课程整合的本质与内涵是要求在先进的教育思想、理论的指导下（尤其是主导——主体教学理论的指导下），把以计算机及网络为核心的信息技术作为促进学生自主学习的认知工具与情感激励工具、主室的教学环境的创设工具，并将这些工具全面的用到各学科教学过程中，使各种教

图 5-53　案例 2 第 28 次编辑后的内容页面

截至 2012 年 3 月 27 日，监控数据显示，在 33 次的内容编辑中，有 15 次审核是通过系统智能控制程序自动完成的，但其中有 1 次审核有误（第 7 次），经过创建者手动审核修正，10 次审核是通过手工方式完成的，8 次操作由学习元的创建者和协作者完成，不需要经过审核（见表 5-15）。

表 5-15　案例 2 中三种不同审核方式所占比例和准确率

	自动审核	手动审核	无须审核
次数	15	10	8
百分比	40.00%	30.30%	29.70%
准确率	93.33%	100%	100%

　　总的来说，本书提出的基于语义基因和信任评估模型的内容进化智能控制方法可以对资源内容协同编辑的结果进行智能审核，实现对资源进化方向的智能控制，有效减轻资源管理者人工审核内容版本的负担。该方法的不足在于：①难以对用户编辑的多媒体内容（如视频、动画等）实现有效的智能控制；②资源语义基因和资源/用户信任度的更新需要耗费大量的计算资源，导致难以实时反映资源语义基因和资源/用户信任度的变化，在一定程度上影响了智能控制的准确率。

　　基于此，后续工作将聚焦 3 个方面：①引入视频语义信息提取技术，将视频表达的语义信息转化为视频资源的语义基因；②研究语义基因的进化问题，在资源变动的同时实现语义基因的实时更新；③提高资源内容进化智能控制方法的运行效率，优化相关算法。

第 6 章

Chapter 6

资源语义关联与聚合

01
Section 资源关联与聚合研究现状

6.1.1 学习资源关联技术研究

学习资源间的关联在资源进化过程中具有极其重要的价值和地位。学习资源间丰富的语义关联，一方面可以增强资源个体之间的连通，提高各自被浏览或内容编辑的概率，促进资源的快速进化；另一方面还可以为学习资源动态聚合成更大粒度、具有内在逻辑联系的资源群提供数据基础。当前的 e-Learning 资源普遍缺乏关联性，因为资源之间的联系是通过一般的超链接形成的人为关联，基于HTML 的数据组织不能体现数据内在的语义联系[1]。各种开放知识社区（Wikipedia、Google Knol、Cohere、Cloudworks、Freebase 等）中，知识单元间也主要通过多媒体编辑器、关系编辑器或属性编辑页面等以人工方式建立关联。如何动态建立、发展、挖掘资源之间的各种语义关联，是实现资源关联进化急需解决的重要问题。

学习对象（Learning Object，LO）是当前 e-Learning 领域非常重要的一种资源形态，国内外已有学者对学习对象的关联技术进行了研究，主要集中在关系元数据设计[2,3]、关联展现方式设计[4,5]、相似度度量[6]、关联路径搜索[7]、自动化组装[8]等方面。当前学习对象的

---

[1] 邵国平，余盛爱，郭莉. 语义 Web 对 e-Learning 中资源管理的促进[J]. 江苏广播电视大学学报，2008，19(5): 23-26.

[2] Carsten Ullrich. The learning-resource-type is dead, long live the learning-resource-type[J]. Learning Objects and Learning Designs,2001, 1(1): 7-15.

[3] Eric Jui-Lin Lu, & Chin-Ju Hsieh.A Relation Metadata Extension for SCORM Content Aggregation Model[J]. Computer Standards & Interfaces, 2009, 31:1028-1035.

[4] 吕翘楚，杜辉. 基于知识地图的学习内容管理系统的系统设计[J]. 硅谷，2010，(8): 57-58.

[5] 施岳定，张树有，项春. 网络课程中知识点的表示与关联技术研究[J]. 浙江大学学报（工学版），2003，37（5）: 508-511.

[6] 张骞，张霞，刘积仁. SCORM 学习资源的语义相似度度量[J]. 华中科技大学学报（自然科学版）增刊，2003，31（10）: 296-298.

[7] 李艳燕. 基于语义的学习资源管理及利用[D]. 北京：中国科学院，2005.

[8] Robert G. Farrell, Soyini D. Liburd, & John C. Thomas. Dynamic Assembly of Learning Objects[C]. In Proceedings of the 13th international World Wide Web conference on Alternate track papers & posters (WWW Alt. '04). ACM, New York, NY, USA, 2004: 162-169.

关联技术研究存在两个方面的不足：一方面，在关联关系的表示上多采用静态的元数据描述技术，未从语义层面考虑资源之间的关联关系，缺乏对资源关联的规范化描述；另一方面，虽然有些研究开始从资源本体的角度考虑语义关系的计算，但多限于相似关系的度量，而忽视了其他资源语义关系（如前序、后继、相反等）的动态发现。

基于此，这里提出一种综合应用语义基因，基于规则的推理、关联规则挖掘等技术实现资源动态语义关联的方法，以弥补当前学习资源关联技术存在的不足，促进泛在学习资源的关联进化。

6.1.2　学习资源聚合技术研究

数据挖掘领域产生了大量聚类算法，突出的成果有 DBSCAN 算法、STING 算法、K-MEANS 算法和 BIRCH 算法[1]。以这些聚类算法为核心的聚类分析技术，目前主要用于网络文档的自动分类。近年来，随着聚类分析技术的逐步成熟和推广应用，教育技术学领域的少数研究者也开始研究该技术在试题分组[2]、学习者分类[3,4]、课程资源分类[5]、知识分类[6]等方面的应用。然而，资源聚合不是简单的数据聚类，聚合的目的是对有内在逻辑关联的资源个体间进行聚集和融合，使其成为有助于促进学习的、有意义的资源结构体。数字化学习领域的资源纷繁复杂、媒体形式多样，上述聚类算法难以直接迁移至应用。

在图书情报领域，资源整合是数字图书馆建设中的基础工程[7]，已有很多学者对网络资源的整合问题进行了研究。李强对高校图书馆与院系资料室整合机制进行了探讨[8]。单永刚提出一种基于元模型的数字资源整合方法[9]。王浩对基于 MAP（Millennium Access Plus）工具的数据库资源整合方法进行了介绍，指出该工具可以屏蔽多个数据库之间的异构性，对数据库资源进行有效整合[10]。图书情报领域在资源整合方面的代表性成果是两大学术文献服务平台，分别是 CNKI（http://www.cnki.net/）和 CALIS（http://www.calis.edu.cn/）。

[1] 贺玲，吴玲达，蔡益朝. 数据挖掘中的聚类算法综述[J]. 计算机应用研究，2007，24（1）：10-13.

[2] Castro, F., Vellido, A., Àngela Nebot, & Mugica, F..Applying Data Mining Techniques to e-Learning Problems[J]. Evolution of Teaching and Learning Paradigms in Intelligent Environment, 2007, 62:183-221.

[3] Tzouveli, P., Mylonas, P., & Kollias, S. An Intelligent e-Learning System Based on Learner Profiling and Learning Resources Adaptation[J]. Computers & Education, 2008, 51(1): 224-238 .

[4] 张弛，陈刚，王敏娟，王慧敏. 移动学习中片段式学习资源的设计研究[J]. 开放教育研究，2009，15（3）：67-72.

[5] 赵立江. 个性化学习系统的聚类技术[J]. 计算机辅助工程，2006，15（3）：59-61.

[6] 王勋，刘君强，魏贵义. 智能学习中的知识表示和知识聚类[J]. 计算机工程与应用，2003，39（7）：75-77.

[7] 胡翠红. 基于 5S 理论的数字图书馆资源整合研究[J]. 现代情报，2011，31（1）：44-46.

[8] 李强. 高校图书馆与院系资料室整合机制探讨[J]. 现代情报，2012，32（3）：170-172.

[9] 单永刚. 基于元模型的数字资源整合方法的研究与实现[J]. 现代情报，2011，31（6）：76-79.

[10] 王浩. 图书馆网络信息资源整合工具——MAP 及其启示[J]. 现代情报，2010，30（5）：73-77.

从上述研究和实践领域成果可以看出，图书情报领域进行的资源整合研究，最终目的是将异构数据库中的信息进行集中以促进信息流通和共享。这里的资源整合不等同于资源聚合，整合仅仅将分散的资源统整到一起，而聚合则是整合基础上的进一步细分。如果说资源整合是物理反应的话，资源聚合则是一种化学反应。聚合的结果是要形成新的、更能体现知识体系的资源结构体。虽然部分学者对资源聚合技术也进行了探索，如基于 RSS 的信息聚合[1,2]、基于 Portlet 与 Web Service 的信息聚合[3]、基于语义的资源聚合[4]等，但从探讨的内容上看，仍然属于资源整合层面的研究。

综上所述，上述资源聚类与资源整合方面的研究还未上升到"聚合"层次。面对急速扩展的学习资源空间，如何构建资源的动态语义聚合方法与技术，目前鲜有学者进行此方面的研究。因此，本书希望能在学习资源语义关联基础上，探索一种学习资源的动态语义聚合方法，在一定程度上解决数字化学习资源分散无序、检索困难等现实问题。

[1] 陈峰，熊励. 基于 RSS 信息服务联盟的内容聚合技术研究[J]. 计算机技术与发展，2009，19（1）：9-12.

[2] 戴明陆. 基于 RSS 的内容聚合在学术领域的应用研究[D]. 长春：吉林大学，2009.

[3] 杜丰，邸德海，杨洁. Portlet 与 Web Service 实现校园门户的信息聚合[J]. 中山大学学报（自然科学版），2009，48（z1）：192-294.

[4] 贺德方，曾建勋. 基于语义的馆藏资源深度聚合研究[J]. 中国图书馆学报，2012（7）：79-87.

02 语义关联与聚合整体框架
Section

这里提出了学习资源动态语义关联与聚合的技术框架（见图 6-1）。应用知识本体库中的各种概念、属性对学习元进行语义标注，形成包含各种标准化描述信息的语义资源空间。为了动态发现资源之间的各种语义关系，这里一方面借助中文 WordNet 语义词典，对资源的语义基因进行关系计算；另一方面采用基于规则的推理技术，发现语义信息空间中不存在直接关系的资源间的关联，关于推理机的选取直接应用 JENA 框架中内置的推理机，在现有各种资源关系的基础上编写各种关联规则，让推理机自动推出新的资源关联。

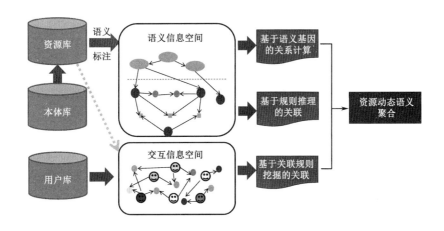

图 6-1　关联进化中的动态语义关联与聚合技术框架

此外，这里对文本挖掘领域常用的关联规则挖掘技术进行了改进，加入了基于语义基因的语义约束，对用户与资源交互过程中产生的各种交互信息（如收藏、订阅等）进行挖掘，以发现无明显语义关系但却具有潜在关联的资源关系。最后，在发现各种资源关联的基础上，设计一种资源动态聚合的方法将具有内在逻辑关系的多个资源个体自动聚合为特定形态的资源群（主题资源圈、有序知识链）。关于聚合形态的定义见 6.5.1 节。

03
Section 学习资源的语义关系设计

　　Carsten Ullrich[1]认为 SCORM 的 CAM 中定义的关系元数据仅能描述结构导向的关系，而无法有效描述语义层面的关系。因此，有些学者从语义层面去补充完善 SCORM CAM 中的关系元数据。Eric Jui-Lin Lu & Chin-Ju Hsieh[2]在概括分析已有扩展关系元数据研究成果的基础上，对 SCORM CAM 中的关系元数据进行了扩展（见表 6-1），并通过调查验证了这些关系元数据的有效性。

表 6-1　扩展的 15 种关系元数据

Law	Theorem	Process	Procedure
Guideline	Introduction	Remark	Conclusion
Definition	Illustration	Counterexample	Example
Demonstration	Proof	Evidence	

　　SCORM CAM 中的关系元数据定义的比较简单实用，表 6-1 扩展的 15 种关系元数据虽然弥补了语义层面关系定义的不足，但在中文环境下表述容易产生混淆，比如 Process、Law 等作为关系属性显得有些牵强。综合考虑，这里以 SCORM CAM 关系元数据为核心（去除 hasFormat、isFormatOf、isVersionOf、hasVersion 等），适当吸收 Eric Jui-Lin Lu & Chin-Ju Hsieh 定义的扩展关系元数据，作为知识本体中的初始关系属性集，见表 6-2。

　　需要说明的是，表 6-2 中的 32 种资源语义关系仅作为 LCS 中的初始关系集合，为了支持语义关系的可扩展性，LCS 设计了一种语义关系协同创建的机制（见图 6-2），允许普通用户在使用过程中不断补充关系属性，通过系统审核后的新关系属性将自动补充到语义

[1] Carsten Ullrich.The learning-resource-type is dead, long live the learning-resource-type[J]. Learning Objects and Learning Design, 2001, 1(1):7-15.

[2] Eric Jui-Lin Lu, & Chin-Ju Hsieh. A Relation Metadata Extension for SCORM Content Aggregation Model[J]. Computer Standards & Interfaces, 2009, 31: 1028-1035.

关系库中（语义关系库是知识本体库的一个子集）。

表 6-2　知识本体中的初始关系属性

isPartOf	hasPart	isVersionOf	hasVersion
isFormatOf	hasFormat	references	isReferencedBy
isBasedon	isBasisFor	requires	isRequiredBy
similarTo	relateTo	oppositeOf	equivalentWith
supplement	isSupplementedBy	isExampleOf	isCounterExampleOf
isUpperConceptOf	isSubConceptOf	isSubsequentOf	isPreviousOf
remark	isRemarkBy	guide	isGuidedBy
demonstrate	isDemonstratedBy	cause	isCausedBy

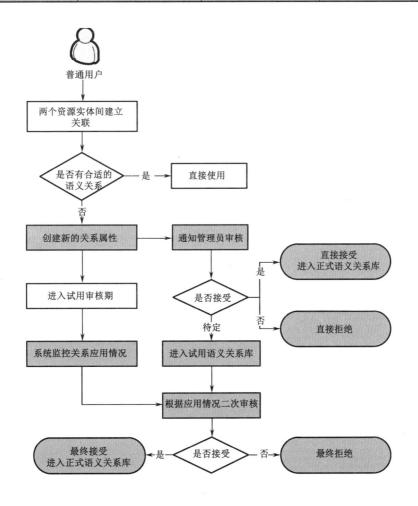

图 6-2　LCS 中的语义关系协同创建流程

　　图 6-3 是 LCS 中的资源语义关系管理页面，系统管理员可以增加、删除、修改、审核、查询各种资源关系。

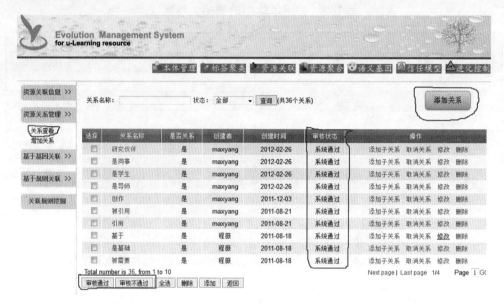

图 6-3　LCS 中的资源语义关系管理页面

04
Section
学习资源的动态语义关联

　　学习资源间的关联主要包括两种类型：一种是显性关联，另一种是隐性关联。显性关联是从语义出发基于系统已有的关系类型建立的资源关联，易被用户观察和识别；隐性关联是从语义上难以通过人工发现，但可以通过数据挖掘技术识别出来的潜在的资源关联。图 6-4 描述了 LCS 中学习资源的动态语义关联技术。在显性关联的建立上分别采用了基于规则的推理技术和基于语义基因的相似关系计算技术，在隐性关联的建立上主要采用了基于语义约束的关联规则挖掘技术。

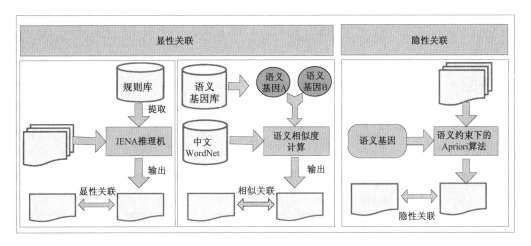

图 6-4　LCS 中学习资源的动态语义关联技术

6.4.1　基于规则推理的资源显性关联

　　JENA[1]是由 HP Lab 开发的一款用于 Semantic Web 应用程序开发的开源框架，除包含丰富的本体操作 API 外，还支持基于产生式规则的前向推理。e-Learning 领域的研究者们

---

[1] Yu, L. Y. JENA: A Framework for Development on the Semantic Web[M]. Springer Berlin Heidelberg, 2011.

已经开始应用 JENA 的推理功能实现个性化的学习指导[1]、信息检索[2,3]、适应性内容推荐[4]等。LCS 可以应用 JENA 框架操作本体模型，自定义各种产生式的关联规则，通过 JENA 推理机实现部分资源显性关联。

基于规则推理实现资源显性关联的基本流程如图 6-5 所示：首先，编写各种关联推理规则，并存储到推理规则库中；其次，JENA 推理机从规则库中提取规则，将规则绑定到本体模型；再次，JENA 推理机依据规则对本体模型进行推理；最后，将推理出的显性资源关联集合进行输出。

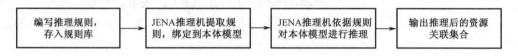

图 6-5　基于规则推理的资源显性关联流程

1. 基于 JENA 的关联推理规则设计

应用 JENA 框架实现基于规则推理的资源显性关联之前，有两项重要工作需要完成。首先，需要将与资源关联相关的数据采用 RDF 三元组形式存储到 JENA 支持的本体模型中。其次，要根据 JENA 推理机定义的规则形式编写各种关联规则，推理机会绑定这些规则并对本体模型进行推理，得到新的推理后的本体模型。针对表 6-2 中定义的关系属性，编写了 17 种关联推理规则（见表 6-3）。

表 6-3　基于 JENA 的关联推理规则

编号	规则描述
规则 1	(x lc:requires y)->(y lc:isRequiredBy x)
规则 2	(x lc:isUpperConceptOf y)->(y lc:isSubConceptOf x)
规则 3	(x lc:remark y)->(y lc:isRemarkBy x)
规则 4	(x lc:guide y)->(y lc:isGuidedBy x)
规则 5	(x lc:demonstrate y)->(y lc:isDemonstratedBy x)

[1] 陈和平，郭晶晶，吴怀宇，杨玲贤，吕洪敏，吴威. 基于 Ontology 和 JENA 的个性化 e-Learning 系统研究[J]. 武汉理工大学学报（交通科学与工程版），2007，31（6）：1049-1052.

[2] 耿科明，袁方. JENA 推理机在基于本体的信息检索中的应用[J]. 微型机与应用，2005，24（10）：62-64.

[3] Huang, C., Duan, R., Tang, Y., Zhu, Z., Yan, Y., & Guo, Y.. EIIS: An Educational Information Intelligent Search Engine Supported by Semantic Services[C]. International Journal of Distance Education Technologies (IJDET),2011, 9(1), 21-43.

[4] Ion-Mircea Diaconescu, Sergey Lukichev, & Adrian Giurca. Semantic Web and Rule Reasoning Inside of e-Learning Systems[J]. Studies in Computational Intelligence, 2008, 78: 251-256.

续表

编号	规则描述
规则 6	(x lc:supplement y)->(y lc:isSupplementedBy x)
规则 7	(x lc:similarTo y)->(y lc:similarTo x)
规则 8	(x lc:oppositeOf y)->(y lc:oppositeOf x)
规则 9	(x lc:relateTo y)->(y lc:relateTo x)
规则 10	(x lc:oppositeOf y)(y lc:oppositeOf z)->(x lc:similarTo z)
规则 11	(x lc:equivalentWith y)->(y lc:equivalentWith x)
规则 12	(x lc:isExampleOf y)(z lc:isCounterExampleOf y)->(x lc:oppositeOf z)
规则 13	(x lc:cause y)->(y lc:isCausedBy x)
规则 14	(x lc:isPreviousOf y)->(y lc:isSubsequentOf x)
规则 15	(x lc:isPreviousOf y)->(x lc:isbasedfor y)
规则 16	(x lc:references y)->(y lc:isreferencedby x)
规则 17	(x lc:ispartof y)->(y lc:haspart x)

需要说明的是，上述规则不是固定不变的，随着本体模型中属性的逐渐丰富，将会产生更多有意义的规则，只需将规则按照 JENA 规定的格式存入规则库，就可以用于资源显性关联的推理发现。这里以规则 6 定义为例解释 JENA 规则的代码表示：

String rule6="[(?x lc: supplement ?y) -> (?x lc: isSupplementedBy ?z)";

JENA 的每条规则都采用产生式表示，"→"左侧的部分表示推理的条件，"→"右侧的部分表示推理的结果，条件项和结果项都采用 RDF 三元组（Subject，Predicate，Object）的形式描述。规则 6 比较简单，条件项和结果项各包含一个三元组，实际上复杂规则的条件项和结果项可以包含多个三元组。

图 6-6 是 LCS 中的基于规则推理的关联规则管理页面，系统管理员可以增加、删除、修改、禁用、查询各种关联推理规则。

图 6-6　LCS 中基于规则推理的关联规则管理页面

2. 基于规则推理的资源关联算法

依托 LCS 使用 JENA 开源框架，这里实现了基于规则推理的资源显性关联，具体的算法流程如下：

名称：基于规则推理的资源显性关联算法
输入：资源本体模型和各种 JENA 推理规则
输出：三元组表示的资源关联集合
关键步骤：
Step1　从 LCS 的 JENA 数据表中加载本体模型 OntModel
Step2　从规则数据库中读取关联规则 Rules
Step3　创建 JENA 推理机实例 reasoner，将 Rules 绑定到 reasoner
Step4　应用 reasoner 对 OntModel 进行推理，得到推理后的本体模型 InfModel
Step5　调用 JENA 的 difference 方法对 InfModel 和 OntModel 进行减法操作，获取推理得到的所有三元组 Statements
Step6　循环读取 Statements，将 Subject、Object 属于资源实体，Predicate 属于关系属性的 Statement 存入 List 列表 stmList
Step7　算法结束，输出 stmList

6.4.2 基于语义基因的资源相似关系计算

基于语义基因的资源相似关系计算流程如图 6-7 所示。首先，基于通用的语义词典和领域本体计算语义基因中两两概念间的相似度；其次，结合概念在语义基因中的权重值设置相似度的权值；再次，将所有相似度进行加权平均得到两个语义基因的相似度；最后，根据设定的相似度阈值判断两个资源是否具有相似关系。

图 6-7　基于语义基因的资源相似关系计算流程

当前典型的中文语义词典有 HowNet、哈工大同义词词林和中文版 WordNet。HowNet 是一款商用词典，目前没有开源，需要购买才可以应用。哈工大同义词词林已经内嵌到 LCS 中，用于标签聚类，但其仅提供同义关系，而无概念的上下位关系，在概念相似度计算上具有较大的局限性。因此，本书选择开源的中文版 WordNet 作为语义词典。

1. WordNet 简介

WordNet（http://wordnet.princeton.edu/）是由 Princeton 大学的心理学家、语言学家和计算机工程师联合设计的一种基于认知语言学的英语词典。它不光是把单词以字母顺序排列，而且按照单词的意义组成一个"单词的网络"，其框架的合理性已被词汇语义学界和计算词典学界所公认[1]。WordNet 按照语义关系组织，它使用同义词集（Synset）代表概念，词汇关系体现在词语之间，语义关系体现在概念之间；一个词语属于若干个同义词集，而一个同义词集又包含若干个词语。东南大学在英文 WordNet 词典的原理基础上实现了中文版的 WordNet（以下简称 C-WordNet），包含约 118000 个中文词和 115400 个同义词集。C-WordNet 中词汇概念间的语义关系主要包括上下位、同义、反义、整体和部分、蕴含、属性、致使等不同的语义关系[2]。

2. 基于中文 WordNet 的词语相似度计算

目前，关于词语语义相似度的研究已经有不少的成果[3,4,5]。国际上主要应用 WordNet 进行英文词语相似度的研究。吴思颖等提出一种基于中文 WordNet 的中英文词语相似度计算方法（作者并未对此方法命名，这里将其简称为 3d-sim），该方法引入了距离、密度、深度 3 个因素来估计同义词集之间的相似度，并通过实验证明该方法计算的结果与人工判别结果基本一致，比基于《知网》的词汇语义相似度计算方法更容易让人们理解。

3d-sim 方法主要包括距离因子 σ、密度因子 ϕ、深度因子 ω 和综合的计算公式 sim。距离因子的计算公式为：

$$\sigma = \begin{cases} \sqrt{1 - \dfrac{length^2}{\theta^2}} & length < \theta \\ 0 & length \geqslant \theta \end{cases}$$

其中，length 为 2 个 synset 之间的距离，θ 为阈值参数。距离越大，σ 值就越小，当距离大于阈值时，σ 距离因子为 0。

密度越大，语义相似度越低。密度的计算从局部节点的个数入手。分别从 2 个当前节点出发向上走 3 层，每一层的节点个数分别记 PN_1、PN_2、PN_3。其间若 2 个节点相遇，则终止，并将其上层节点数计为 0，最终计算局部节点个数 PN。密度因子的计算公式为：

$$\phi = \frac{1}{\ln PN + 1} \qquad PN = PN_1 + \frac{PN_2}{PN_1} + \frac{PN_3}{PN_1}$$

PN_1 是当前节点所在层次的节点个数，PN_2、PN_3 依次为其上层节点个数。PN 值越大，

[1] 于江生，俞士汶. 中文概念词典的结构[J]. 中文信息学报，2002，16（4）：12-19.

[2] 吴思颖，吴扬扬. 基于中文 WordNet 的中英文词语相似度计算[J]. 郑州大学学报（理学版），2010，42（2）：66-69.

[3] 蔡东风，白宇，于水，叶娜，任晓娜. 一种基于语境的词语相似度计算方法[J]. 中文信息学报，2010，24（3）：24-28.

[4] P. Resnik. Semantic Similarity in a Taxonomy. An Information-Based Measure and its Application to Problems of Ambiguity in Natural Language[J]. Journal of Artificial Intelligence Research,1999(11): 95-130.

[5] Li P., Wang H., Zhu K.Q., et al. Computing Term Similarity by Large Probabilistic isA Knowledge[C].Proceedings of the 22nd ACM international conference on Conference on Information & Knowledge Management. ACM, 2013: 1401-1410.

表示密度越大，密度因子越小，且 PN≥1，使得 $0<\phi\leqslant1$。

深度越深，语义相似度越大。深度因子的计算公式为：

$$\omega=\begin{cases}\dfrac{\sqrt{|depth-E_d|}}{E_d} & depth\geqslant E_d \\ -\dfrac{\sqrt{|depth-E_d|}}{E_d} & depth<E_d\end{cases}$$

其中，depth 为该节点的深度，E_d 为整棵语义树中所有节点的平均深度，即当节点的深度大于均值时，其深度因子为正，否则为负。

综合考虑距离、密度、深度 3 个因素后的相似度计算公式为：

$$3d\text{-}sim(T_1,T_2)=\sigma+\alpha\times\overline{\phi}+\beta\times\overline{\omega}$$

$\overline{\phi}$ 和 $\overline{\omega}$ 分别为 T_1 和 T_2 的密度因子和深度因子的均值，α 和 β 分别为密度因子和深度因子的权重。

3. 基于领域本体的概念相似度计算

本体能够将各种概念及相互关系明确地、形式化地表达，因此在计算概念相似度方面发挥着重要的作用[1]。除了基于语义词典（如 WordNet、HowNet、FrameNet 等）进行概念相似度计算外，不少研究者从本体的角度提出了各种基于领域本体的概念相似度计算方法[2,3,4,5,6]。这些计算方法基本上可以归为三类：基于语义距离的概念相似度、基于内容的概念相似度和基于属性的概念相似度[7]。

基于语义距离的概念相似度计算的基本原理是：两个概念间的语义距离越小，说明它们的语义越相近，反之则语义越疏远。基于内容的概念相似度计算模型基本原理是：如果两个概念共享的信息越多，它们之间的语义相似度也就越大；反之则越小。基于属性的概念相似度计算模型的基本原理是：如果两个概念有很多属性相同，则说明这两个概念很相似；反之，则相反。通过判断两个概念对应的属性集的相似程度来计算概念相似度。

[1] 胡哲，郑诚. 改进的概念语义相似度计算[J]. 计算机工程与设计，2010, 31（5）: 1121-1124.

[2] Anna Formica. Ontology-based concept similarity in Formal Concept Analysis[J]. Information Sciences, 2006, 176(18): 2624-2641.

[3] Li, W.J., & Xia, Q.X.. A Method of Concept Similarity Computation Based on Semantic Distance[J]. Procedia Engineering,2011, (15): 3854-3859.

[4] Souza, K. X. S. D., & Davis, J. Aligning Ontologies and Evaluating Concept Similarities[J]. Lecture Notes in Computer Science, 2004, 3291: 1012-1029.

[5] Francisco,M. C., Mário, J. S., & Pedro M. C. Measuring Semantic Similarity between Gene Ontology Terms[J]. Data & Knowledge Engineering, 2007, 61(1): 137-152.

[6] TERVSKY A (1977). Features of Similarity[J]. Psychological Review,1997, 84(2): 327-352.

[7] 刘紫玉，黄磊. 基于领域本体模型的概念语义相似度计算研究[J]. 铁道学报，2011, 33（1）: 53-57.

当前，大多数本体概念相似度的研究都采用基于语义距离的思想。基本实现思路是：首先计算两个概念间的语义距离，然后再通过特定的公式将其转化为语义相似度。各种基于语义距离的概念相似度计算方法的区别，主要体现在距离公式的设计，距离到语义相似度转换，有向边权重设置等方面。考虑到语义距离模式的应用广泛性和成熟度，本书采用基于语义距离的概念相似度计算方法。张衷平等基于语义距离的核心思想，同时综合考虑概念深度、语义重合度、概念强度等影响因素，提出一种基于新的概念相似度计算方法[1]。

$$\text{Sim}(C_1, C_2) = 1 - \sqrt{\frac{1}{\text{OL}(C_1, C_2)} \times \frac{|\text{Dep}(C_1) - \text{Dep}(C_2)| + 1}{\text{Dep}(C_1) + \text{Dep}(C_2)} \times \frac{1}{\text{Int}(C_1, C_2)} \times \text{Dist}(C_1, C_2)}$$

其中，$\text{OL}(C_1, C_2)$表示两个概念的语义重复度，即本体内部概念间包含相同的上位概念个数；$\text{Dep}(C_1)$、$\text{Dep}(C_2)$分别表示 C_1 和 C_2 在概念树上所处的层级数；$\text{Int}(C_1, C_2)$表示概念 C_1 和 C_2 之间的强度，即两个概念节点的通路中最短路径上边的强度和。

4. 语义基因的相似度计算

这里采用吴思颖等提出的 3d-sim 方法计算两个概念间的相似值，进而计算两组语义基因的相似度。假如有两组语义基因 X 和 Y，$X = \{(C_{11}, C_{12}, C_{13}, \cdots, C_{1n}), (W_{11}, W_{12}, W_{13}, \cdots, W_{1n}), (\text{RS}_{11}, \text{RS}_{12}, \cdots, \text{RS}_{1t})\}$，$Y = \{(C_{21}, C_{22}, C_{23}, \cdots, C_{2m}), (W_{21}, W_{22}, W_{23}, \cdots, W_{2m}), (\text{RS}_{21}, \text{RS}_{22}, \cdots, \text{RS}_{2s})\}$，$n$ 为 X 中概念集合的概念数量，t 为 X 中概念关系三元组的数量，m 为 Y 中概念集合的概念数量，s 为 Y 中概念关系三元组的数量（见图 6-8）。

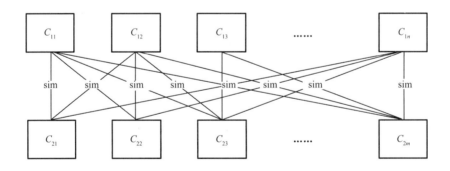

图 6-8　计算两两概念项的相似度

基于语义基因的相似关系计算的步骤为：首先将两组语义基因中的概念进行两两相似度计算；然后将所有相似值采用加权平均的方式计算得出两组基因的相似度；若结果大于或等于相似关系的阈值，则视两个资源存在相似关系；反之，则认为二者不存在相似关系（见图 6-9）。

[1] 张忠平，赵海亮，张志惠. 基于本体的概念相似度计算[J]. 计算机工程，2009，35（7）：17-19.

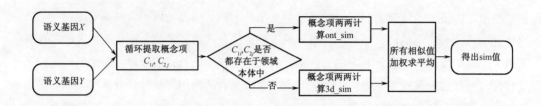

图 6-9 语义基因相似度计算

两个概念项相似度的权重公式为：

$$w(C_{1i}, C_{2j}) = \frac{W_{1i} + W_{2j}}{2}, \quad 1 \leqslant i \leqslant n, \ 1 \leqslant j \leqslant m, \ 0 < w < 1$$

语义基因相似度的计算公式为：

$$\mathrm{sim}(X, Y) = \frac{\sum_{i=1}^{n} \sum_{j=1}^{m} (3d - \mathrm{sim}(C_{1i}, C_{2j}) \times w(C_{1i}, C_{2j}))}{n \times m}, \quad 0 \leqslant \mathrm{sim} \leqslant 1$$

6.4.3 基于关联规则挖掘的资源隐性关联

关联规则挖掘是数据挖掘领域非常重要的一个课题，旨在发现大量数据中项集之间有趣的关联或相关联系。关联规则挖掘技术可以很好地应用于学习资源的动态关联，通过自动挖掘一些潜在的关联规则来促进资源实体间建立更丰富的关联关系。关联规则挖掘的经典算法是 Apriori 算法[1]，但其存在执行效率较差、易产生大量冗余规则等缺陷[2]。为了解决 Apriori 算法存在的缺陷，很多研究者对此进行了探索，提出了各种新的关联规则挖掘算法，比如 DHP（Direct Hashing and Pruning）算法[3]、多层次关联规则算法[4,5]、动态加权关联规则算法[6]等。上述关联规则挖掘技术都是基于统计学理论计算得出的统计相关性，而未考虑语义层面的相关性。近年来，随着本体技术的应用和发展，已有研究者开始尝试结合领域本体进行关联规则的挖掘[7,1]，借助语义信息提高关联规则挖掘的效果和效率已经成

[1] Agrawal, R., & Srikant, R. Fast algorithms for Mining Association Rules in Large Database[R]. Technical Report FJ9839, IBM Almaden Research Center, San Jose, CA, Jun. 1994.

[2] 毕建欣，张岐山. 关联规则挖掘算法综述[J]. 中国工程科学，2005，7（4）：89-93.

[3] Park, J. S., Chen, M. S., & Yu, P. S. An Effective Hash-BASED Algorithm FOR Mining Association Rules[C]. In Proc. 1995 ACM-SIGMOD Int. Conf. Management of Data (SIGMOD'95), pages 175 –186, San Jose, CA, May 1995.

[4] Srikant,R., & Agrawal,R. Mining generalized association rules[C]. Proceedings of the 21th International Conference on Very Large Databases, pages 407-419.Zurich, Switzerland, Sept 1995.

[5] 程继华，施鹏飞. 快速多层次关联规则的挖掘[J]. 计算机学报，1998，21（11）：1038-1041.

[6] 傅国强，郭向勇. 动态加权关联规则算法的分析与实现[J]. 计算机工程，2010，36（23）：79-81.

[7] 生佳根，刘思峰. 一种基于本体的关联规则挖掘方法[J]. 南京理工大学学报（自然科学版），2008，32（4）：401-405.

为关联规则挖掘领域的重点研究方向。

1. 关联规则的定义

韩家炜和堪博在《数据挖掘概念与技术（第 2 版）》中对关联规则进行了定义[2]：

假设 I 是项的集合，给定一个交易数据库 D，其中每个事务 t（Transaction）是 I 的非空子集，即每一个交易都与一个唯一的标识符TID（Transaction ID）对应。关联规则在 D 中的支持度（support）是 D 中事务同时包含 X、Y 的百分比，即概率；置信度（confidence）是包含 X 的事务中同时又包含 Y 的百分比，即条件概率。如果同时满足最小支持度阈值和最小置信度阈值，则认为关联规则是有趣的。这些阈值由用户或者专家设定。

下面列举了关联规则的一个简单例子。

表 6-4 是顾客购买记录的数据库 D，包含 6 个事务。项集 I={网球拍, 网球, 运动鞋, 羽毛球}。考虑关联规则（频繁二项集）：网球拍与网球，事务 1,2,3,4,6 包含网球拍，事务 1,2,6 同时包含网球拍和网球，支持度(X^Y)/D=0.5，置信度(X^Y)/X=0.6。若给定最小支持度 $\alpha=0.5$，最小置信度 $\beta=0.6$，认为购买网球拍和购买网球之间存在关联。

表 6-4　关联规则样例数据表

TID	网球拍	网球	运动鞋	羽毛球
1	1	1	1	0
2	1	1	0	0
3	1	0	0	0
4	1	0	1	0
5	0	0	1	1
6	1	1	0	0

2. 语义基因约束下的资源关联规则挖掘

LCS 中订阅和收藏是两种非常重要的用户与资源间的交互，应用关联规则挖掘技术可以发现被很多用户同时订阅/收藏的资源对集，而这些资源对间极有可能存在某种联系。如果 LCS 中有很多用户都收藏了标题为"红楼梦"和"西游记"的学习元，则可以推断"红楼梦"和"西游记"之间存在某种联系。

参照上述关联规则的定义，可以将 LCS 中的项集 I 表示为所有资源的集合，I={lc_1, lc_2, lc_3,…,lc_n}，n 为 LCS 中资源的总数量。事务分成两类：一类是订阅事务，即将一个用户 u

[1] Zhang L., Xia S.X., Zhou Y., & Xia Z. G. Study on Association Rules Mining Based on Semantic Relativity[J]. Journal of Southeast University (English Edition), 2008, 24(3): 358-360.

[2] （加）韩家炜，堪博著. 数据挖掘概念与技术[M]. 范明，孟小峰译. 北京：机械工业出版社，2007.

订阅的资源列表作为一个 st(subscribe transaction) 事务；另一类是收藏事务，即将一个用户 u 收藏的资源列表作为一个 ct(collect transaction)事务。订阅事务的数据表如表 6-5 所示，每个用户的 id 可以作为 st 事务的 id，1 表示已订阅，0 表示未订阅。同样，收藏事务的数据表也可以将用户的 id 作为 ct 事务的 id（见表 6-5）。

表 6-5　订阅事务数据表

stid	resid1	resid2	resid3	...	residn
user1	1	1	1	...	0
user2	1	1	0	...	1
user3	1	0	0	...	0
...	1	0	1	...	1
usern	1	1	0	...	1

传统的 Apriori 算法产生的候选集往往很大，导致计算时间长、效率低下，且容易产生大量的冗余规则。已有研究者通过初步探索，证明了领域本体支持下的关联规则挖掘能够取得更好的结果[1,2]。为了提高关联规则挖掘的效率和准确性，这里在 Apriori 算法基础上进行了改进，除考虑最小支持度（min_supp）、最小置信度（min_conf）外，还增加了最小语义相关度（min_semrel）指标来约束关联规则的产生，提出一种基于语义约束的关联规则挖掘算法（Semantic Constraint Apriori，SC-Apriori）。最小语义相关度是指频繁项中包含的实体之间的最小相似度，min_semrel 可以通过资源的语义基因进行计算。通过 min_semrel 一方面可以过滤掉很多毫无意义的候选项目集，提高算法效率，另一方面，有助于产生更高质量的关联规则。

接下来，对语义基因进行简要的解释说明。语义基因是指能够反映资源内容所要表达含义的基本信息单元，形式上表现为基于本体描述的带有权重的概念集合（包括核心概念以及概念间的关系）。语义基因可以形式化表示有序三元组，即 SG = <CS, WS, RS>，其中 CS 是核心概念集合，CS = $\{C_1, C_2, C_3, \cdots, C_n\}$；WS 是概念项的权重集合，WS = $\{W_1, W_2, W_3, \cdots, W_n\}$，所有权重之和等于 1；RS 为核心概念间的关系集，RS = $\{R_1, R_2, R_3, \cdots, R_n\}$，每个关系采用领域本体中的 RDF 三元组<Subject, Predicate, Object>表示，R_1 =<Concept1, Relationship, Concept2 >，这里的 Concept1 和 Concept2 不一定包含在 CS 中，可以是领域本体库的其他概念，Relationship 是从领域本体库中提取的概念关系。

语义相关度的计算可以采用空间向量的夹角余弦公式，将资源 A 和资源 B 的语义基因

[1] 生佳根，刘思峰. 一种基于本体的关联规则挖掘方法[J]. 南京理工大学学报（自然科学版），2008，32（4）：401-405.
[2] Zhang L., Xia S.X., Zhou Y., & Xia Z. G. Study on Association Rules Mining Based on Semantic Relativity[J]. Journal of Southeast University (English Edition), 2008, 24(3): 358-360.

分别转换为向量表示 SGA 和 SGB，基因中每个概念项的权重值作为向量元素。

$$semrel(A,B) = \cos(\theta) = \frac{SGA \cdot SGB}{\|SGA\| \cdot \|SGB\|}$$

min_supp、min_conf 和 min_semrel 三项指标支持下的 SC-Apriori 算法流程，如图 6-10 所示。

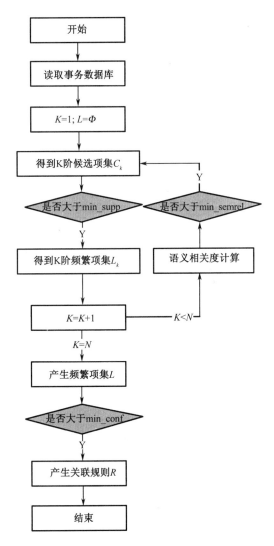

图 6-10　SC-Apriori 算法流程图

图 6-10 中的 N 表示关联规则挖掘中频繁项集的最高阶数。由于 LCS 中的资源关联旨在挖掘任意两个资源实体间的潜在关联关系，因此 SC-Apriori 算法中可以设置 N=2，只需要产生 2 阶候选项集和 2 阶频繁项集，即可挖掘出两个资源实体间潜在的关联。

6.4.4 资源关联的可视化展现

通过动态语义关联技术可以在不同的资源节点之间建立起各种语义关系，形成不断扩展的语义关系网络。为了直观地呈现整个资源语义空间，LCS 中采用 Flex 技术开发了如图 6-11 所示。每个节点代表一个学习元，连线表示学习元之间的语义关系。

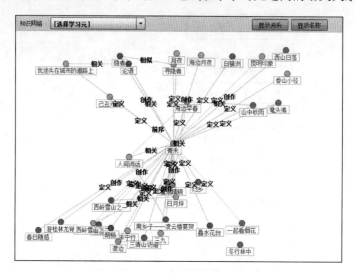

图 6-11　LCS 中的语义知识网络

05 学习资源的动态语义聚合
Section

学习资源的动态语义聚合不是简单地将多个学习资源组成一个资源集，而是通过技术手段将多个语义上具有强逻辑关系的资源按照特定的组织方式自动聚合成资源群（资源集合），且聚合结果不是一成不变的，会随着资源之间关联关系的变化而动态更新和发展。区别于数据挖掘中的文本自动分类或聚类，聚合的目的不是为了进行分类，而是自动生成具有内在逻辑关联的资源结构体。资源动态语义聚合的价值和意义主要体现在两个方面：一是可以实现多个小粒度的具有内在逻辑关系的资源单元集中呈现，通过资源的内聚，减轻学习者"机械性"检索资源的负担；二是可以将碎片化、零散性的知识组织成更加完整的知识单元，有助于学习者系统、全面地进行知识建构（见图 6-12）。

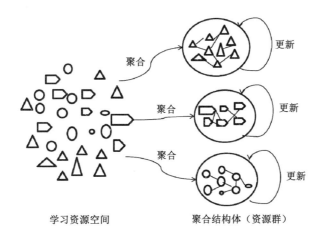

学习资源空间　　　　　　　　　　聚合结构体（资源群）

图 6-12　学习资源动态语义聚合

微型化已经成为当前数字化学习资源发展的重要趋势[1]，泛在学习环境下需要海量的、

---

[1] 顾小清，李舒愫. 共建微型移动学习资源：系统设计及实现机制[J]. 中国电化教育，2010，（2）：74-79.

内容丰富的、体现个性需求的、富交互的微型学习课件[1]。那么，资源的聚合是否与当前学习资源微型化的发展趋势相悖呢？微型化和聚合并不是互不相容的矛盾体，而是相互作用的连续体。学习资源的聚合并非否定微型化学习资源的价值，而更强调在资源微型化、碎片化基础上的再次聚合。从生态学的视角来看，学习资源的语义聚合也是资源生态系统进化的需要。资源个体间动态建立有意义的关联，并在此基础上进行动态聚合，将大大促进资源种群的形成与良性发展。

6.5.1 聚合形态设计

根据资源聚合结构的不同，可以将学习元的聚合划分为主题资源圈和有序知识链两种形态，每种形态具有各自的结构特点和适用情景。

1. 主题资源圈

将具有相同主题、语义上高度相关的多个资源聚合成主题资源圈，按照平行结构进行集中呈现（见图 6-13）。这种资源聚合形态的特点是资源间不存在上下位的层次关系，同属于某一主题，采用平行的列表方式呈现。

图 6-13　主题资源圈形式的资源聚合

---

[1] 杨现民，余胜泉．生态学视角下的泛在学习环境设计[J]．教育研究，2013，（3）：74-79.

2.　有序知识链

将多个具有前后序关系的资源聚合成有序知识链（见图 6-14），链条上的知识点具有显性的前序、后继关系，也就是说，按照正常的学习流程，需要先学完前一个知识点，才可进入到下一个知识点的学习。以"一元二次方程"为例，从定义到解法再到初级应用、高阶应用等，资源之间具有明显的前后关系。有序知识链是一种序列化结构，学习路径常常是固定的，学习者可以一步步地学习。有序知识链实际上起到一个知识导航的作用，减少网络学习中的"迷航"。

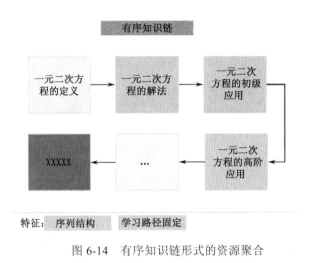

图 6-14　有序知识链形式的资源聚合

6.5.2　资源聚合方法

应用动态语义关联技术可以在资源空间的节点间建立起丰富的语义关系，将形成若干个如图 6-15 所示的采用有向图表示的关系空间。为了从大量的关系中挖掘出更大粒度的有意义的资源结构体，这里提出了两种不同的资源聚合方法，分别用于主题资源圈和有序知识链的动态聚合。

1.　主题资源圈的聚合

主题资源圈聚合的基本实现思路是：采用 BFS（Breadth First Search）在有向资源关系图中寻找具有相似关系的资源节点，依据相似关系衰减函数计算两两节点之间的关联程度，将满足最低阈值要求、高度相似内聚的节点自动聚合在一起，最终生成若干个主题资源圈。

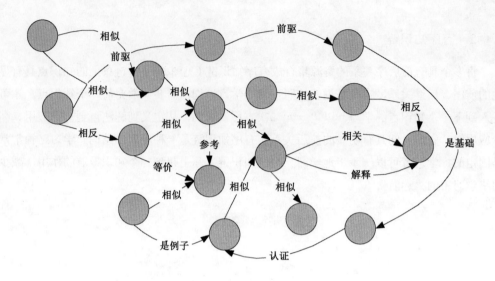

图 6-15　语义关系有向图

　　由于相似关系具有对称性，即 $\mathrm{Sim}(A,B)=\mathrm{Sim}(B,A)$，另外，相似程度常常通过相似度来表征。因此，可以将图 6-15 中所有的相似关系提取出来，两个节点间的相似关系通过带有权重的无向边来表示，权重为节点间的相似度。相邻接的两个相似节点间关系为直接相似关系（如图 6-16 中的 A 和 B），反之，通过中间节点建立起来的相似关系为间接相似关系（如图 6-16 中的 A 和 C）。

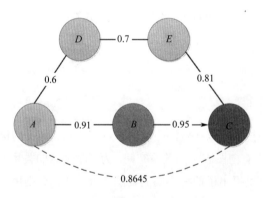

图 6-16　带有权重的相似关系

　　相似关系具有部分传递的特性，也就是说如果 A 和 B 相似，B 和 C 相似，则 A 和 C 也存在某种程度的相似。这里设定一个相似度衰减函数 Damp 用来表示相似关系的传递衰减性。如果 A 和 C 之间不存在直接边（相似关系），则 A 和 C 之间的相似度为从 A 到 C 最短路径上的 Damp 值。

$$\mathrm{Damp}(A,B,C)=\mathrm{Sim}(A,B)\times\mathrm{Sim}(B,C)$$
$$\mathrm{Sim}(A,C)=\mathrm{Damp}(\mathrm{shortestPath}(A,C))$$

举例说明，如图 6-16 中从 A 到 C 之间存在两条路径，$A{\rightarrow}B{\rightarrow}C$ 和 $A{\rightarrow}D{\rightarrow}E{\rightarrow}C$，其中 $A{\rightarrow}B{\rightarrow}C$ 为最短路径，因此 A 和 C 的间接相似度为 $0.91 \times 0.95 = 0.8654$。

主题资源圈作为相似资源的聚合，需要满足两个基本条件：

条件 1：圈内的任意两个资源存在相似关系，且相似度大于阈值 θ；

条件 2：圈内的资源数量不少于 ω，即一个资源圈最少包含 ω 个资源。

依据上述对相似关系的分析和主题资源圈聚合的两项基本条件，提出如下主题资源圈的动态聚合算法。

名称：主题资源圈动态聚合算法
输入：资源相似关系图 G，包含所有节点间的相似关系
输出：若干个主题资源集合 RC={RC$_1$, RC$_2$, ···, RC$_n$}，RC$_i$ 表示一个主题资源圈(1≤i≤n)
关键步骤：
Step1　应用 BFS 算法查找无向图 G 的所有连通分量（连通子图）G$_1$, G$_2$,···,G$_m$
Step2　set i=1, k=1
Step3　如果 i<=m，计算 G$_i$ 中包含的节点数量 nodeNum；否则，跳至 Step10
Step4　如果 nodeNum<ω, i=i+1, 跳到 Step3
Step5　查找 G$_i$ 中度数最大的顶点 V$_{max}$，set j=1
Step6　如果 j<=nodeNum，计算 V$_{max}$ 和 G$_i$ 中顶点 V$_j$ 的相似度 Sim(V$_{max}$, V$_j$)；否则，跳到 Step9
Step7　如果 Sim(V$_{max}$, V$_j$)>=θ，将 V$_j$ 加入到 RC$_k$ 中
Step8　j=j+1，跳到 Step6
Step9　如果 RC$_k$ 中的节点数量不小于 ω，k=k+1, i=i+1，跳到 Step3；否则，清空 RC$_k$，i=i+1，跳到 Step3
Step10 算法结束，输出 k 个主题资源集合

2. 有序知识链的聚合

有序知识链聚合的基本实现思路是：从整个资源语义关系图中提取出表示有序关系（前驱、后继、是基础）的所有资源节点和边，组成知识序列有向图 G；深度优先遍历（Depth First Search，DFS）G，将所有知识路径找出来，生成若干个有序知识链。

6.3 节包含三种表征知识前后顺序的有序关系，分别是 isSubsequentOf（后继）、isPreviousOf（前驱）和 isbasisfor（是基础）。其中，isSubsequentOf 是 isPreviousOf 的相反关系，即 isSubsequentOf(A, B) = isPreviousOf(B, A)；isBasisFor 和 isPreviousOf 是等价关系，即 isBasisFor (A, B) = isPreviousOf(A, B)。为了程序处理的方便，需要将知识序列有向图 G 中的所有 isSubsequentOf 替换为 isPreviousOf，且要更改有向边的方向，将所有的 isBasisFor 直接替换为 isPreviousOf，有向边的方向不变（见图 6-17）。

有序知识链作为具有前后学习顺序关系的知识点（资源）的聚合，需要满足两个基本条件：

条件 1：从学习的逻辑上讲，知识链中的资源存在一定的先后学习顺序，即资源之间具有理想的线性学习路径；

条件 2：知识链中的资源数量不少于 ω，即一个有序知识链最少包含 ω 个资源。

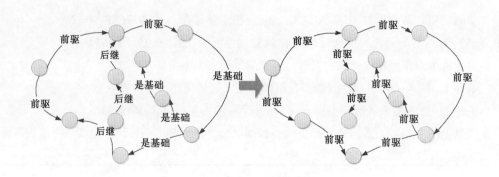

图 6-17　知识有序关系转换

依据上述对有序知识关系的分析和有序知识链聚合的两项基本条件，提出如下有序知识链的动态聚合算法。

名称：有序知识链动态聚合算法
输入：知识序列有向图 G，包含所有节点间的前序、后继、是基础三种关系
输出：若干个有序知识链 KC={KC₁, KC₂,⋯, KCₙ}，KCᵢ 表示一个有序知识链(1≤i≤n)，KCᵢ 为资源的有序集合，表示为 KCᵢ=<V₁, V₂, ⋯, Vq>

关键步骤：

Step1　知识有序关系转换，将包含前驱、后继、是基础三种关系的有向图 G 转换为只包含单一前序关系的有向图 TG

Step1　查找有向图 TG 的所有连通分量（连通子图）$TG_1, TG_2,\cdots,TG_m$

Step2　set i=1

Step3　如果 i<=m，计算 TG_i 中包含的节点数量 nodeNum；否则，跳至 Step9

Step4　如果 nodeNum<ω或者 hasLoop(TG_i) = true，i=i+1，跳到 Step3

Step5　查找 TG_i 中入度为 0 的顶点，放入集合 S 中

Step6　set j=1

Step7　如果 j<=S.lengh，以 S_j 作为起始顶点，进行深度优先遍历 DFS(TG_i, S_j)，遇到出度为 0 的顶点 V_g 时，将此次遍历 S_j 到 V_g 路径上的所有顶点顺序存入 KC_k 中；否则，i=i+1，跳至 Step3

Step8　如果 KC_k 中的节点数量不小于ω，k=k+1，j=j+1，跳到 Step7；否则，清空 KC_k，j=j+1，跳到 Step7

Step9　算法结束，输出 k 个有序知识链

6.5.3　资源聚合的可视化展现

1. 主题资源圈的展现

主题资源圈的可视化展现，有助于学习者直观地发现资源节点之间语义相似的紧密程度，发现资源圈中的核心节点（图中度数最大的节点，与其他节点间的关联数最多）；有助于学习者依据资源间的语义相似程度，快速选择自己感兴趣的资源进行学习；同时也给学

习者带来与传统树状目录式学习不一样的学习体验，激发学习兴趣。

LCS 中采用 Flex 技术进行主题资源圈中资源节点的网状展现（见图 6-18）。图的中心节点显示的是主题资源圈中最核心的资源，该资源与其他资源都具有较高的相似度。节点连线上显示资源的语义相似度，线的不同长度表征不同的语义相似度大小。资源节点越相似，连线越短，反之则越长。基本信息模块显示主题资源圈包含的主题词（表征核心内容的特征词）、节点数量、平均相似度、聚合时间等信息。

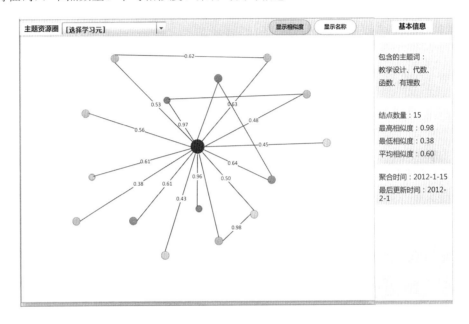

图 6-18　LCS 中主题资源圈的可视化展现

2．有序知识链的展现

区别于主题资源圈的网状结构，有序知识链采用线性结构显示（见图 6-19）。系统自动聚合的有序知识链主要从语义的先后顺序上进行资源的重新组织，重在为学习者提供最佳的学习路径。学习者既可以根据自身需求进行线性的连续学习，也可以选择性地进行跳跃式学习。

图 6-19 的基本布局和主题资源圈类似，画布中间采用有向知识链条的方式展示资源节点间的语义顺序。其中，颜色的方块有特定的含义，深色表示已经学完的，稍浅色表示正在进行的，最浅色表示未开始的。单击"显示进度"可以查看学习者在某资源上的学习进度。右侧基本信息模块显示有序知识链包含的主题词、知识点数量、已学完/进行中/未开始的知识点数量、聚合时间等信息。

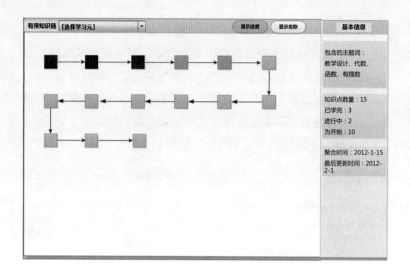

图 6-19 LCS 中有序知识链的可视化展现

06
Section

动态语义关联与聚合效果检验

这里主要通过 LCS 中运行数据的监控分析，检验上述动态语义关联与聚合方法的实际效果。

6.6.1　动态语义关联效果检验

截至 2012 年 3 月 1 日，LCS 中的资源（学习元）总量 RT(Resource Total) = 3775，包含 36 种资源关联类型（其中系统内置 28 种，用户扩展 8 种新关系）。图 6-20 显示了 LCS 中所有学习元之间的关联记录，包括学习元、关联学习元、关联类型、关联方式等字段。LCS 主要通过手动和自动两种方式建立学习元之间的关联，自动关联综合应用了 6.4 节中的动态语义关联方法，包括基于规则的推理、基于语义基因的计算、基于关联规则挖掘（收藏事务、订阅事务）等具体方法（见图 6-20）。

图 6-20　LCS 中的资源关联列表页面

为了监控LCS中的整体资源关联进化情况，这里开发了资源关联统计功能（见图6-21）。

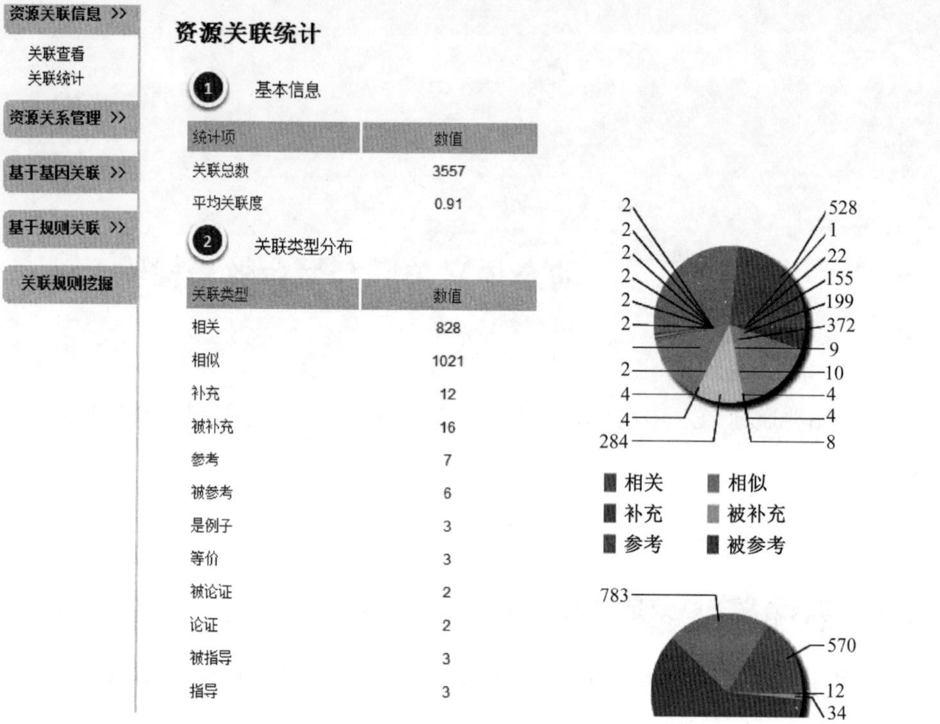

图 6-21　LCS 中的资源关联统计信息页面

资源关联统计结果显示，截至 2012 年 3 月 1 日，LCS 中的资源关联总数 AT(Association Total) =3557，平均资源关联度 AAD(Average Association Degree) = AT/RT = 0.91，也就是说在 LCS 中平均每个学习元和其他 0.91 个学习元之间存在语义关联。直观来看，0.91 的结果说明LCS中资源之间语义关联并不是很丰富。通过进一步对资源关联结果的统计分析发现，共 2918 个学习元的关联数为 0，说明当前 LCS 中有很大一部分资源的内容差异较大，和其他学习元之间不存在关联关系。当前 LCS 中的资源关联主要分布在 857 个学习元（约占系统总资源数的 22.7%）之间，形成局部的资源关联网，局部平均资源关联度 AAD=4.15。从上述统计结果可以发现一个有趣的现象：LCS 中的资源关联分布基本呈现"二八原则"即 80%以上的关联集中在 20%的资源上面。

从关联类型的应用上看，目前 LCS 已经实际应用的关联类型有 29 种（占总关联类型的 80.56%），说明 LCS 中有约五分之一的关联类型暂时处于"休眠"状态。而在 29 种关联类型中，关联数量排在前五位的关系分别是相似、相关、是基础、前序和后继。尤其是相似和相关的关系数量之和，所占比例超过关联总数的 52%。下一步，可以将这些常关联类型按使用频度排在前面，以方便用户手动编辑资源关联。

图 6-22 显示了 LCS 中资源关联方式的分布情况，其中手动建立关联的比例为 13.6%，

自动建立语义关联的比例为 86.4%（语义基因计算：18.7%，基于规则推理：51.6%，收藏
事务：15.8%，订阅事务：0.3%）。统计结果表明，当前 LCS 中用户建立的关联数量较少，
绝大多数的资源关联是采用动态语义关联方法自动建立的。动态语义关联技术在 LCS 资源
群体的关联进化上发挥了重要作用。

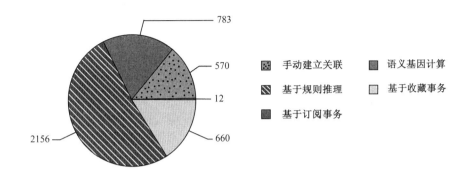

图 6-22　LCS 中资源关联方式的分布情况

除从关联数量上说明动态语义关联方法的效果外，还需要进一步检验资源关联的准确
性。这里将动态语义关联方法作为一个整体，检验其自动生成资源关联的准确性。

检验方法：通过程序从 LCS 中随机选取 150 条资源关联记录，存储到 Excel 表中；邀
请 2 名研究生登录 LCS，每人负责判断其中的 75 条资源关联的正确性，将结果记录到 Excel
中；汇总结果，统计关联准确率。正式实验前，进行了 Kappa 一致性系数检验 Kappa=0.81>0.75，
表明两位研究生的判断具有较高的一致性。

表 6-6 显示了 LCS 中资源自动关联的人工判断结果。自动建立关联的准确率 precision =
71.33%，说明动态语义关联方法具有较高的可靠性，其自动建立的资源之间的关联大部分
是准确的。

表 6-6　LCS 中资源自动关联的人工判断结果

	用户 A	用户 B
正确数	58	49
错误数	17	26

此次实验仅对动态语义关联方法的整体准确性进行了初步检验，随着 LCS 中资源数量
和关联数量的不断增加，将分别对基于语义基因的关联、基于规则推理的关联、基于关联
规则挖掘的关联三种具体资源关联方法的效果进行检验。此外，基于语义基因进行资源相
似关系计算存在执行效率低、时间开销大等缺陷，下一步将对算法进行进一步测试、优化。

6.6.2 动态语义聚合效果检验

从 2012 年 1 月 1 日—3 月 1 日，LCS 中资源动态语义聚合的统计数据显示：共聚合 32 个知识群，包括 12 个主题资源圈，20 个有序知识链。图 6-23 是 LCS 中资源动态语义聚合结果页面。

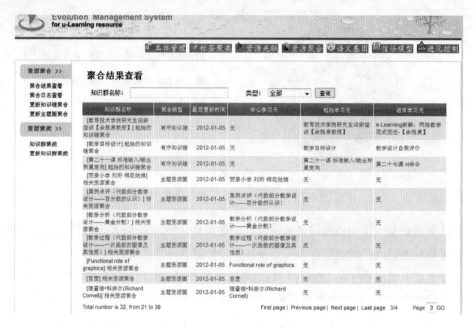

图 6-23　LCS 中资源动态语义聚合结果页面

截至 2012 年 3 月 1 日，LCS 共产生了 333 个知识群，其中人工创建 301 个，自动聚合生成 32 个。图 6-24 显示通过动态语义聚合方法生成的知识群占系统总知识群的 9.61%，也就是说 LCS 中有近 1/10 的知识群是自动生成的。

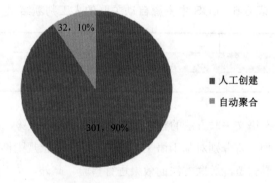

图 6-24　LCS 中人工创建与自动聚合而成的知识群的数量分布

　　研究者对自动生成的 32 个知识群的聚合效果进行了逐个检查，发现其中的 11 个主题资源圈和 17 个有序知识链都得到了比较满意的聚合结果，准确率达到了 87.5%。就目前的动态资源聚合数据而言，虽然数量较少，仅占系统总量的 9.61%，但聚合的效果是比较理想的。

　　实际上，LCS 中动态语义聚合的结果和 6.5.2 节中设定的聚合要求直接相关，通过修改聚合的相似度阈值 θ 和资源数量阈值 ω 可以产生不同的聚合效果。θ 和 ω 的值越高，聚合的数量会越少，但准确性会越高，反之亦然。目前，LCS 设定的 $\theta = 0.35$、$\omega = 5$。后期可以根据 LCS 运行的需求动态调整。

　　选取系统聚合生成的"[《两只小狮子》教学设计]相关资源聚合"知识群为例，进一步分析 LCS 中资源动态语义聚合的效果。该知识群动态聚合的时间为 2012-02-16，共包含 6 个学习元。分析这 6 个学习元的内容，可以发现全部都是关于《两只小狮子》的教学设计方案，创建者为不同学校的多名语文教师（民生小学的赵桂祥、丽景小学的张荣华等），聚合的结果很理想（见图 6-25）。

图 6-25　LCS 中动态语义聚合的知识群案例

　　"[《两只小狮子》教学设计]相关资源聚合"知识群将同一篇小学语文课文的教案进行自动聚合，可以为同学科其他教师的备课提供宝贵的参考资料。另外，若某语文教师订阅了该知识群，当增加新的《两只小狮子》的教学设计资源时，该教师可以第一时间通过 E-mail 得到通知。

第 7 章
Chapter 7

资源进化的支撑系统

01
Section **资源进化支撑系统架构**

7.1.1 系统架构

为了实现泛在学习环境下学习资源的有序进化，这里基于 LCS 综合应用 J2EE、本体、信任评估模型、基于规则推理、关联规则挖掘、Flex 等技术开发了学习资源进化支撑环境。系统架构如图 7-1 所示，主要包括开放内容编辑、知识本体管理、内容进化控制、动态语义关联、动态语义聚合和可视化进化路径展现等功能模块。资源进化支撑系统首页如图 7-2 所示。

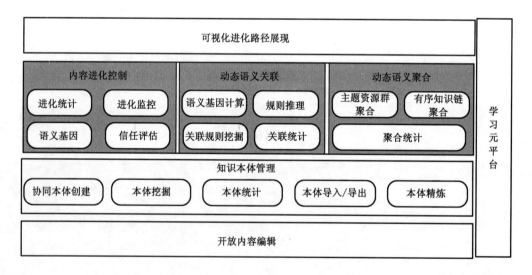

图 7-1　资源进化支撑环境系统架构

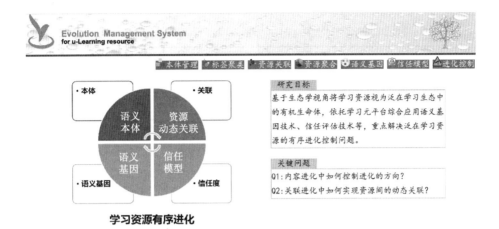

图 7-2 资源进化支撑系统首页截图

7.1.2 功能介绍

LCS 已经实现了资源内容的协同编辑和历史版本管理，允许任何用户对资源内容进行编辑完善。下面将对资源进化支撑系统中的几个重点模块的功能进行介绍。

知识本体管理：基于 JENA 框架开发了本体管理环境，通过开放本体的创建权限，允许任何用户参与到各个学科领域本体的创建中来，同时采用本体挖掘技术，从热门标签、文本内容中自动抽取领域的核心概念，不断丰富各学科领域的本体。本体的导入和导出功能可以将外部已有的比较成熟的本体快速引入，也可以将 LCS 中较为完善的本体导出共享。采用本体精炼技术自动将部分过时的、不合格的本体剔除，从而保证本体的规范性。此外，开发了资源语义属性的协同编辑功能，允许多个用户协同完善资源的语义信息（见图 7-3 和图 7-4）。

内容进化控制：依据 5.1.2 节的方法，一方面实现资源语义基因的自动抽取，另一方面设计开发了信任评估模块，可以动态计算资源和用户的信任度。基于资源的语义基因和用户的信任度，实现了对用户编辑资源内容的自动化审核。系统自动审核的过程信息将自动记录到进化监控日志中，并提供进化控制的统计功能，便于了解内容进化控制的整体效果（见图 7-5～图 7-7）。

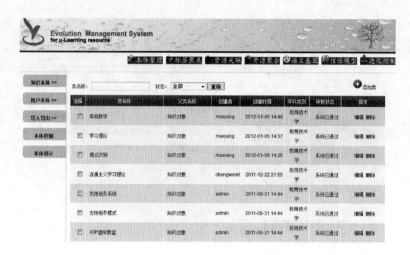

图 7-3　本体管理页面

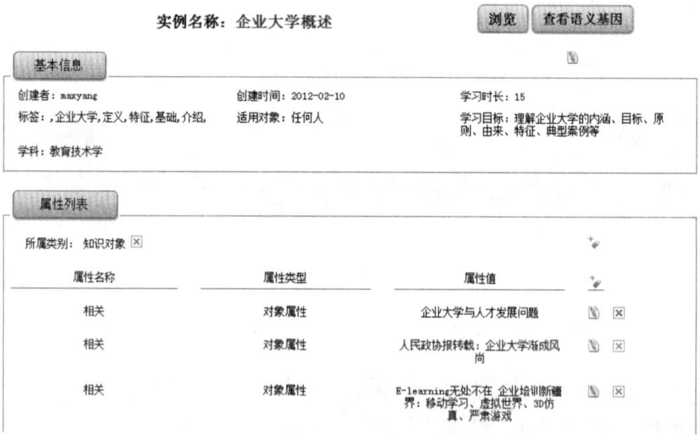

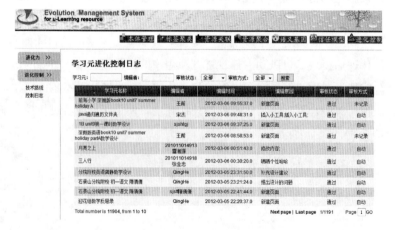

图 7-4　语义属性协同编辑页面

图 7-5　资源进化控制日志页面

图 7-6　语义基因查看页面

图 7-7　用户信任度查看页面

动态语义关联：依据 6.4 节的方法，分别实现了基于语义基因的资源关联、基于规则推理的资源关联和基于关联规则挖掘（收藏事务、订阅事务）的资源关联。资源间的语义关联信息采用 Java 定时器定时进行更新操作。此外，系统还提供了资源关联统计分析功能和资源语义关系管理功能。系统管理员可以通过"关联统计"查看资源关联数量、关联类型分布、关联来源分布等信息，可以增加、删除、修改资源语义关系（见图 7-8 和图 7-9）。

动态语义聚合：依据资源聚合算法，系统实现了两种形态的资源自动聚合，分别是主题资源圈（语义高度相似的资源集合）和有序知识链（语义上存在先后顺序的资源集合）。系统可以自动将 LCS 中具有强语义相似关系、满足特定条件的学习元自动聚合成主题资源圈，将 LCS 中具有前后语义关系、满足特定条件的学习元自动聚合为有序知识链。系统采用 Java 定时器定时进行资源聚合的更新操作（见图 7-10）。

图 7-8　资源关联信息查看页面

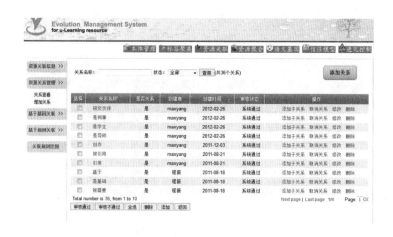

图 7-9　资源语义关系管理页面

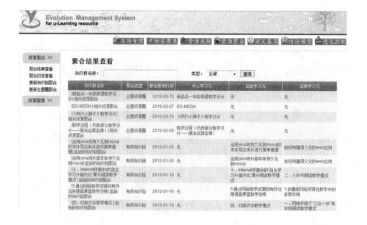

图 7-10　资源聚合结果查看页面

可视化进化路径展现：为了直观地展现资源进化的过程，采用 Flex 技术实现了资源进化路径的可视化展现，可以动态呈现不同时间点上资源内容版本和资源关联的变化（见图 7-11）。

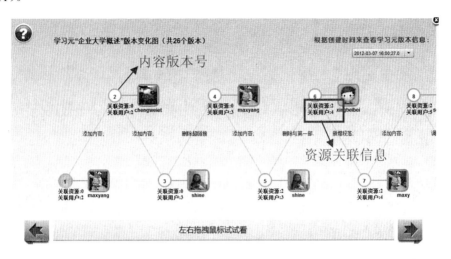

图 7-11　可视化进化路径展现页面

02
Section **应用实践 1：学习元项目知识库建设**

■■ 7.2.1 应用模式

资源进化支撑系统开发的核心目的是要促进 LCS 中学习资源的持续、有序进化和发展，基本的应用模式如图 7-12 所示。

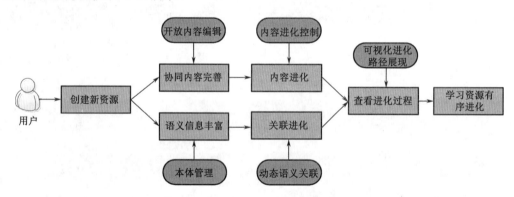

图 7-12　进化支撑系统支持下的学习资源有序进化

首先，用户通过资源创作工具创建学习资源（学习元）；然后，任何 LCS 注册用户可以通过检索工具或用户推荐找到并浏览学习该资源，并通过开放内容编辑实现资源内容的协同完善；在内容编辑过程中，内容进化智能控制程序将进行自动化的审核控制；此外，资源创建完成后，用户可以应用知识本体对资源的语义信息进行丰富完善；之后，在资源进化的过程中，通过动态语义关联程序，自动在资源实体之间建立语义关联，从而实现资源的关联进化；通过可视化路径展现工具可以查看某个资源实体整个进化过程；最终，实现学习资源的有序进化。

7.2.2　实施过程与效果

　　为了说明进化支撑系统在实践中的具体应用，这里选取了一个典型应用情景——学习元项目知识库构建，进行解释说明。北京师范大学现代教育技术研究所的 Learning Cell Team（LCT）是一个由 21 名教育技术专业的博硕士研究生和本科生组成的研究团队，该团队的工作主要包括：研究泛在学习资源组织模型、开发学习元平台、平台应用培训等。为了将项目工作过程中生成的宝贵知识积累下来，该团队依托 LCS 进行项目知识库的动态构建。在此过程中，资源进化支撑环境主要用来支持项目知识的有序进化和知识间动态语义关联的建立。

　　LCT 于 2011 年 3 月 3 日在 LCS 中创建了"学习元项目技术交流"知识群，项目成员可以及时将工作中的经验记录下来，并通过协同编辑、交流讨论逐步完善经验，最终形成项目知识库。截至 2012 年 4 月 1 日，该知识群共有 21 名正式的协作者，115 个学习元，浏览量为 1213 次（见图 7-13）。

图 7-13　学习元项目技术交流知识群首页

　　一年多来，每个项目成员会将自己解决问题的经验做成学习元，其他成员和任何 LCS 的注册用户都可以浏览学习、协同编辑内容。进化支撑系统中的内容进化智能控制程序会自动处理新内容的审核，并将结果第一时间通过 E-mail 通知学习元的创建者。此外，通过借助人工版本的审核管理，可实现对资源内容进化的有效控制，从而保证知识库中知识的质量。团队中的新手在遇到问题时，可以直接从项目知识库寻求解决方法，也可以将自己解决问题的思路补充到已有的学习元中。用户的评论初步说明了该知识群中知识进化的总体效果（见图 7-14）。

图 7-14　学习元项目技术交流知识群用户评论页面

除内容进化外，该知识群中的学习元之间也建立了丰富的语义关系，通过 Flex 技术可视化地呈现了知识群中各学习元间的语义关系，形成知识群内部的知识网络（见图 7-15）。

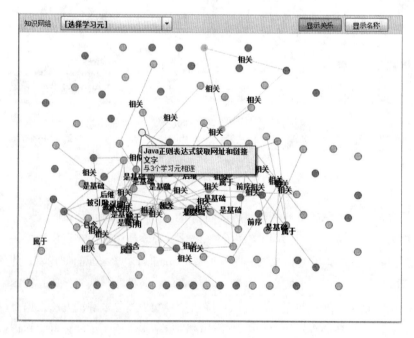

图 7-15　学习元项目技术交流知识群的知识网络

下面以其中的某个学习元的进化为例来说明该知识群中知识进化的效果。"MYSQL 修改密码的几种方式"是项目成员 songjie 于 2012 年 3 月 11 日创建的学习元，将团队成员 遇到的 mysql 密码丢失问题解决方法进行了整理。图 7-16 显示了"MYSQL 修改密码的几 种方式"学习元的修订历史页面，由于产生时间较短，目前共有 13 次编辑记录。其中有 5 次是由内容进化智能控制程序完成的，自动接受 4 次，自动拒绝 1 次，最终实现了知识内 容的有序进化（见图 7-17）。此外，该学习元通过动态语义关联程序，自动与其他 8 个学习 元建立了关联（见图 7-18）。图 7-19 显示了"MYSQL 修改密码的几种方式"学习元的可 视化进化过程。

修订历史

MYSQL修改密码的几种方式 共被编辑 13 次

修订时间	版本	贡献者	审核者	更改原因	审核结果	审核方式	备注
2012-3-31 21:18	查看	宋杰		插入视频	接受	无需审核	
2012-3-31 21:16	查看	宋杰		插入视频	接受	无需审核	
2012-3-23 14:47	查看	宋杰		添加内容	接受	无需审核	
2012-3-23 14:46	查看	宋杰		添加内容	接受	无需审核	
2012-3-19 12:41	查看	yangbowen		修改内容	拒绝	自动审核	恶意用户的非法操作
2012-3-14 9:56	查看	宋杰		修改内容	接受	无需审核	
2012-3-14 9:48	查看	宋杰		修改内容,修改内容	接受	无需审核	
2012-3-12 21:49	查看	maxyang		删除多余的雷号	接受	自动审核	内容格式完善
2012-3-12 21:47	查看	maxyang		删除多余的雷号	接受	自动审核	内容格式完善
2012-3-12 21:47	查看	maxyang		删除多余的雷号	接受	自动审核	内容格式完善
2012-3-12 21:47	查看	maxyang		删除多余的雷号	接受	自动审核	内容格式完善
2012-3-11 22:47	查看	宋杰		新增段落	接受	无需审核	
2012-3-11 22:45	查看	宋杰		新建页面	接受	无需审核	

返回

图 7-16 "MYSQL 修改密码的几种方式"学习元的修订历史页面

图 7-17 "MYSQL 修改密码的几种方式"学习元的最新进化结果页面

源学习元	目标学习元	关系	关联方式	关联时间	投票	操作
MYSQL修改密码的几种方式	运用jena将外部本体持久化到mysql	相关 ▼	基于规则	2012-03-25	赞成(0人)反对(0人)	修改 删除
MYSQL修改密码的几种方式	HQL动态查询使用方法	相关 ▼	基于收藏事务	2012-03-25	赞成(0人)反对(0人)	修改 删除
MYSQL修改密码的几种方式	mysql读写分离	相关 ▼	基于基因	2012-03-18	赞成(0人)反对(0人)	修改 删除
MYSQL修改密码的几种方式	mysql查询优化	相关 ▼	基于基因	2012-03-18	赞成(0人)反对(0人)	修改 删除
MYSQL修改密码的几种方式	mysql优化（上）	相关 ▼	基于基因	2012-03-18	赞成(0人)反对(0人)	修改 删除
MYSQL修改密码的几种方式	mysql优化（中）	相关 ▼	基于基因	2012-03-18	赞成(0人)反对(0人)	修改 删除
MYSQL修改密码的几种方式	mysql优化（下）	相关 ▼	基于基因	2012-03-18	赞成(0人)反对(0人)	修改 删除
MYSQL修改密码的几种方式	MySQL数据库初学者的使用指南	相关 ▼	基于基因	2012-03-18	赞成(0人)反对(0人)	修改 删除

Total number is 8, from 1 to 8   1/1 Page 1 GO

图 7-18　"MYSQL 修改密码的几种方式"学习元自动建立关联的资源列表

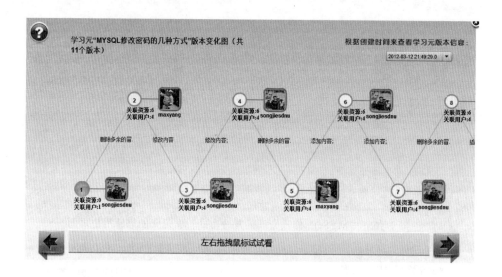

图 7-19　"MYSQL 修改密码的几种方式"学习元的可视化进化过程展现

03
Section 　**应用实践 2：在线课程资源动态生成**

7.3.1　理论基础

1.　生成性学习理论

个体的自我生成是实现在线课程资源动态生成的前提，自我生成即学习者自身完成对知识的理解与消化。生成性学习理论强调学习者不是信息的被动接收者，而是学习过程的主动参与者，学习的产生是由于学习者对环境中的信息建构了有意义的理解。此外，生成性学习理论强调学习者持续参与的兴趣与动机，重视学习者在新旧知识间建立联系，强调学习者的自我监控和以学习者为中心的学习[1]。在实现在线课程资源动态生成时需要不断激发学习者的学习动机，使学习者在整个知识生成过程中积极思考，并使用各种学习策略进行自我监管。由于与建构主义以及行为主义具有或近或远的亲缘关系，生成性学习理论可以很容易地被应用到任何学习或教学环境。有证据表明生成性学习理论非常适合应用于教学设计领域。

2.　知识建构理论

Scardamalia 和 Bereiter 把知识建构定义为对社区有价值的观点的提出和持续改进，课程资源的动态生成实际就是学习者持续建构知识的过程。知识建构理论[2]的核心观点是：知识进步是共同体而不是个人的成果；知识进步是观念的更新，而不是通向正确或者合理信息的过程；了解与知晓；通过合作解决问题，而不是争论；建设性地使用权威信息；理解是一个认知突显的过程。此外，"认知制品"（Epistemic Artifacts）的创造是知识建构的一个要素，是用来进一步增进知识的[3]。"认知制品"是群体协作的产物，是共同体观念更

[1] 任友群，焦建丽，刘美凤，汪琼. 教育传播与技术研究手册[M]. 上海：华东师范大学出版社，2009.

[2] Sawyer, R. K. (Ed.). The Cambridge Handbook of the Learning Sciences[M]. Cambridge University Press, 2005.

[3] Sterelny, K. Externalism, Epistemic Artifacts, and the Extended Mind. In R. Schantz (Ed.) [M]. The Externalist Challenge. New York: de Gruyter, 2005.

新的体现。因此，为实现在线课程资源的动态生成需要建立群体建构的机制，提供群体建构的平台，创造群体建构的通道和规则。根据知识建构理论的核心观点，学习者的积极主动参与，学习者之间的有效交流互动以及评价等对于在线课程资源的动态生成实现具有至关重要的影响，所以课程设计与实施者需设计实施相应的课程学习活动以保证群体建构的实现。

7.3.2 应用模式

以生成性学习理论以及知识建构理论的核心观点为基础，以"共创生、深研讨、聚智慧、共发展"为模式设计的核心思想，结合教学的五项基本原则——以任务为中心的教学原则（Task-Centered Approach）、激活原则（Activation Principle）、展示原则（Demonstration Principle）、应用性原则（Application Principle）、整合原则（Integration Principle）[1]，本书设计了如图 7-20 所示的在线课程资源动态生成模式。

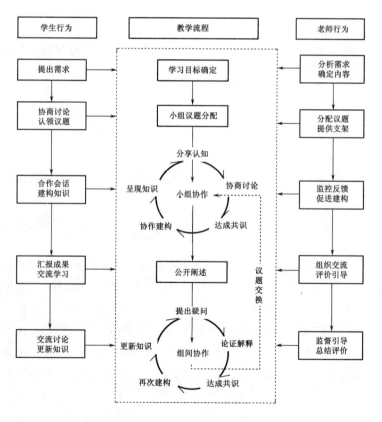

图 7-20　在线课程资源的动态生成模式

---

[1] Merrill, M. D. First Principles of Instruction[J]. Educational Technology Research and Development, 2002, 50(3): 43-59.

模式图由三部分组成：教学流程、学生行为和教师行为，其中教学流程是核心，师生行为是为提高模式的可操作性对应教学流程的相应环节提出的。教学流程分为学习目标确定、小组议题分配、小组协作、公开阐述和组间协作五个环节。其中小组协作和组间协作是整个教学流程的关键，各自由若干子环节构成，此外小组协作、公开阐述以及组间协作通过议题交换环节形成一个递进循环过程，目的是扩大资源协作的范围，提高知识建构的层次，保证资源的质量。

1. 课程实施流程

（1）学习目标确定

确定学习目标是课程实施的首要步骤，学习目标是课程内容、议题等确定的基础，也是学习者生成课程资源的基本方向。学习目标由学习者提出，教师进行汇总分析，结合课程教学基本要求确定课程教学大纲。课程学习目标由学习提出一方面有助于激发学习者的学习兴趣，另一方面有助教师了解学习者的认知水平。在线课程资源动态模式应用中，学习目标具有一定的开放性。学习目标的开放性一方面是指学习目标是由学习者提出的，是为满足学习者需求设计的；另一方面是指课程实施开展过程中，目标可以不断扩充、调整，具有动态发展性。

（2）小组议题分配

根据课程教学大纲将课程划分成若干单元，每个单元课程内容由若干议题任务组成。学习者以小组为单位自主选择议题建构任务。小组议题的确定是资源动态生成的入口，需要让学习者对议题有基本的了解才能保证学习者后续积极生成内容，因此小组议题的确定需要给学习者预留一定的时间对所有议题进行初步了解，小组协商讨论对于议题选择达成一致，并通过课程平台公开认领。议题建构任务开始前教师需要为学习者提供一些基础性支架（如相关资源、关键点等）以帮助、引导学习者有效建构资源，并通过平台设置议题周期与具体要求以保证课程进度。

（3）小组协作

小组协作是课程实施过程中最重要的环节，是课程资源动态生成的关键。基于网络的协作学习可以使学生自由组合成若干组，利用网络信息资源在小组内进行交流、协作，共同完成学习。小组协作由以下五个关键步骤组成。

分享认知：小组成员对小组议题进行个人自主学习，通过网络搜索、查阅书籍等方式形成对议题的初始认知，并以线上或线下的方式与小组成员分享自己的认知以及获取的相关资源。

协商讨论：在个人形成一定的认知后，小组成员集中对议题进行协商讨论，对存在的认知差异进行分析探讨，集小组力量解决小组成员的困惑，对议题进行深入讨论，在协商讨论中生成新的认知。

达成共识：通过协商讨论，小组成员间对议题形成一致、明确的理解和认知，并确定议题构成以及后续协作建构的小组分工。

协作建构：在达成共识后，小组成员搜索资源、分析总结、分工合作构建知识内容，在建构知识的过程中小组成员及时分享获取的新资源，讨论对问题的新认知，不断生成完善协作建构的资源内容，产出"认知制品"。

呈现认知：小组成员通过协作建构呈现对议题的认知（初始创生资源），包括基本内容和生成内容（学习者的个人理解、观点等），作为后续小组公开阐述、组间协作的基础材料。呈现认知即知识输出，包括知识的呈现和知识的阐述。知识的呈现指学习者能够将交流对话过程中产生的观点、认知、问题等隐性知识整理分析转化为可阅读学习的显性知识；知识的阐述指学习者能够对其知识进行有效阐述和论证。

小组协作的这五个环节在小组合作周期内容是循序渐进、持续循环的，始于分享认知终于呈现认知。教师在小组协作过程中负责监督学习行为，提供学习帮助，确保小组协作有效、有序进行。

（4）公开阐述

公开发言和论证阐述是知识建构过程中的重要环节，能够促进学习者进一步建构内容生成知识。公开阐述要求议题负责小组以公开发言的形式阐述对议题的认知，为其他学习者答疑解惑，听取师生对小组建构内容的点评，吸取师生讨论交流中的新观点，为进一步修改完善小组建构内容做准备。除议题负责小组外，其他学习者在公开阐述环节中能够了解议题核心内容和精华部分，在交流讨论、老师总结点评的过程中加深理解。此外，公开阐述是组间协作的开始和基础，有助于激发学习者继续深入探讨的兴趣。

（5）组间协作

组间协作是在线课程资源动态生成模式的又一重要环节，能够实现更大范围的知识共享、建构和生成，促进资源进一步优化发展。该环节由以下五个关键步骤组成，这五个步骤是一个持续循环的过程，是促进资源持续进化的关键。

提出疑问：在课堂交流后，学习者通过课程平台查看完整资源内容，进行深入自主学习，同时发表观点、评价打分、提出疑问。

论证解释：课堂时间有限，课程平台为学习者全面深入阐释论证提供了途径，是课堂讨论的延续。内容建构者通过课程平台与其他学习者进一步交流互动，对提出的疑问进行全面的论证解释，并进行深入协商讨论。

达成共识：资源建构者与资源学习者针对资源内容中存在的问题、不足等进行协商，最终在多数学习者中达成一致。资源创建者还可以通过课程平台对于争议较大的问题组织专题学习活动，一方面有助于问题的解决，另一方面能够促进新知识的生成。

再次建构：根据上一环节中达成的一致认知，资源创建者再次建构资源（完善、补充）。资源建设者可以邀请其他学习者对资源内容进行补充完善，组间合作建构资源内容，生成新的知识。

更新知识：课程学习者对新建构的资源内容进行学习，更新自己的知识，形成新的认知。

相比小组协作，教师在组间协作环节除监督引导外，更多的是进行评价总结，对组内以及组间协作的资源进行评价总结，保证资源的质量，促进学习者对知识的理解。在小组协作之后，为了扩大协作范围，加深学习者对创生内容的理解，提高生成资源质量，各小组间要交换议题对已完成的议题进行二次协商完善。

2. 模式实施条件

为了明确在线课程资源的动态生成模式的适用性，保证模式应用的有效性，需要对模式实施条件进行说明。课堂教学环境中需配有基本的多媒体展示设备，如计算机、投影仪、音响等设备以支持学习者进行课堂展示汇报，授课教室需具备上网条件，方便学习者及时登录课程平台进行展示和学习。课程平台能够支持学习者在线协同创作内容，并能够记录学习者生成内容的历史数据以及生成过程中的学习者行为数据。支持同步、异步交流，包括评论、打分、论坛等。能够开展学习活动（讨论活动、提问活动等），为学习者在线协作交流提供更丰富、有效的途径。允许学习者获取、上传外部资源，下载分享课程社区资源。课程学习行为数据全记录，方便教师及时监控、引导、评价，保证课程教学效果。

在线课程资源动态生成模式的有效开展，对课程参与者的能力有一定的要求。课程学习者需具备较好的信息技术素养，能够熟练地进行网络活动（搜索信息、评价、发帖等基本操作），学习者最好具备一定的在线课程学习经历和团队协作经验，以确保课程活动的快速有效开展。此外，为确保实验的顺利开展，每位课程学习者需配备一台计算机且具有上网条件，以便开展课前自主学习和协作学习。除学习者外，授课教师也需要具备一定的网络教学经验，熟悉学习管理系统，具有较好的课堂把控能力，能够有效组织学习者开展课堂交流讨论。

7.3.3　研究问题

为了验证在线课程资源动态生成模式的有效性，这里开展了为期一个学期的模式应用实践，主要探讨以下三个问题：①模式的应用能否实现课程资源的动态生成，动态生成的课程资源质量如何；②模式应用过程中学习者的平台交互情况如何，学习者是否能够积极参与；③学习者是通过什么样的行为路径来实现资源动态生成的，学习者是否能够通过有效的行为路径进行知识建构。

7.3.4　实验课程

这里选择江苏师范大学教育技术专业本科三年级选修课"移动学习理论与实践"（2 个学分）进行模式应用实践，课程持续 12 周，49 名学习者随机分成 12 组（4～5 人）。课程实施平台选择具备资源进化支撑功能的学习元平台，该平台具有多元交互、协作内容编辑、组织管理、学习活动开展与监控等功能。在此次实践中，教师可以建立课程学习社区，给小组分配学习任务，通过平台公告发布课程通知到用户注册邮箱，对学生的学习活动进行监控、指导和评价；学生可以利用 LCS 协作建构知识，通过批注、评论等方式进行交流互动，还可以通过上传、下载的方式分享资源，通过讨论区发帖进行协商讨论。LCS 后台数据库能够自动存储用户的所有操作数据，为统计分析、行为分析以及社会网络分析提供数据基础。

7.3.5　实施过程

课程开始前，通过问卷调查的方式了解学生的学习目标和学习需求，教师汇总整理学生的学习目标和学习需求，并结合课程教学要求制定课程内容框架，确定包含移动学习概述、移动学习理论、移动学习资源建设、移动学习平台开发以及移动学习活动设计在内的5 个课程学习专题。为确保模式的有效应用，及时修正模式应用过程中存在的问题并进行再次检验，这里将 12 周的实践应用分为两个阶段（前 4 周为第一阶段）。根据在线课程资源的动态生成模式设计开展教学活动。每项专题开始前通过学习元平台采用自主选择的方式进行议题分配；小组确定议题后在课程平台建立小组协作"学习元"，针对议题进行资源建构；在"学习元"内容基本完善时，教师组织各小组进行课堂汇报讲解；课后小组间通过课程平台对"学习元"内容进行协作完善；一项专题结束后进行小组议题交换，进一步对已有"学习元"内容进行完善，同时强化学习者对专题内容的理解。

在第一阶段实施结束后，通过课程满意度问卷调查、小组互评数据分析等方式对第一阶段的课程实施情况进行分析评价。分析发现，在第一阶段 4 周的课程学习中，各小组均能在规定时间内完成小组协作任务，课堂汇报交流良好。但通过课程满意度调查问卷分析发现学生对于第一阶段课程实施情况的认可度不高，均分为 3.27（SD=0.62）。查看学生在半开放式问题的回答发现，多数学习者表示对于课程模式还不适应，认为学习任务量大建议拉长任务周期，未找到好的组内协作方式，这与实验缺少预热阶段有关。学习者对于课程整体评价方式表示肯定，但要求对小组汇报人在小组均分基础上适当加分，以提高学生的汇报积极性。此外，小组互评成绩表明，在第一阶段"互动情况"得分最低（见图 7-21），这表明学习者对于课程互动情况不满意。通过查看平台数据发现学生间的提问未得到及时回复。而"课堂汇报"得分为三项得分中最高项，表明学生对于同伴的课堂表现表示认可。

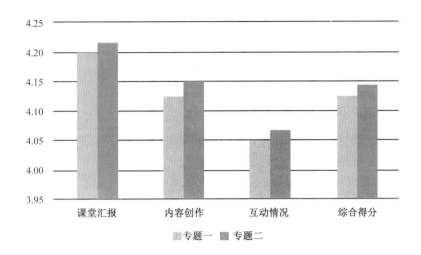

图 7-21　第一阶段小组互评成绩分布

第一阶段课程实施情况表明，学习者有能力生成课程资源，模式整体设计有效，但在模式应用的教学策略方面存在不足。针对第一阶段中存在的问题，在第二阶段的实践中进行了调整：将每个专题的学习时间调整为两周，以减轻学习者的学习负担；实行组长轮流制，每个议题轮换一次组长，激发学习者的组内责任感，促进组内人人参与；课堂汇报者在小组均分基础上适当加分，激发学习者的汇报积极性；将学生在每个学习元上的发言数量与质量与课程成绩关联，作为一种激励措施，促进学习者参与平台互动和交流。

7.3.6　数据分析与讨论

12 周的课程教学结束后，利用课程平台数据综合运用统计分析、社会网络分析、行为分析等方法从课程资源质量、学生平台交互情况、学习行为模式三个方面对模式应用效果进行了评估。

1. 课程资源质量

该课程共动态生成 5 个专题、29 个学习元，内容涵盖移动学习理论、移动学习平台建设、移动学习资源开发和活动设计等多个方面。学习内容以图文并茂的形式呈现，含有大量的参考资源、外部链接、视频资料等。

29 个学习元基本信息如表 7-1 所示。平均而言，学习者为提高学习元质量，对每个学习元进行持续一个月的建构。每个学习元有大量修正版本以及交流互动信息（例如评论、发帖和批注）。大约有 1/4 的学习者参与了（如通过批注）每个学习元的构建发展。此外，每个学习元的平均内容长度是 8801.41 个字。表 7-1 表明，课程资源是在一段时间内动态持续生成的,且生成资源内容丰富。

表 7-1　学生生成学习元基本情况

	编辑周期*	版本数	评论数	批注量	发帖量	贡献人数	内容长度(字)
最大值	49	199	76	16	14	19	20621
最小值	15	41	35	2	0	8	3340
平均值	36.52	85	49.34	8.66	3.10	11.69	8801.41
标准差	11.18	37.44	10.17	3.80	3.89	2.02	4374.08

注:*编辑次数=最后修改时间-创建时间,以天为计量单位。

由两位移动学习与资源建设领域的专家对 29 个学习元质量进行了评估打分,详细数据如表 7-2 所示。总体而言,由学习者生成的资源质量是良好的、被认可的(平均分=3.99),在四个维度的得分都约等于 4 分(满分 5 分)。绝大部分学习元资源结构完整、格式规范、条理清晰,具有较高的形式质量。专家评分以及学习者自评均显示资源内容同样具有较高的质量和较高的使用价值。表 7-2 说明,学习者生成的课程资源在质量上令人满意。

表 7-2　学习元质量评价结果

	内　容	结　构	教学价值	规　范　性	整　体
最大值	4.75	5.00	3.00	3.00	4.50
最小值	3.25	3.50	4.67	4.67	3.50
平均值	3.97	4.19	3.91	3.95	3.99
标准差	0.47	0.51	0.41	0.36	0.35

此外,对学习者交互次数与内容长度以及交互次数和资源质量进行了相关分析,表 7-3 显示交互次数与内容长度显著相关($r = 0.483$),同样交互次数与资源质量也具有显著相关($r = 0.629$)。

表 7-3　相关分析结果

		内容长度	资源质量
交互次数	r	0.483**	0.629**
	p	0.008	0.000

注:**$p<0.01$。

由此可见,学习者生成课程资源在大学课程中是可行的。大学生有能力实现在线课程资源的持续动态生成。在资源持续动态生成过程中学习者既是内容的创建者也是消费者,学习者通过组内协作、组间协作和多元交互等方式生成课程资源,并不断提高课程资源的质量。在课程开展过程中教师也扮演了重要的角色，是学生生成内容活动的组织者、领导者和监控者。Wheeler 等[1]指出"教师应该是主持人而不是教导员，需要控制自己的直接行为，以'集群众智慧'原则促进内容的自由、民主发展。"

综上所述，在资源动态生成过程中，课程资源依靠学习者生成，教师仅以"学习同伴"的角色进行引导，学习者在对已有资源进行学习引用的同时也将新的理解认知通过课程平台进行展示，创生出新的知识内容。通过对资源生成过程的平台数据进行分析发现，资源内容的生成具有动态持续性，符合资源动态生成的评价标准。

在线课程资源动态生成模式采用组内协作、组间协作、再组内协作的合作方式。两次组内协作能够有效促进学习者参与，组间协作能扩大协作范围，增加协作人数。此外，模式评价机制中采用同伴互评策略有助于促进资源内容质量持续进化，同伴互评的有效性已经在不少科目的教学中得到证明[2,3]。课程平台的开放性允许任何课程参与者对其他学习者创生的内容进行在线评分、评论，资源创建者可以进行阐述和提问，同伴评价可以激发学习者建构资源和提升内容质量的积极性。在此过程中，教师在资源内容的准确性方面尽量及时有效地把控，确保资源进化方向的正确，对学生的课堂汇报进行点评并提出改进建议，经常推荐一些相关网站和学术论文拓展学生的视野和知识面，也有助于学习者丰富课程资源内容。

如表 7-3 所示，学习者交互和内容质量有显著相关关系，由此可见交互量可以作为资源质量的一个预测指标。因此在开展学习者生成资源内容的活动时，应该有意识地促进学习者之间的有效交互，进而促进资源内容质量的提升。

此外，通过专家评分和内容检查也发现了一些不足。首先，平台应集成引用和参考文献自动检查功能，以加强参考文献的引用规范；其次，有关资源内容的学习活动设计不够丰富和灵活，不同于维基百科，大学课程采用用户生成内容模式应该开展多种形式的教学活动。这意味着学习者在完成学习内容创建的同时要积极开展学习活动设计，教师可以为学习者提供一定的资源，帮助学习者设计学习活动，如设计原则、模板和典型案例等。

2. 平台交互情况

为了探索分析在线课程资源动态生成模式应用过程中学习者的交互情况，本书使用 Ucinet 进行社会网络分析。社会网络研究通常从凝聚力、中心度以及影响范围等方面进行

---

[1] Wheeler, S., YEoMAnS, P., & Wheeler, D. The Good, the Bad and the Wiki: Evaluating student‐generated content for collaborative learning[J]. British Journal of Educational Technology, 2008, 39(6): 987-995.

[2] Van Zundert, M., Sluijsmans, D., & Van Merriënboer, J. Effective Peer Assessment Processes: Research findings and future directions[J]. Learning and Instruction, 2010, 20(4): 270-279.

[3] Gielen, S., Dochy, F., Onghena, P., Struyven, K., & Smeets, S. Goals of Peer Assessment and Their Associated Quality Concepts[J]. Studies in Higher Education, 2011, 36(6): 719-735.

描述和分析[1]，其中凝聚力和中心度是最基础也是最常被用于分析的[2]。本书主要对 12 个小组的交互网络中的凝聚力和点度中心度进行分析。

　　本书将课程参与者的双向交互行为数据（共 3886 条操作记录）提取到一个有向的社会网络中。图 7-22 显示了组间交互和组内交互在全部交互中所占百分比情况。从平均值来看，组内交互（57%）明显高于组间交互（43%），这表明在协作创生学习过程中学习者会花较多的时间和精力与小组内部成员进行交互完成小组任务。从各组交互情况来看，多数小组组内交互多于组间交互，其中 G10（组内 76%，组间 24%）和 G12（组内 79%，组间 21%）在组内交互与组间交互的差异尤为显著，此外 G4、G5、G11 组间交互多于组内交互，G11 最为突出（组间 59%，组内 41%）。

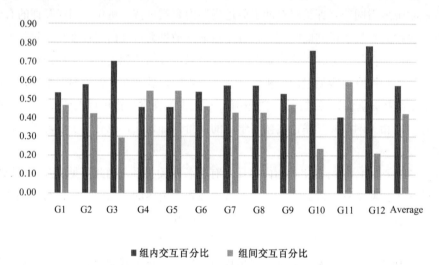

图 7-22　组间交互与组内交互在全部交互中所占百分比情况

　　社群图能够清晰直观地体现一个小型社群的交互网络。在社群图中，节点代表活动参与者，线条代表活动参与者之间的联系，箭头代表信息流向[3]。图 7-23 是根据在线课程资源动态生成模式应用过程中小组交互数据形成的交互网络。

[1] Aviv, R., Erlich, Z., Ravid, G., & Geva, A. Network Analysis of Knowledge Construction in Asynchronous Learning Networks[J]. Journal of Asynchronous Learning Networks, 2003, 7(3): 1-23.

[2] Cho, H., Gay, G., Davidson, B., & Ingraffea, A. Social Networks, Communication Styles, and Learning Performance in a CSCL Community[J]. Computers & Education, 2007,49(2): 309-329.

[3] Haythornthwaite, C. Social Network Analysis: An approach and technique for the study of information exchange[J]. Library & Information Science Research, 1996, 18(4): 323-342.

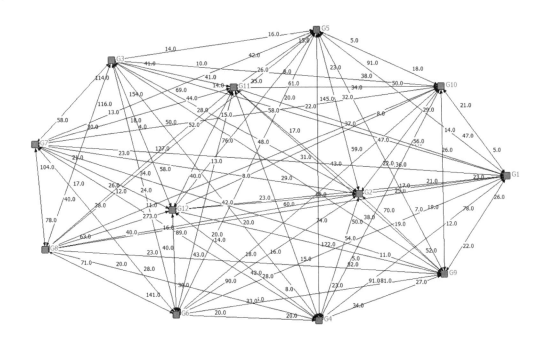

图 7-23　资源动态生成产生的社群图

从图 7-23 可以看出，所有小组均可直接进行连通，表明整个社区是一个连通的网络，任何小组间交流互动都不存在障碍。凝聚力指标用来衡量活动参与者间是否存在突出的社交关系。在一个有向网络中，点入度表示活动者被访问的情况，点出度表示活动者访问其他成员的情况[1]。表 7-4 是在线课程资源动态生成模式应用中各小组入度与出度汇总情况，其中 G3 出度值最高在网络中具有较高的影响力；G8 获得了最多的信息，相比获得信息而言 G8 分享信息较少，但整体而言属于小组中交互最活跃的小组；G10 在各小组中入度与出度值上均是最低，可见 G10 是 12 个小组中交互情况最差的。

表 7-4　交互网络中各小组的入度与出度值

	G1	G2	G3	G4	G5	G6	G7	G8	G9	G10	G11	G12	Mean	Std Dev
出度	423	465	628	411	434	485	457	412	405	350	460	610	461.667	78.116
入度	472	472	393	540	345	532	623	960	333	161	360	349	461.667	190.169

整体而言，在线协作生成资源活动中形成的交互网络是通畅的、平衡的。然而在个别小组方面也存在一些问题。例如，相比其他小组 G9 和 G10 较少参与其他小组的资源建构

---

[1] Worrell, J., Wasko, M., & Johnston, A. Social Network Analysis in Accounting Information Systems Research[J]. International Journal of Accounting Information Systems, 2013,14(2): 127-137.

活动，从而也会影响其他学习者对其贡献资源的态度和行动。而 G9 和 G10 参与较少的原因需要进一步详细调查分析。有研究表明，评价和奖励对于知识分享行为有重要影响[1]。因此，为了进一步促进协作创生资源过程中的组间交互行为，在教学实践中应该制定更有针对性的激励评价机制，此外对于个别小组交互行为较少的情况应该设置更加有效的监控系统，以便教师及时进行干预和引导。

3. 行为模式分析

学生行为是指学习者在课程平台的一切操作行为。在学习者协作建构课程资源的过程中，课程平台记录存储了用户的多种行为，这里重点分析在资源建构过程中与知识创生和知识共享有直接关系的行为，包括编辑内容、编辑基本信息、邀请协作者、评分、评论、发帖、批注及分享，对这 8 种用户行为进行行为序列分析，以分析探索学习者在协作生成资源过程中的行为模式。平台数据库将用户行为进行自动识别分类，无须人工手动编码，保障了行为编码的准确性和可靠性（见表 7-5）。

表 7-5　用户行为编码表

编　码	行　为	说　明
EC	编辑内容	用户编辑资源内容
ED	编辑基本信息	用户编辑修改资源基本信息，例如标题、标签、分类、摘要等
IC	邀请合作者	资源创建者邀请其他用户参与资源创建
SC	评分	用户从整体上对资源进行评分
CM	评论	用户对资源内容、结构、规范性等进行评论
PS	发帖	用户在论坛进行讨论
AN	批注	用户对资源内容的某个部分进行标注、提出意见
SH	分享	用户将资源推荐到其他社区，与其他用户进行分享

根据以上编码，本书首先对用户行为进行了频率分布分析，对 3442 条学习者行为进行编码后，不同行为的频率分布如图 7-24 所示。

最常发生的行为是评论（CM，39%）、评分（SC，30%）和编辑内容（EC，19%）。这表明用户在进入学习元页面时倾向于进行内容编辑，围绕主题进行讨论并且对资源进行评分。在本研究中学习者可以通过三种方式进行交互：评论、发帖和批注，图 7-24 显示与批注和论坛相比，学习者更喜欢在资源页面通过发表评论的方式进行交流。

接下来，为了识别学习者在生成内容过程中的显著行为序列，进一步探索资源创生过程中学习者的行为模式。这里以学习元为单位进行了滞后行为序列分析（Lag sequential analysis，LSA）。

[1] 王白英. 基于 CBI 的教育学专业英语教学研究[J]. 太原理工大学学报（社会科学版）2013，（1）：78-80.

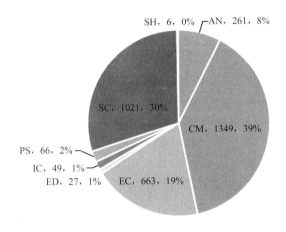

图 7-24　不同行的频率分布

　　LSA 由 Sackett 于 1978 年提出，旨在评估系列行为随着时间发生的概率[1]。该方法主要用来检验人的某种行为发生之后另一种行为紧随发生的情况是否存在统计意义上的显著性[2]。目前，LSA 已经被广泛应用到医学治疗行为、家长与孩子的交互行为以及运动行为的序列模式研究中。近年来，e-Learning 领域的研究者开始应用 LSA 研究用户的在线学习行为模式，比如在线讨论区中的小组交互行为[3]，在线会话中的知识分享行为[4]，角色扮演游戏中的操作行为[5]以及应用移动设备的非正式学习行为[6]等。

　　早期行为数据的处理主要靠人工完成，非常复杂、耗时耗力。为了辅助数据处理，Bakeman 和 Gottman 合作研发了交互行为专用分析软件 GSEQ[7]，大大提高了数据处理的效率，也促进了 LSA 方法在各领域的广泛应用。如今 e-Learning 领域越来越多的研究者开

[1] Sackett, G. P. (Ed.). Observing Behavior: Theory and applications in mental retardation (Vol. 1)[M]. University Park Press, 1978.

[2] Hawks, I. K. Facilitativeness in Small Groups: a process-oriented study using lag sequential analysis[J]. Psychological Reports, 1987, 61(3): 955-962.

[3] Jeong, A. C. The Sequential Analysis of Group Interaction and Critical Thinking in Online[J]. The American Journal of Distance Education, 2003, 17(1): 25-43.

[4] Eryilmaz, E., Pol, J. V. D., Ryan, T., Clark, P. M., & Mary, J. Enhancing Student Knowledge Acquisition from Online Learning Conversations[J]. International Journal of Computer-Supported Collaborative Learning, 2013, 8(1): 113-144.

[5] Hou, H. T. Exploring the Behavioral Patterns of Learners in an Educational Massively Multiple Online Role-playing Game (MMORPG)[J]. Computers & Education, 2012, 58(4): 1225-1233.

[6] Sung, Y. T., Hou, H. T., Liu, C. K., & Chang, K. E. Mobile Guide System Using Problem‐solving Strategy for Museum Learning: a sequential learning behavioral pattern analysis[J]. Journal of Computer Assisted Learning, 2010, 26(2): 106-115.

[7] Jeong, A. C. The Sequential Analysis of Group Interaction and Critical Thinking in Online[J]. The American Journal of Distance Education, 2003, 17(1): 25-43.

始使用 GSEQ 分析行为序列模式，其主要步骤包括：①定义行为编码；②实施试验，记录需要观察的行为；③对观察到的所有行为进行编码；④检验行为编码的 Kappa 一致性（实际编码往往由多人完成）；⑤按 GESQ 要求的编码格式输入所有行为编码，分析行为序列；⑥根据 Z-score 的值过滤有显著意义的行为序列，并绘制行为转换图；⑦根据转换图解释行为序列模式。

这里以时间先后顺序对每个学习元上的用户构建知识行为和分享知识行为进行编码，表 7-6 显示了调整后的残差表。如果 z-score>1.96 表明该行为路径具有显著意义[1]。

表 7-6　调整后残差表（z-scores）

	EC	ED	IC	SC	CM	PS	AN	SH
EC	23.00*	0.58	10.16*	−5.80	−16.92	2.33*	1.54	0.03
ED	5.14*	−0.44	1.06	−2.49	−2.13	−0.71	−0.73	10.09*
IC	2.64*	28.35*	0.40	−3.61	−2.97	−0.97	−0.91	−0.27
SC	−15.85	−3.28	−4.56	−17.03	36.58*	−4.50	−9.14	−1.46
CM	−6.83	−3.17	−3.46	23.34*	−14.40	−3.39	0.70	−0.86
PS	0.29	−0.70	−0.97	−3.14	−3.52	19.00*	1.90	2.96*
AN	2.42*	−1.44	−0.91	−0.55	−7.64	0.96	11.94*	−0.64
SH	1.23	−0.19	−0.27	−1.46	0.02	2.96*	−0.64	−0.09

注：* $p < 0.05$。

根据调整后的残差表提取出 14 条有意义的行为序列并绘制了行为序列转换图（见图7-25），在学习者协作建构分享知识的过程中达到有意行为序列的是：编辑内容—编辑内容（EC—EC），编辑内容—邀请学习者（EC—IC），编辑内容—发帖（EC—PS），编辑基本信息—编辑内容（ED—EC），编辑基本信息—分享（ED—SH），邀请学习者—编辑内容（IC—EC），邀请学习者—编辑基本信息（IC—ED），评分—评论（SC—CM），评论—评分（CM—SC），发帖—发帖（PS—PS），发帖—分享（PS—SH），批注—编辑内容（AN—EC），批注—批注（AN—AN）和分享—发帖（SH—PS）。

根据滞后行为序列分析（LSA）分析结果（见图 7-25）可以对在线课程动态生成中学习者的多数用户行为进行如下描述：

（1）学习者倾向于在一定时间段内反复编辑内容（EC—EC, Z-score=23.00）；

（2）当学习者完成内容编辑后可能会邀请协作者共同编辑内容（EC—IC, Z-score=10.16），然后对资源基本信息进行修改完善（IC—ED, Z-score=28.35），或者再次进行内容编辑（IC—EC, Z-score=2.64）；

（3）学习者会在修改资源基本信息后将其分享到其他社交网站或社区中（ED—SH,

---

[1] Bakeman R. Observing interaction: An introduction to sequential analysis[M]. Cambridge University Press, 1997.

Z-score=10.09）；

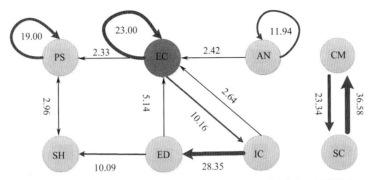

注：节点：行为分类；数值：Z-value；箭头：行为方向；线条粗细：显著程度。

图 7-25　行为转换图

（4）学习者喜欢在一定时间段内连续进行批注（AN—AN, Z-score=11.94）或发帖行为（PS—PS, Z-score=19.00）；

（5）学习者在完成批注后倾向于对内容进行编辑（AN—EC, Z-score=2.42）；

（6）学习者通常会相继进行评论和评分（CM—SC, Z-score=23.34; SC—CM, Z-score=36.58）。

从以上分析结果可见学习者同一操作行为一定时间段内存在持续反复，表明学习者的协作建构行为在时间上存在连续性和集中性。类似操作行为存在明显的前后连续，例如评论和评分、编辑内容与批注，可见学习者在一定时间段内倾向于采用类似的协作行为建构资源。编辑内容到邀请协作者以及编辑基本信息到分享行为的显著性，表明学习者能在资源建构过程中主动进行邀请与分享，这对于协作生成资源非常重要。评分到评价以及邀请协作者到编辑资源基本信息在行为模式图中尤为显著，分析认为这与操作行为的功能按钮相邻有关。操作行为的功能按钮相邻能使学习者在进行一项操作时注意到另一项操作的途径，因此在界面设计时可以将需要强化的操作行为的功能按钮与核心操作行为功能按钮相邻。

如图 7-25 所示有两条重要的行为序列没有出现：评论—编辑内容（CM—EC）和批注—编辑内容（PS—EC）。这表明当用户完成一定时间的讨论交流后，他们不会根据交流过程中生成的建议和观点对内容进行及时的修改完善。为了促进知识的内化和外化，需要通过一定的行为引导策略加强 CM—EC 和 PS—EC 的行为序列，例如设置弹出信息框，提示用户完善资源内容。此外，评论—评论（CM—CM）作为另外一条关键行为序列同样需要加强。反复的深度交流讨论能够有效提高学习者的高阶思维能力[1]。因此，有必要对学习元平台的讨论区进行优化设计以促进持续讨论交流。例如，可以和知识论坛一样使用分层结构使线性讨论更加清晰流畅。

---

[1] Lewis, A., & Smith, D. Defining Higher Order Thinking[J]. Theory into Practice, 1993, 32(3): 131-137.

第 8 章
Chapter 8

资源进化的评价体系

01 资源进化的评价需求分析
Section

8.1.1 从预设性资源走向生成性资源

随着生成性教学[1]观念逐步被教育教学工作者所接受，生成性学习资源的开发与应用也慢慢引起教育技术学者的关注。学习资源的建设之路正在逐步从预设走向生成。依据学习资源产生方式的不同，可以将学习资源分成两类，一类是预设性资源，另一类是生成性资源。

预设性学习资源在开发之前，资源建设者已经对资源内容、结构、界面、教学目标、学习活动、应用方式等进行了清晰、完善的设计，在资源创作过程中按照前期设计进行开发实现。预设性资源具有开发周期短、针对性强、易控制实施等优点，不足在于过多的预设使资源本身缺乏灵活性、进化能力弱、更新不及时、扩展性和实用性较差。当前数字化学习领域的大多数课程和课件都属于预设性资源，各级各类教育资源网站访问量低、应用效果差的主要原因之一即学习资源结构封闭、生成性不足，用户难以对其结构、内容和界面进行适应性改进，使资源可以有效支持个性化教学（见表 8-1）。

表 8-1 预设性资源与生成性资源的特征比较

特 征 项	预设性资源	生成性资源
开发周期	短	长
资源结构	封闭	开放
进化能力	弱	强
更新速度	慢	快
灵活性	弱	强
扩展性	弱	强
质量控制	易控制	难控制
适应性教学支持	弱	强

[1] 李祎，涂荣豹. 生成性教学的基本特征与设计[J]. 教育研究，2007（1）：41-44.

生成性学习资源是指资源的内容、结构、界面、教学目标、教学活动和教学评价在使用过程中逐步生成和完善的学习资源。生成性资源往往具有开放结构，允许多用户补充、修订和完善，实现学习资源的持续进化。与预设性资源相比，生成性资源具有更强的扩展性、进化性和适应性，可以根据教师的教学需求和学生的学习需求动态调整；不足在于，生成性资源的建设耗时较长，生成过程难以控制，资源质量良莠不齐。典型的生成性资源，如维基百科、学习元、生成性网络课程[1]等。这里的生成并非绝对的生成，而是预设基础上的生成，并不存在完全自生自长的学习资源。维基百科中的词条也是有创作者先进行初步的预设，然后通过对该词条感兴趣用户的协同编辑，实现词条的不断生成与进化。

8.1.2　生成性资源进化评价原则

学习资源进化评价涉及两个层面，一是针对资源个体的，二是针对资源群体的。资源群体的进化评价依赖于资源个体的评价结果，除此之外，还涉及资源群体数量方面的增长。因此，首先需要设计资源个体的进化评价指标，然后通过个体评价结果加上资源数量来综合判断资源群体的进化效果。资源个体进化评价需要达到两个目标：一是要能从进化结果的角度，真实评价资源个体在当前时间的进化结果，即资源个体当前的进化质量；二是要能从进化过程的角度，真实反映资源个体在整个发展历程中的进化情况，同时预测资源未来的进化效果。

资源进化评价原则的确定，是构建生成性学习资源进化评价指标、开展资源进化评价工作的重要前提。国内有学者对网络课程资源的评价原则进行了探讨。朱凌云等[2]指出，网络课程的评价原则包括全面性、客观性和唯一性。王正华[3]提出个性化与双向性、定性评价与定量评价相结合、目的性与发展性、易操作性等评价原则。生成性资源进化评价除需要遵循上述原则外，还需要结合生成性资源自身的特征和进化评价需求，制定特殊的评价原则。

（1）注重进化过程（过程性）：学习资源进化是个持续的过程，不仅要能评判资源进化结果的质量，还要能对资源进化过程进行有效评价。

（2）突出关联进化（关联性）：学习资源进化不仅包括内容的进化，资源之间的关联也是进化的重要组成部分，学习资源间丰富的语义关联可以增强资源个体之间的联通，提高各自被浏览或内容编辑的概率，促进资源的快速进化，因此，进化评价要突出资源的关联性。

[1] 张立新，王清. 论生成性网络课程的设计[J]. 中国电化教育，2012（4）：14-20.

[2] 朱凌云，罗廷锦，余胜泉. 网络课程评价[J]. 开放教育研究，2002（1）：22-28.

[3] 王正华. 网络课程评价新体系的构建刍议[J]. 湖北广播电视大学学报，2010，30（2）：13-14.

（3）强化预测功能（预测性）：通过对当前资源进化结果和过程的分析，既要能够准确判断资源的进化现状，还要能够预测资源未来的进化潜力和趋势，以便于进行提前干预，保证资源朝着预期方向持续进化发展。

（4）关注内容更新（时效性）：信息时代知识更新速度越来越快，陈旧的知识应当及时淘汰，学习资源的内容要能够反映领域知识的最新进展，体现较强的时效性。

当前有关数字化学习资源质量的评价规范和标准有很多，比如我国的网络课程评价规范、美国的在线课程评价标准等，这些评价规范或标准大都设计了较为完善的质量评价指标。当前 e-Learning 领域的数字化学习资源存在"结构封闭、更新迟缓"的弊端，无法反映资源真实的进化过程。因此，这些资源质量评价规范更多侧重于从各个维度评判资源的终极质量，难以对资源进化的过程进行评价，同时也无法预测资源未来的进化效果。

为了全面、客观地评价学习资源的进化效果，本书在借鉴已有资源质量评价规范和标准的基础上，设计了一套泛在学习环境下开放学习资源进化效果评价的指标体系，并开发了相应的评价量表。最后，应用资源进化评价量表对 LCS 中的典型资源个体（学习元）和资源群体（知识群）的进化效果进行了评价。

02 资源进化评价指标体系构建
Section

参考我国教育信息化技术标准——网络课程评价规范（CELTS-22.1）[1]、美国的在线课程评价标准[2,3,4]中对课程内容、结构、教学性等方面的评价指标，并进行适当地修改和完善，初步得到表 8-2 所示的资源进化评价指标体系。该指标体系共包括资源内容、资源结构、标注规范、资源关联 4 个一级指标，16 个二级指标。

表 8-2　资源进化初始评价指标体系

一级指标	二级指标	指标描述
资源内容	内容目标一致性	资源的学习目标和内容相一致
	内容科学性	资源的内容科学严谨
	内容完整性	资源的内容完整可靠
	内容客观性	资源的内容客观真实
	内容准确性	资源的内容表达准确
	内容逻辑性	资源的内容表达富有逻辑
	内容拓展性	提供合适的外部参考资源或链接
	内容版本数量	资源内容的所有历史版本总数
资源结构	结构合理性	资源的目录结构组织合理
	结构清晰性	资源的结构富有层次、清晰

[1] CELTS-22.1，网络课程评价规范（征求意见稿）[S]. 教育部教育信息化标准委员会，2002.

[2] Wright, C.R. Criteria for Evaluating the Quality of Online Courses[EB/OL]. http://e-Learning.typepad.com/ thelearnedman/ ID/evaluatingcourses.pdf, 2010-12-16.

[3] Illinois Online Network. A Tool to Assist in the Design, Redesign, and/or Evaluation of Online Courses[EB/OL]. http://www.montereyinstitute.org/pdf/OCEP%20Evaluation%20Categories.pdf, 2010-12-16.

[4] Quality Matters Programme. Quality MattersTM Rubric Standards 2011-2013 edition with Assigned Point Values[EB/OL]. http://www.ion.uillinois.edu/initiatives/qoci/docs/QOCIRubric.rtf, 2010-12-16.

续表

一级指标	二级指标	指标描述
标注规范	文献标注清晰性	参考文献、资料来源标注清晰
	文献标注准确性	参考文献、资料来源标注正确
	语义标注完整性	资源的语义描述信息丰富完整
	语义标注准确性	资源的语义描述信息准确合理
资源关联	资源关联数量	资源与其他资源之间建立的关联数量
	资源关联准确性	资源与其他资源之间建立的关联准确合理

将上述评价指标体系通过 E-mail 发给 7 名教育技术领域从事数字化学习资源研究的专家，设计了表 8-3 所示的引导性问题。专家对进化指标进行评价反馈，通过 E-mail 返回。

表 8-3　用于专家评价的引导性问题

编　号	问　题
1	四个维度是否合适？是否还有新的维度？
2	各维度内的指标是否考虑全面？有无交叉的指标？
3	还有哪些指标需要考虑？

其中，有 5 名专家对资源进化评价指标进行了评价反馈，部分评价反馈内容如下：

（1）除了版本的数量，内容实质性的丰富、完善也应是重要的考查选项。（Prof. Yu）

（2）作为"进化"中的资源，建议增加内容时效性因素。（Dr. Li）

（3）资源的教学性满足是其中重要的方面，应该可以成为一个独立的维度，这在美国的 e-Learning 在线课程资源规范中是有的。（Dr. Li）

（4）内容科学性、内容准确性、内容客观性、内容逻辑性四项可能有交叉，望进一步考虑。（Prof. Yang）

（5）对于学习资源进化的评价，我的直观感觉应该是：①资源价值或资源活性，价值越高或活性越高，进化的效果越好；②资源进化水平，包括资源的再创新、资源的更新、资源的共享度、资源的目标适切性；③进化的可持续性，从个体进化到群体进化是否可持续。（Prof. Wu）

（6）"内容"指标太复杂，可能存在重复，如"科学"与"客观"，"准确"与"逻辑"。(Dr. Wei)

依据专家的反馈对指标体系进行了修改调整，并发送给专家重新评价。经过两次的评价反馈、修改完善，得到最终的资源进化评价指标体系（见表 8-4），包括 5 个一级指标，22 个二级指标。

表 8-4　资源进化最终评价指标体系

一级指标	二级指标	指标描述
资源内容	内容完整性	资源的内容全面完整
	内容准确性	资源的内容表达准确
	内容逻辑性	资源的内容表达富有逻辑
	内容拓展性	提供合适的外部参考资源或链接
	内容时效性	资源的内容反映领域知识最新进展
	内容创新性	资源的内容具有创新价值
资源结构	结构合理性	资源的目录结构组织合理
	结构清晰性	资源的结构富有层次、清晰
标注规范	文献标注清晰性	参考文献、资料来源标注清晰
	文献标注准确性	参考文献、资料来源标注正确
	语义标注完整性	资源的语义描述信息丰富完整
	语义标注准确性	资源的语义描述信息准确合理
资源教学性	学习目标清晰性	资源的学习目标表述清晰
	目标与内容一致性	资源的学习目标与内容高度一致
	学习活动丰富性	资源中的学习活动设计较为丰富
	学习活动合理性	资源中的学习活动设计科学合理
资源活性	关联的资源数量	资源与其他资源之间建立的关联数量
	关联资源的速度	资源与其他资源之间建立关联的速度，用平均每月关联的数量来表示
	内容的版本数量	资源内容的所有历史版本总数
	版本更新速度	资源内容的版本更新速度，用平均每月产生的版本数量来表示
	关联的用户数量	与当前资源相关的用户数量，包括订阅者、收藏者、协作者等
	关联用户的速度	资源关联用户的速度，用平均每月关联的用户数量来表示

上述评价指标体系中，前四个一级指标（资源内容、资源结构、标注规范、资源教学性）主要用于对资源当前时间的进化结果（资源质量）进行评价，而资源活性则主要从关联的资源数量、关联资源的速度、内容的版本数量、版本更新速度、关联的用户数量、关联用户的速度等方面来评价资源的进化过程，评价的结果可用于预测资源未来的进化效果，如图 8-1 所示。

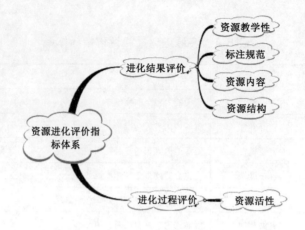

图 8-1　资源进化评价指标体系的总体结构

03 Section **资源进化评价量表编制**

依据上述资源进化的评价指标体系，编制了资源进化评价量表。该量表采用李克特五点评分机制，共包含 5 个部分 22 道试题（见表 8-5）。

表 8-5 资源进化评价量表

学习资源进化评价量表
一、资源内容
1. 资源内容比较完整？（　　　） 　a.很同意　　　b. 同意　　　c. 一般　　　d.不同意　　　e. 很不同意
2. 资源内容描述的比较准确？（　　　） 　a.很同意　　　b. 同意　　　c. 一般　　　d.不同意　　　e. 很不同意
3. 资源内容的逻辑性比较强？（　　　） 　a.很同意　　　b. 同意　　　c. 一般　　　d.不同意　　　e. 很不同意
4. 资源提供了丰富的拓展性内容？（　　　） 　a.很同意　　　b. 同意　　　c. 一般　　　d.不同意　　　e. 很不同意
5. 资源内容反映了领域知识最新进展？（　　　） 　a.很同意　　　b. 同意　　　c. 一般　　　d.不同意　　　e. 很不同意
6. 资源内容具有创新价值？（　　　） 　a.很同意　　　b. 同意　　　c. 一般　　　d.不同意　　　e. 很不同意
二、资源结构
7. 资源的目录结构组织得比较清晰？（　　　） 　a.很同意　　　b. 同意　　　c. 一般　　　d.不同意　　　e. 很不同意
8. 资源的目录结构组织得比较合理？（　　　） 　a.很同意　　　b. 同意　　　c. 一般　　　d.不同意　　　e. 很不同意
三、标注规范
9. 资源的参考文献（资料）标注得比较清晰？（　　　） 　a.很同意　　　b. 同意　　　c. 一般　　　d.不同意　　　e. 很不同意
10. 资源的参考文献（资料）标注得比较准确？（　　　） 　a.很同意　　　b. 同意　　　c. 一般　　　d.不同意　　　e. 很不同意
11. 资源的语义信息标注得比较完整？（　　　） 　a.很同意　　　b. 同意　　　c. 一般　　　d.不同意　　　e. 很不同意
12. 资源的语义信息标注得比较准确？（　　　） 　a.很同意　　　b. 同意　　　c. 一般　　　d.不同意　　　e. 很不同意
四、资源教学性
13. 资源的学习目标描述得比较清晰？（　　　）

a.很同意	b. 同意	c. 一般	d.不同意	e. 很不同意

14. 资源设定的学习目标与资源内容比较一致？（　　　）
a.很同意　　b. 同意　　c. 一般　　d.不同意　　e. 很不同意
15. 资源中的学习活动设计得比较丰富？（　　　）
a.很同意　　b. 同意　　c. 一般　　d.不同意　　e. 很不同意
16. 资源中的学习活动设计得比较科学合理？（　　　）
a.很同意　　b. 同意　　c. 一般　　d.不同意　　e. 很不同意

五、资源活性

17. 与其他资源之间建立的关联比较多？（　　　）
a.很同意　　b. 同意　　c. 一般　　d.不同意　　e. 很不同意
18. 与其他资源之间的关联关系建立得比较快？（　　　）
a.很同意　　b. 同意　　c. 一般　　d.不同意　　e. 很不同意
19. 资源的历史版本数量比较多？（　　　）
a.很同意　　b. 同意　　c. 一般　　d.不同意　　e. 很不同意
20. 资源的历史版本变化比较快？（　　　）
a.很同意　　b. 同意　　c. 一般　　d.不同意　　e. 很不同意
21. 与当前资源相关的用户数量比较多？（　　　）
a.很同意　　b. 同意　　c. 一般　　d.不同意　　e. 很不同意
22. 资源关联用户的速度比较快？（　　　）
a.很同意　　b. 同意　　c. 一般　　d.不同意　　e. 很不同意

　　我们邀请教育技术领域的 2 名博士生（熟悉 LCS、具有较强的专业素质）应用上述评价量表对从 LCS 中选取的 15 个属于教育技术学科的学习元进行资源进化效果的预评价。每个学习元的评价结果为所有题项得分的平均分，采用四舍五入法转换为五级资源进化等级，进行 Kappa 一致性检验。统计结果表明，两位评价者的评价一致性系数 Kappa=0.795>0.75（见图 8-2），证明两位评价者的评价具有很好的一致性。然后，重新选择 80 个学习元（教育技术学科），每名博士生负责评价 40 个学习元。评价对象和评价量表通过 E-mail 方式发送，评价数据通过标准的 Excel 表格返回。

Symmetric Measures

	Value	Asymp. Std. Error[a]	Approx. T[b]	Approx. Sig.
Measure of Agreement　Kappa	0.795	0.127	4.560	0.000
N of Valid Cases	15			

a. Not assuming the null hypothesis.
b. Using the asymptotic standard error assuming the null hypothesis.

图 8-2　两位评价者的评价一致性检验

　　应用 SPSS13.0（SPSS Inc., Chicago, IL, USA）对结果数据进行统计分析，验证资源进化评价量表的信效度。信度方面，由于 LCS 的资源处于不断更新的过程中，因此难以进行重测信度检验。克朗巴赫 a 系数是目前最常用的信度指标之一，该系数表明量表中条目间得分的一致性。本书对量表的各部分及量表总体进行了克朗巴赫 a 系数和分半系数检验，检验的结果见表 8-6。

表 8-6　评价量表各部分及总体的克朗巴赫 a 系数和分半信度

部　　分	部分名称	条　目　数	克朗巴赫 a 系数	分半系数
第一部分	资源内容	6	0.876	0.730
第二部分	资源结构	2	0.899	0.899
第三部分	标注规范	4	0.750	0.374
第四部分	资源教学性	4	0.809	0.556
第五部分	资源活性	6	0.904	0.865
总体	整个量表	22	0.923	0.814

由表 8-6 可知，在五个部分中，第三部分的克朗巴赫 a 系数较低为 0.747，其他部分及量表总体的信度值均高于 0.8。分半信度与克朗巴赫 a 系数结果相似，即第三部分的分半系数最低为 0.374<0.6，其他部分以及整个量表的信度值均较好。量表的整体克朗巴系数和分半信度值分别为 0.923 和 0.814。一般认为 Crobach's alpha > 0.8 表示内部一致性极好[1]，因此，该量表具有较高的可信度。

在效度方面，由于有关学习资源进化评价的研究不多，没有可供参照的标准，无法进行效标效度的考察。内容效度方面，由于在评价指标体系构建时征求了多位领域专家的意见，根据反馈已经进行了一级指标和二级指标的增删，可以保证内容效度。因此，这里只进行了结构效度检验。

首先应用 SPSS13.0 进行因子分析检验（见图 8-3），得到 Bartlett's 值=1620.616, $P<0.001$，表明量表的相关系数矩阵不是单位矩阵，可以进行因子分析。此外，KMO 值= 0.798，表明比较适合用因子分析法进行结构效度分析。按照特征根大于 1 的原则提取公共因子，共得到四个因子，累计贡献率达到 72.061%，说明这四个公共因子具有良好的解释度，基本反映了量表的设计结构，证明该量表具有较高的结构效度。各因子的特征根、贡献率及累计贡献率结果如图 8-4 所示。

Kaiser-Meyer-Olkin Measure of Sampling Adequacy.		0.798
Bartlett?s Test of Sphericity	Approx. Chi-Square	1620.616
	df	231
	Sig.	0.000

图 8-3　资源进化评价量表的 KMO 和 Bartlett's 检验结果

[1] 马文军，潘波. 问卷的信度和效度以及如何用 SAS 软件分析[J]. 中国卫生统计，2000（6）：17-364.

Component	Extraction Sums of Squared Loadings			Rotation Sums of Squuared Loadings		
	Toptal	%of Variance	Cumulative %	Toptal	%of Variance	Cumulative %
1	9.005	40.931	40.931	5.623	25.560	25.560
2	3.313	15.060	55.991	4.856	22.072	47.632
3	1.849	8.406	64.387	3.242	14.734	62.366
4	1.686	7.664	72.061	2.133	9.695	72.061

Extracgion Method:Principal Compontent Analysis.

图 8-4 资源进化评价量表因子分析的总方差解释结果

04 Section LCS 中的资源进化效果评价

这里主要应用案例分析法和问卷调查法检验 LCS 中的资源有序进化的效果。案例分析一方面用于观察典型资源个体和资源群体的进化过程，另一方面用于评价 LCS 中典型资源的进化结果。问卷调查重在从整体上了解 LCS 用户对 LCS 中资源进化效果的总体评价。LCS 中资源进化效果评价实验设计如图 8-5 所示。

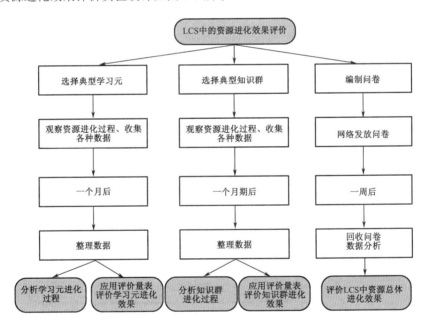

图 8-5　LCS 中资源进化效果评价实验设计

8.4.1　资源个体（学习元）进化评价

1. 案例选择

这里选择"企业大学概述"学习元作为典型案例对 LCS 中学习元的进化过程和进化效

果进行分析评价。之所以选择此学习元作为案例，一方面考虑到企业大学是当前教育技术领域的研究热点之一，受关注度较高，会吸引广大教育技术专业的学生、教师参与编辑；另一方面 LCS 中已经有不少关于企业大学的资源，便于通过动态语义关联技术实现其与相关企业大学主题资源的关联。

2. 学习元进化过程

"企业大学概述"学习元由 maxyang 用户于 2012 年 2 月 10 日创建，通过历史版本查看页面（见图 8-6）可以发现截至 2012 年 3 月 10 日，共有 26 个正式版本。其中，版本 1 的内容页面（见图 8-7）只包含基本的内容结构（企业大学的由来、企业大学的定义、企业大学的特点）。

历史版本

企业大学概述 **共有 26 个正式版本**　历史版本可视化>>　　查看修订历史>>

版本对比	更新时间	版本	贡献者	审核者	更改原因
☐	2012-3-7 15:59	查看	maxyang.star	maxyang	图片居中
☐	2012-3-4 16:13	查看	maxyang	maxyang	新增参考资料
☐	2012-3-1 10:28	查看	李山,maxyang,邢惠卿	maxyang	删除首行缩进
☐	2012-2-29 19:53	查看	maxyang,李山	系统自动审核	添加内容
☐	2012-2-29 16:23	查看	wanhaipeng,胡智杰,yeahmooy	系统自动审核	删除空白段落
☐	2012-2-26 17:34	查看	wanhaipeng	wanhaipeng	添加内容
☐	2012-2-26 9:59	查看	唐瑶,邢惠卿,maxyang,李山	系统自动审核	添加内容
☐	2012-2-20 19:53	查看	唐瑶	系统自动审核	添加内容
☐	2012-2-18 21:38	查看	maxyang	maxyang	修改第一段落格式
☐	2012-2-18 21:34	查看	maxyang	maxyang	调整段落格式
☐	2012-2-18 21:24	查看	maxyang	maxyang	调整国内外知名企业大学部分格式
☐	2012-2-13 16:02	查看	李山	系统自动审核	添加内容

图 8-6　"企业大学概述"学习元的历史版本页面

图 8-7　"企业大学概述"学习元版本 1 的内容

该学习元自创建到生成版本 26 期间，共有 15 名用户参与了内容编辑，修订总次数为 69 次，修订的内容包括：新增段落、调整格式、添加链接、调整字体、调整段落格式、修改内容、插入图片、插入活动等。图 8-8 显示了学习元进化过程的智能控制结果。2012 年 2 月 29 日 16:58 "noteexxx" 用户添加了爱情相关的内容，由于和当前学习元的语义基因差异度太大，系统自动拒绝此次内容修订。2012 年 2 月 29 日 19:53 "李山" 用户添加了国内外知名企业大学的图片，由于该用户为高可信用户，系统自动接受此次内容修订。

修订时间	版本	贡献者	审核者	更改原因	审核结果	审核方式	备注
2012-3-7 15:59	查看	star	maxyang	图片居中	接受	手动审核	
2012-3-5 17:01	查看	star		xxx插入参考资料	拒绝	自动审核	新加内容和语义基因的语义差异较大
2012-3-5 16:59	查看	star		d插入参考资料	拒绝	自动审核	新加内容和语义基因的语义差异较大
2012-3-5 0:39	查看	panna		更新内容，进化测试	拒绝	自动审核	新加内容和语义基因的的语义差异太大
2012-3-4 16:38	查看	贾勇		添加内容	拒绝	自动审核	新加内容和语义基因的的语义差异太大
2012-3-4 16:25	查看	maxyang		添加学习活动	接受	无需审核	
2012-3-4 16:13	查看			新增参考资料	接受	无需审核	
2012-3-4				添加企业大学建立步骤的参考网址	接受	无需审核	
2012-3-4 16:08	查看	maxyang		插入图片	接受	无需审核	
2012-3-4 16:05	查看	maxyang		调整结构	接受	无需审核	
2012-3-1 10:38	查看	noteexxx		xxxno change	拒绝	自动审核	
2012-3-1 10:32	查看	邢惠娜		no change	拒绝	自动审核	无任何操作
2012-3-1 10:28	查看	邢惠娜	maxyang	删除首行缩进	接受	手动审核	
2012-2-29 21:37	查看	maxyang		删除多余回车	接受	无需审核	
2012-2-29 21:36	查看	maxyang		删除多余回车	接受	无需审核	
2012-2-29 19:53	查看	李山		添加内容	接受	自动审核	高可信用户的可靠操作
2012-2-29 19:52	查看	李山	maxyang	插入图片	接受	自动审核	高可信用户的可靠操作
2012-2-29 19:42	查看	李山		添加内容	接受	自动审核	高可信用户的可靠操作
2012-2-29 16:58	查看	noteexxx		添加爱情	拒绝	自动审核	新加内容和语义基因的语义差异较大
2012-2-29 16:49	查看	maxyang		增加1条参考资料	接受	无需审核	

自动接受

自动拒绝

图 8-8　"企业大学概述"学习元进化过程智能控制页面

截至 2012 年 3 月 10 日，第 26 个版本的内容进化结果相比版本 1 来说已经相当完善和准确（见图 8-9），不仅填充了预设的各段落的内容，同时也补充了"国内外知名企业大学""参考资料"等内容。通过 Flex 可视化技术，图 8-10 展现了该学习元的内容进化过程。

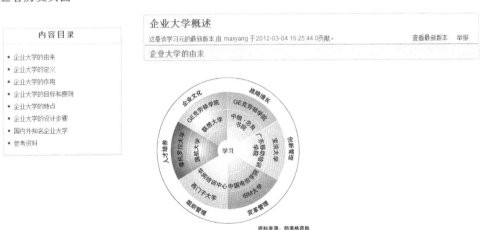

图 8-9　"企业大学概述"学习元版本 26 的内容

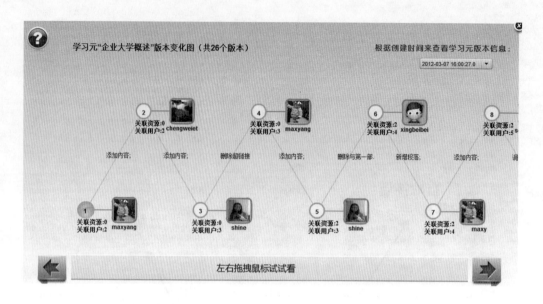

图 8-10　"企业大学概述"学习元的内容进化过程

　　除上述内容进化外，该学习元自创建到生成版本 26 期间，也在不断进行着资源关联方面的进化。产生初期（版本 1），该学习元并未与其他任何资源产生关联；随着内容的不断完善，到版本 22 时已经和 8 个学习元、16 个用户建立关联，图 8-11 和图 8-12显示该学习元版本 22 上的知识关系网络 KNS（Knowledge Networking　Social Services）；待内容进化到版本 26，已经和 12 个学习元、29 个用户建立了关联关系，KNS 变得更加丰富。图 8-13显示了"企业大学概述"学习元关联进化，不同阶段关联的学习元和用户的数量变化。

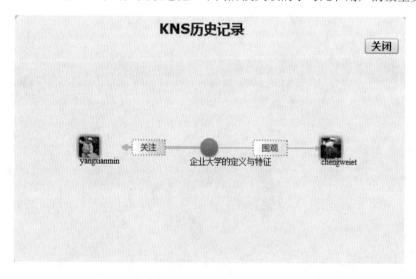

图 8-11　"企业大学概述"学习元版本 1 上的 KNS

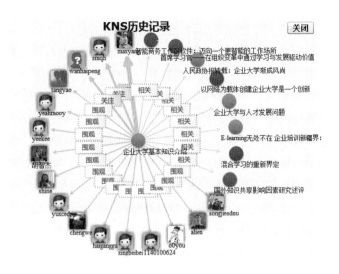

图 8-12　"企业大学概述"学习元版本 22 上的 KNS

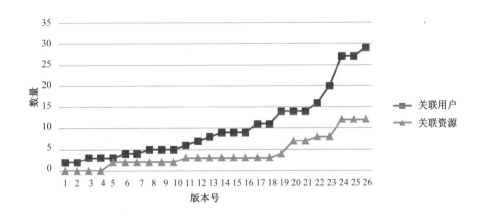

图 8-13　"企业大学概述"学习元的关联进化

通过对学习元进化过程的简要描述，可以将学习元进化过程总结为：用户创建学习元，邀请他人协作；其他用户关注该学习元，进行收藏、订阅、评论、申请协作等交互操作；部分用户参与学习元的内容编辑，智能控制程序自动审核普通用户编辑生成的待审核版本，内容版本不断更迭升级，进而实现学习元内容的持续进化；内容进化的同时，通过动态语义关联程序不断与其他学习元建立关联关系，关联的用户也越来越多，KNS 逐步丰富和完善；最终，实现学习元的内容和 KNS 的持续进化和发展。

3. 学习元进化效果评价

我们邀请 6 名教育技术领域专家（LCS 用户）分别应用资源有序进化评价量表对"企业大学概述"学习元进行评价，回收评价数据，计算 6 位评价者在各题项上的平均分。得到的数据统计结果如表 8-7 和表 8-8 所示。

表 8-7 显示了"企业大学概述"学习元在每个二级指标上所得的总分和平均分。从数据上来看，可以发现该学习元在内容实效性、内容创新性、文献标注清晰性、关联用户数量四个指标上的平均分低于 4.00。尤其在内容的时效性和内容的创新性方面，平均得分不足 3.00，表明该学习元的内容不够新颖，属于基础知识的普及性介绍。此外，在文献标注方面，该学习元也需要进一步完善，使标注更加规范和清晰。而在关联的用户上，LCS 后台统计数据显示包含订阅者、收藏者、编辑者、浏览者在内共计 27 人，总关联用户数显然不是很多。原因在于，该学习元自创建至 2012 年 3 月 1 日仅 1 个月时间，进化时间较短，随着该学习元的不断丰富和完善，随着用户之间的相互分享传播，将有更多的用户关注该学习元。除上述四个二级指标外，其他各项评价指标的平均得分都超过了 4.00，表明已经取得了不错的进化效果。

表 8-7 "企业大学概述"在二级指标上的得分（一）

一级指标	二级指标	总分（分）	平均得分（分）
资源内容	内容完整性	24	4.00
	内容准确性	25	4.17
	内容逻辑性	24	4.00
	内容拓展性	25	4.17
	内容时效性	17	2.83
	内容创新性	15	2.50
资源结构	结构合理性	29	4.83
	结构清晰性	27	4.50
标注规范	文献标注清晰性	21	3.50
	文献标注准确性	25	4.17
	语义标注完整性	25	4.17
	语义标注准确性	28	4.67
资源教学性	学习目标清晰性	27	4.50
	目标与内容一致性	29	4.83
	学习活动丰富性	24	4.00
	学习活动合理性	24	4.00
资源活性	关联的资源数量	25	4.17
	关联资源的速度	25	4.17
	内容的版本数量	27	4.50

表 8-8 "企业大学概述"在二级指标上的得分（二）

一级指标	二级指标	总分（分）	平均得分（分）
资源活性	版本更新速度	27	4.50
	关联的用户数量	23	3.83
	关联用户的速度	25	4.17

表 8-9 显示了"企业大学概述"学习元在每个一级指标上所得的总分和平均分。从数据上来看，可以发现该学习元在总体上的进化评价总分为 541，平均分为 90.17 > 22×4，说明该学习元总体上达到了较好的进化效果。在资源结构、标注规范、资源教学性、资源活性等方面，每题平均得分都超过了 4.00，表明在这些方面的进化效果比较明显。尤其在资源结构方面，每题平均分高达 4.67，表明结构已经相当完善、合理。资源教学性方面也表现得很不错，学习目标设置清晰，学习活动设计丰富合理。资源活性方面，每题平均得分为 4.22，表明该学习元进化活跃，仍具有较强的进化动力和进化空间。资源内容方面，每题平均得分为 3.61，表明该学习元的内容仍需要进一步完善和发展。通过对资源内容二级指标得分的分析，可以发现在内容的完整性、逻辑性、描述准确性、拓展性等方面的进化效果较好，唯有在时效性和创新性方面得分较低，导致资源内容指标上的平均得分较低。

表 8-9　"企业大学概述"在一级指标上的得分

一级指标	题数	总分	平均得分（分）	每题平均分（分）
资源内容	6	130	21.67	3.61
资源结构	2	56	9.33	4.67
标注规范	4	99	16.50	4.13
资源教学性	4	104	17.33	4.33
资源活性	6	152	25.33	4.22
总体	22	541	90.17	4.10

通过对各进化指标上评价数据的分析，可以得出如下结论：该学习元在短短一个月时间内，总体上已经取得了较好的进化效果；在资源内容的时效性、创新性、文献标注的清晰性、关联用户等方面略有欠缺，下一步的资源进化一方面需要在内容上增加些有关企业大学最新研究进展的知识，另一方面需要完善文献标注，增强清晰性，方便学习者能够快速找到文献出处，最后需要鼓励更多的用户分享传播该学习元，以引起更多用户的关注，为该学习元的持续进化贡献智慧和力量。

8.4.2　资源群体（知识群）进化评价

1. 案例选择

"教育技术百科全书协同知识创建活动"（以下简称百科活动）是一项由北京师范大学现代教育技术研究所发起的志愿者活动，旨在通过招募教育技术学专业在校学生以及中青年教师，发表观点，分享经验，共享知识，协同编辑"教育技术学百科全书"，以发挥集体智慧，加强学术交流，促进志愿者对专业术语的理解，为教育技术学学科建设添砖加瓦。更多信息请访问 http://lcell.bnu.edu.cn/websites/eet/index.html。

这里选择"教育技术学国内外知名学者"知识群（以下简称学者知识群）作为典型案例对 LCS 中知识群的进化过程进行分析说明。教育技术学国内外知名学者是百科活动中的六大专题之一，希望通过集体的力量，构建实时更新的 ET 专家库。目前已有 56 人正式报名参加百科活动，选择"教育技术学国内外知名学者"作为典型案例，可以保证较大规模的用户群体参与，能更好地反映理想的资源进化过程。

2. 知识群进化过程

学者知识群由"chengweiet"用户于 2011 年 9 月 1 日创建，截至 2012 年 2 月 29 日，共有 101 个学习元，14 名正式协作者，39 名用户对其进行了收藏和订阅，共被 67 名用户浏览 853 次。

知识群中的学习元有两种产生方式，一是用户直接在知识群中创建学习元，所创建的学习元自动加入到该知识群中；二是将 LCS 中已有的任何学习元通过引入或推荐的方式补充到该知识群中。知识群的管理员负责审核普通用户引入或推荐的学习元，审核通过后在知识群首页公开显示（见图 8-14）。

图 8-14　学者知识群首页

自产生之日起，学者知识群关联的用户（浏览者、收藏者、订阅者、协作者等）越来越多。部分特别感兴趣的用户主动申请加为协作者，协作者创建或引入的学习元无需管理员审核直接通过。此外，LCS 还将学习元引入审核的权限开放给协作者，以方便协作者辅助管理员协同管理知识群。

随着知识群关联用户数量的增加，更多的用户通过创建、引入、编辑学习元来贡献自己的智慧和力量，知识群内学习元的数量不断增长，质量也不断提高。数量增长曲线如

图 8-15 所示，平均增长速度为 16.83 个/月。图 8-16 显示了学者知识群关联其他知识群的变化情况，平均资源关联速度为 2.83 个/月；图 8-17 显示了学者知识群关联用户的变化情况，平均用户关联速度为 11.17 个/月。可见，随着时间的增加，知识群内资源的数量越来越多，内容越来越丰富和完善；同时，知识群作为一个资源群体，也在不断地和其他相关资源群体建立关联关系；知识群上附加的用户越来越多，用户是知识群进化的根本动力，通过用户的参与贡献实现资源群体的持续进化。

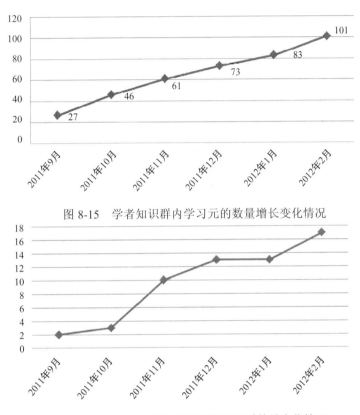

图 8-15　学者知识群内学习元的数量增长变化情况

图 8-16　学者知识群关联其他知识群数量变化情况

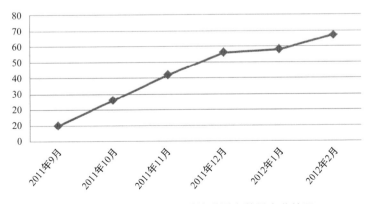

图 8-17　学者知识群关联用户数量变化情况

通过对知识群进化过程的简要描述，可以将知识群进化过程总结为：用户创建知识群，邀请他人协作；其他用户关注知识群，进行收藏、订阅、评论等交互操作；新建或引入系统已有的和当前知识群密切相关的学习元，学习元的数量不断增加，知识群的内容持续进化；在内容完善的同时，通过手动和自动相结合的方式不断与其他知识群建立关联关系，知识网络越来越丰富和完善；除了资源关联，知识群上关联的用户也越来越多，附加的人际网络也在不断丰富和完善；最终，实现知识群的内容和关联（资源关联、用户关联）两个方面的持续进化和发展。

3. 知识群进化效果评价

知识群作为多个学习元的集合，其包含的每个资源个体的进化效果可以综合反映资源群体的进化效果。除此之外，还需要增加一项新指标来评价知识群中资源的增长速度。

我们邀请参与"企业大学概述"学习元进化评价的 1 名专家应用资源有序进化评价量表对"教育技术学国内外知名学者"知识群包含的 101 个学习元进行评价。

表 8-10 显示了学者知识群中所有学习元在每个二级指标上的平均分。从数据上来看，可以发现该知识群中的学习元在内容完整性、内容准确性、内容逻辑性、内容时效性、结构合理性、结构清晰性、学习目标清晰性、目标与内容一致性 8 个指标上的平均分超过了 4.0，说明该知识群中的学习元在这些方面取得了比较好的进化效果。在内容拓展性、内容创新性、学习活动丰富性、学习活动合理性 4 个指标上的平均分不足 2.0，说明该知识群中的学习元缺乏拓展性资源辅助学习者进行扩展学习，内容上缺乏创新，欠缺合理性学习活动的设计。在文献标注的清晰性、文献标注的准确性上平均分分别为 2.14 和 2.15，说明该知识群中的学习元缺乏资料来源的标注信息，且在标注上不够准确。在语义标注完整性和语义标注准确性上的平均分接近 4.0，说明该知识群中的学习元在语义信息标注方面的进化效果比较好，但仍需进一步完善。在资源的关联数量和资源关联速度上的平均分分别是 2.42 和 2.71，说明该知识群中的学习元在资源关联方面进化效果不理想。在内容的版本数量和版本更迭速度上的平均分分别是 3.72 和 3.45，说明该知识群中的学习元在内容版本更新方面进化效果较好，但在版本的更迭速度上仍需要进一步提高。在关联用户数量、和关联用户速度上的平均分分别是 3.08 和 3.24，说明该知识群中的学习元在关联用户方面进化效果一般，没有吸引到更多的用户参与到内容编辑中。

表 8-11 显示了学者知识群在每个一级指标上所得的平均分和每题平均分。从数据上来看，可以发现：该知识群中的学习元在资源结构上的进化效果最为理想，每题平均分超过了 4.0；在资源内容上，每题平均分接近 3.5，说明在内容上的进化效果差强人意，仍需进一步完善；在标注规范和资源教学性方面进化效果一般，尤其在文献标注和学习活动方面需要重点完善；在资源活性上，每题平均分为 3.10，说明该知识群中的学习元进化动力和发展潜力一般，关注该知识群的用户人数以及用户参与的内容修订次数较少，与其他学习元之间的关联较少，表 8-12 统计了学者知识群中所有学习元的平均版本数、修订次数、关

联资源数、关联用户数等基本信息；总体上的每题平均分为 3.20，说明该知识群中的学习
元整体进化效果一般，仍有较大的进化提升空间。

表 8-10　所有学习元在二级指标上的平均得分

一级指标	二级指标	平均得分（分）
资源内容	内容完整性	4.01
	内容准确性	4.35
	内容逻辑性	4.12
	内容拓展性	1.99
	内容时效性	4.04
	内容创新性	1.72
资源结构	结构合理性	4.09
	结构清晰性	4.39
标注规范	文献标注清晰性	2.14
	文献标注准确性	2.15
	语义标注完整性	3.79
	语义标注准确性	3.83
资源教学性	学习目标清晰性	4.07
	目标与内容一致性	4.08
	学习活动丰富性	1.49
	学习活动合理性	1.50
资源活性	关联的资源数量	2.42
	关联资源的速度	2.71
	内容的版本数量	3.72
	版本更新速度	3.45
	关联的用户数量	3.08
	关联用户的速度	3.24

表 8-11　所有学习元在一级指标上的平均得分

一级指标	题数	平均得分（分）	每题平均分（分）
资源内容	6	20.23	3.37
资源结构	2	8.48	4.24
标注规范	4	11.91	2.98
资源教学性	4	11.14	2.78
资源活性	6	25.33	3.10
总体	22	70.37	3.20

表 8-12　所有学习元的基本统计信息

平均 版本数	平均 修订次数	平均 关联用户数	平均 关联资源数	平均 浏览次数
6.06	9.00	10.30	2.09	25.75

表 8-13 显示了学者知识群中所有学习元的进化平均分分布情况：60.40%的学习元进化处于"一般"到"好"之间，每题平均分介于 3～4 分；34.65%的学习元进化处于"不好"到"一般"之间，每题平均分介于 2～3 分；4.95%的学习元进化效果处于"好"到"非常好"之间，每题平均分介于 4～5 分。可以发现，学者知识群中只有一小部分学习元的进化效果非常理想，大多数学习元仍处于进化过程中，需要更多用户积极参与、不断修改完善。

表 8-13　所有学习元的进化平均分分布

平均分（分）	1～2	2～3	3～4	4～5
数量	0	35	61	5
百分比	0%	34.65%	60.40%	4.95%

对知识群中所有学习元的进化效果进行了评价之后，还需要对知识群中学习元的增长速度进行统计分析。图 8-15 显示了学者知识群中学习元数量的变化，可以发现知识群中学习元的平均增长速度为 16.83 个/月，也就是说每个月会产生 16.83 个新学习元，每两天产生 1 个新学习元。从增长速度来看，应该说比较理想，每隔一天就会有新资源产生，且该知识群正处在进化的过程中，今后随着用户群体规模的扩展，预计将有更多相关国内外教育技术学者信息的学习元会加入到该知识群中。

通过对上述对知识群进化评价数据的分析，可以得出如下结论：该知识群在学习元数量的增长上进化效果明显，平均增速很快；该知识群中学习元的总体进化上效果一般，质量进化方面需要继续完善；该知识群中的学习元在参考文献标注、学习活动设计、内容拓展等方面进化明显不足，急需下一步着力完善，进一步规范文献标注方式、强化活动设计和拓展性材料的补充；该知识群中的学习元在进化上缺少活性，进化动力不足，关联的用户数量较少，学习元之间缺少关联，下一步需要吸引更多的用户积极地参与到资源的编辑完善中，除系统自动发现资源关联外（当前学习元之间 86.4%的关联是由系统自动建立的，用户参与少），还需要引导普通用户参与资源关系的编辑。

应用 SPSS13.0（SPSS Inc., Chicago, IL, USA）对上述进化评价数据进行相关性分析，重在探索资源进化效果与正式版本数、修订次数、关联用户数之间是否存在相关关系。图 8-18 显示了相关性分析的结果。

		总分	正式版本数	修订次数	关联用户数
总分	Pearson Correlation				
	Sig. (2-tailed)				
	Sum of Squares and Cross-products				
	Covariance				
	N				
正式版本数	Pearson Correlation	0.602**			
	Sig. (2-tailed)	0.000			
	Sum of Squares and Cross-products	3191.802			
	Covariance	31.918			
	N	101			
修订次数	Pearson Correlation	0.561**	0.863**		
	Sig. (2-tailed)	0.000	0.000		
	Sum of Squares and Cross-products	3620.000	3179.000		
	Covariance	36.200	31.790		
	N	101	101		
关联用户数	Pearson Correlation	0.711**	0.711**	0.638**	
	Sig. (2-tailed)	0.000	0.000	0.000	
	Sum of Squares and Cross-products	8289.010	4735.218	5170.000	
	Covariance	82.890	47.352	51.700	
	N	101	101	101	

**. Correlation is significant at the 0.01 level (2-tailed).

图 8-18　进化效果与版本数、修订次数、关联用户数之间的相关性分析

数据统计结果显示：资源进化总分与正式版本数间的皮尔森相关系数为 0.602(**)，后面有两个*，sig 值为 0.000，说明资源进化效果与正式版本数之间存在显著的相关关系；资源进化总分与修订次数间的皮尔森相关系数为 0.561(**)，后面有两个*，sig 值为 0.000，说明资源进化效果与修订次数之间存在显著的相关关系；资源进化总分与关联用户数之间的皮尔森相关系数为 0.711(**)，后面有两个*，sig 值为 0.000，说明资源进化效果与关联用户数之间存在显著的相关关系。

由此可以得出如下结论：资源的进化效果与正式版本数量、修订次数和关联的用户数之间存在显著的正相关关系，也就是说，一个资源关联的用户越多（受关注度高），生成的版本数量越多，修订的次数越多，则该资源的进化效果会越好。此外，图 8-18 显示关联用户数与正式版本数和修订次数之间也存在显著相关关系，相关系数分别是 0.711(**)和 0.638(**)，说明资源上关联的用户越多，内容被修订的次数就会越多，生成的正式版本数也会越多。

8.4.3　资源进化效果问卷调查

这里采用封闭式问卷，问卷调查的对象为 LCS 的实际应用者。通过系统的后台数据监控，选择近一个月内在 LCS 中比较活跃的 50 名用户。活跃度的评价综合考虑创建学习元

的数量、参与编辑次数、登录日志、浏览记录、评论数量等因素。

数据收集和分析采用专业的问卷调查平台——问卷星网站(http://www.sojump.com/)进行在线调查。将问卷链接地址通过 E-mail 发送给 LCS 中的活跃用户。调查时间为 2012 年 2 月 16 日到 2012 年 2 月 23 日。

问卷采用里克特五点量表，很同意(5)、同意(4)、一般(3)、不同意(2)、很不同意(1)。问卷共包含 11 道题目，内容如表 8-14 所示。该问卷经过 10 名教育技术学研究生试测，其克朗巴系数 Crobach's alpha = 0.89，证明该问卷具有较高的信度。通过 E-mail 共发放问卷（URL）50 份，共有 46 人参与，有效问卷 46 份，回收率为 92%。各项数据的统计结果如表 8-14 所示，百分比进行了四舍五入处理。

表 8-14 LCS 资源有序进化的问卷调查结果

	问题	SA	A	N	D	SD
资源进化质量	1.LCS 中大多数学习元的内容质量都比较可靠	16 / 34.78%	24 / 52.17%	6 / 13.04%	0 / 0%	0 / 0%
	2.LCS 中很少看到低劣杂乱的学习资源	7 / 15.22%	31 / 67.39%	8 / 17.39%	0 / 0%	0 / 0%
	3.LCS 中学习元的元数据信息比较丰富	9 / 19.57%	19 / 41.3%	13 / 28.26%	5 / 10.87%	0 / 0%
	4.LCS 中学习元的元数据描述（如标签、学科等）比较准确	7 / 15.22%	28 / 60.87%	10 / 21.74%	0 / 0%	1 / 2.17%
资源进化速度	5.LCS 中学习元的内容更新比较快，版本的更迭很迅速	11 / 23.91%	19 / 41.3%	12 / 26.09%	4 / 8.7%	0 / 0%
	6.LCS 中产生新学习元的速度比较快	9 / 19.57%	24 / 52.17%	11 / 23.91%	2 / 4.35%	0 / 0%
内容进化智能控制	7.LCS 的智能版本控制可以帮助我自动拒绝恶意内容	12 / 26.09%	26 / 56.52%	6 / 13.04%	2 / 4.35%	0 / 0%
	8.LCS 的智能版本控制可以减轻我手动审核版本的工作量	18 / 39.13%	21 / 45.65%	6 / 13.04%	1 / 2.17%	0 / 0%
可视化进化路径展现	9.可视化历史版本查看功能可以清晰地帮助我了解学习元的进化过程	25 / 54.35%	19 / 41.3%	1 / 2.17%	1 / 2.17%	0 / 0%
资源的动态语义关联	10.除了相似关系，LCS 中学习元之间还有更丰富的语义关系（相关、前驱、上下位等）	18 / 39.13%	23 / 50%	5 / 10.87%	0 / 0%	0 / 0%
	11.学习元中的 KNS 会自动丰富完善，学习元之间会动态建立关系	12 / 26.09%	24 / 52.17%	8 / 17.39%	2 / 4.35%	0 / 0%

Note: SA, strongly agree; A, agree; N, neutral; D, disagree; SD, strongly disagree.

　　问题 1～4 主要用于调查 LCS 中学习资源进化的质量。统计结果显示，86.95%的用户认为 LCS 中学习资源的质量比较可靠，82.61%的用户认为 LCS 中低劣杂乱的资源很少，60.87%的用户认为了 LCS 中的元数据信息比较丰富，76.09%的用户认为 LCS 中资源的元数据描述信息比较准确。绝大多数用户都比较认可 LCS 中资源的质量，认为 LCS 具有良好的生态环境。从问题 3 的统计结果可以发现，10.87%的用户认为 LCS 中的元数据信息不够丰富。原因在于，为了让用户可以快速创建资源，LCS 只提供了少数几个常用元数据（标题、标签、学科、简介、学习目标等），直接导致资源的元数据描述能力不强。接下来，LCS 需要在快速创建资源和提升元数据描述能力上进行折中考虑，允许用户创建资源后继续补充更详细的元数据信息。

　　问题 5 和问题 6 主要用于调查 LCS 中学习资源的进化速度。问题 5 用于调查资源个体的内容进化速度，其中 65.21%的用户认为 LCS 中学习资源的内容更新较快，版本的更迭比较迅速；26.09%的用户认为 LCS 中内容更新速度一般；8.7%的用户认为 LCS 中内容更新缓慢。问题 6 用于调查 LCS 资源数量上的进化速度，其中 71.74%的用户认为 LCS 产生新资源的速度很快；23.91%的用户认为 LCS 产生新资源的速度一般；4.35%的用户认为 LCS 产生新资源的速度比较慢。总体来说，大部分用户比较认可 LCS 的资源进化速度。但由于目前 LCS 中的注册用户数量较少，同时缺乏有效激励机制的设计，导致一部分用户对 LCS 的资源进化速度不够满意。

　　问题 7 和问题 8 主要用于调查用户对 LCS 中智能版本审核功能的态度。问题 7 的统计结果显示，82.61%的用户认为 LCS 中的智能版本审核功能可以帮助自动拒绝恶意内容编辑；13.04%的用户认为该功能一般；4.35%的用户认为智能版本审核功能难以自动拒绝恶意内容编辑。问题 8 的统计结果显示，84.78%的用户认为 LCS 中的智能版本审核功能可以减轻手动审核版本的工作量；13.04%的用户智能版本审核功能在减轻审核工作量上的作用一般；2.17%的用户认为该功能没有起到减轻人工审核负担的作用。LCS 中的智能版本审核功能受到了绝大多数用户的欢迎，认为可以很好地拒绝恶意内容编辑，大大减轻人工审核资源版本的工作量，减轻了用户在管理资源进化过程中的负担，较好地实现了内容进化的智能有序控制。

　　问题 9 主要用于调查用户对 LCS 中可视化展现资源进化过程的态度。统计结果显示，95.65%的用户认为可视化的历史版本查看功能对直观了解资源进化的过程有帮助；2.17%的用户认为该功能一般；2.17%的用户认为该功能不能帮助其清晰了解资源的进化过程。LCS 中的可视化历史版本查看功能受到了绝大多数用户的欢迎，认为其可以帮助他们清晰地了解资源的进化过程。

　　问题 10 和问题 11 主要用于调查用户对 LCS 中资源关联进化的态度。问题 10 的统计结果显示了用户对 LCS 中资源关联类型的态度，问题 11 的统计结果显示了用户对 LCS 中资源之间动态建立语义关联的态度。其中，89.13%的用户认为 LCS 中资源之间的语义关系比较丰富，78.26%的用户认为 LCS 中的资源之间会动态建立语义关联。目前 LCS 中内置的资源间的语义关系类型已经比较丰富，受到了绝大多数用户的认可；多数用户也肯定了 LCS 中的动态语义关联功能，可以自动在资源之间建立关系，但由于目前 LCS 中的资源数量有限，影响到了部分用户对资源动态语义关联效果的评价。随着 LCS 中资源数量的不断增加，动态语义关联的效果将越来越明显。

第 9 章
Chapter 9
资源进化的运行数据

01 Section 研究设计

本章旨在基于学习元平台实际运行数据对学习资源进化现状进行调查，分析存在的关键问题，并提出相应改进建议，期望能对开放知识社区的发展提供一定的指导。核心研究内容包括：①学习资源进化概况分析；②资源进化过程中的用户行为序列模式分析；③学习资源进化现存问题分析及改进建议。

9.1.1 样本选取

资源样本选取与处理流程如图 9-1 所示。

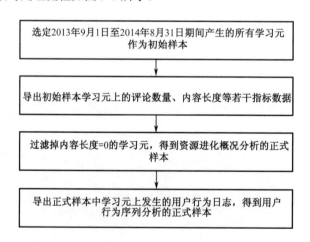

图 9-1 资源样本选取与处理流程

首先，选取 2013 年 9 月 1 日—2014 年 8 月 31 日期间产生的所有学习元作为初始样本，共计 6435 个。然后，将初始样本中每个学习元的创建时间、最后编辑时间、评论数量、平均得分、批注数量、收藏者人数、浏览人数、协作者人数、资源关联数量、编辑次数、投票次数以及内容长度从后台数据库全部导出到 Excel 文件中。接着，清除内容长度为零的学习元，得到正式样本数为 6194。之后，将正式样本中所有学习元上发生的用户行为日志导出到 Excel 文件中，作为用户行为序列模式分析的正式样本。

9.1.2　数据处理

这里用到的数据处理方法包括描述性统计、相关性分析和滞后序列分析（Lag Sequence Analysis，LSA）。其中，描述性统计用于分析资源进化的总体概况，包括资源的创建时间、最后编辑时间、内容长度、评论数量、平均得分、收藏人数、浏览人数、协作者人数、编辑次数、资源关联数量等指标以及资源数量变化趋势；相关性分析旨在探索资源进化相关指标之间是否存在相关关系；LSA 用于挖掘资源进化过程中用户各种操作行为之间的序列模式。

02
Section **数据分析**

9.2.1 资源进化整体发展趋势判断

2013 年 9 月 1 日—2014 年 8 月 31 日，用户共创作了 6194 个有效学习元（内容非空），资源生成速度为 516.17 个/月。图 9-2 显示了每月资源产生数量变化曲线。其中，2013 年 9 月之后每月资源产生数量开始递减，到 2014 年 1 月达到最低点。这是因为学习元平台的主要用户群为中小学教师和高校师生，9 月为开学初，各种中小学教师培训活动开展密集，国内约有 300 所中小学校应用学习元平台开展网络教研。10～12 月资源生成速度基本稳定，1 月急速下降，原因在于学期末学校进入课程复习和考试阶段，广大师生应用学习元平台的频率大大减少。2014 年 2 月之后资源生成速度迅速提高，3 月生成新学习元 817 个，到 4 月达到顶峰为 949 个，原因在于 2 月下旬假期结束，各中小学校陆续开展新一轮的教师教研活动，高校教师依托学习元平台开设新的课程，导致系统的用户活跃度不断提升。5 月、6 月基本稳定，7 月开始进入考试阶段和暑假，用户活跃度大大降低，资源生成速度达到新的最低点。

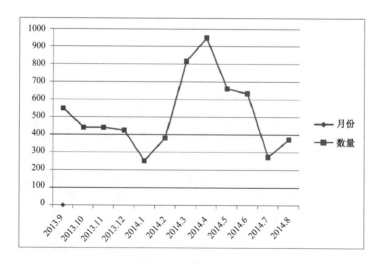

图 9-2　每月资源产生数量变化曲线（2013.9—2014.8）

　　由上述分析可知,学习元平台中的资源生成速度和学校的校历密切相关,基本呈现"开学初快速上升,达到顶峰后开始下降,维持 2 个月左右时间,到期末突然下降"的整体发展趋势。目前,学习元平台的用户群体比较单一,很多功能的设计(如教材设定、资源多维分类、微批注、小组管理等)都是针对学校广大师生(尤其是中小学教师)专门设计的。服务对象明确,功能较实用。接下来,依据上述资源进化的周期性规律,一方面可以确定更加合适的学习元平台升级维护时间,强化系统功能,提高服务保障能力;另一方面可以选择恰当的时机为用户推送适合的学习资源或学习建议,比如在假期可以提醒教师进行一个学期的教学反思或推送一些趣味性的专业学习资料。

9.2.2　资源进化核心指标的描述性统计与相关性分析

　　表 9-1 显示了所有资源样本各项进化指标的描述性统计结果。其中,进化时长等于资源最后编辑时间减去创建时间(以天为基本计算单位),平均得分是所有被打分资源的得分平均值(学习元平台采用五颗星评价机制,每颗星 1 分),评论数量是用户在某资源上发表的评论总数(同一用户可多次评论),批注数量是用户在某资源上进行批注的总次数,收藏人数是某资源被多少人收藏,浏览人数是指某资源被多少人浏览过,协作人数是指某资源具备协作者身份的用户数量(较之普通用户,协作者编辑资源内容无须经过创建者审核),关联数量是指某资源与其他资源之间建立关联的数量,编辑次数是指用户编辑某资源的总次数(用户点击"编辑内容",对资源内容进行更改并提交,即视为一次编辑),投票次数是指对某资源的可信度进行投票的用户人数(每人限投一票,投票的目的在于判断资源的可信度,为用户提供高可信、高质量的资源),内容长度是指资源包含的字符数(一个汉字等于两个字符)。

表 9-1　资源进化相关指标数据的描述性统计结果

	进化时长	平均得分	评论数量	批注数量	收藏人数	浏览人数	协作人数	关联数量	编辑次数	投票次数	内容长度
均值	3.70	4.01	1.56	0.39	0.36	4.12	0.84	0.02	3.31	0.03	1791.14
标准差	17.24	0.92	11.72	4.47	1.69	4.65	5.00	0.37	9.70	0.18	3654.55

　　由表 9-1 可知,学习元的平均进化时长不到 4 天(3.70),也就是说一个学习元产生 4 天之后便进入"静待期"或"成熟期",用户不再对其内容进行编辑。整体来看,学习元平台中资源平均进化周期较短,多集中在一周之内。其原因主要在于教师上课常以周为单位,每周备课时在学习元平台中创作教案,并邀请同学科教师参与教案的协同创作,上完课后便进入下一节课的教案协同创作。进化时长并不能说明资源进化质量,这里可以通过

平均得分了解用户对资源质量的整体评价。平均得分为 4.01，说明学习元的整体质量较好，用户比较满意。

学习元的评论数量和批注数量很少，平均值分别是 1.56 和 0.39，说明用户很少对资源进行评论和批注。收藏人数（0.36）、浏览人数（4.12）和协作人数（0.84）的平均值表明用户很少收藏学习元，每个学习元平均由 4 个用户浏览，约 1 位协作者进行协同编辑。因此，整体来看学习元平台中学习资源的"曝光率"还远远不够，协作的范围和人数偏少，难以形成较强的社会关系网络。

资源关联数量是所有指标中的最低值（0.02），平均 100 个学习元中只有 2 个建立了语义关联，说明学习元平台中的资源之间严重缺乏关联、相互孤立。丰富的资源关系网络既可以增强资源个体之间的联通，提高各自被浏览或内容编辑的概率，又能够为学习者提供高效的资源导航服务[1]。如何提高资源之间的语义关联度，是开放知识社区面临的重要问题之一。目前，虽然有学者提出了资源关联的不同方法和技术，如相似度度量[2]、关联路径搜索[3]、规则推理[4]等，但仍存在两点不足：一是语义关系不够丰富，多限于相关、相似关系；二是效率较低、实用性有待提高。

投票次数为 0.03，说明用户极少参与对资源可信度的投票。目前，学习元平台分别从内容准确性、内容客观性、内容完整性、标准规范性以及更新及时性五个方面对资源的可信度进行判断。可信度投票是解决当前开放知识社区存在的信任危机（Trust Crisis）[5]的一种有效方法。但从实际的应用来看，五个评价指标、每个指标上有五级评价（很好、较好、一般、较差、很差），看似系统完整，但实用性却很差。由于五个评价指标需要用户花费较长时间进行主观的分析和判断，会对用户带来较大的认知负荷和心理负担。因此，需要重新设计投票机制，简化评价指标和评价方式。

平均编辑次数为 3.31，表明学习元内容的改动较少，即用户在协同内容编辑上的参与度比较低（中文维基百科词条平均编辑次数为 9.28 次[6]；百度百科词条平均编辑次数为 3.5 次[7]）。用户参与是实现开放知识社区资源持续、有序进化的关键。如何激励用户参与到资源的协同创作中是打造高效、高质量知识社区的重要前提。目前，学习元平台提供了积分、排行、虚拟奖品等激励措施，但从实际效果来看并不理想。因此，下一步可通过问卷、访谈

[1] 杨现民，余胜泉，张芳. 学习资源动态语义关联的设计与实现[J]. 中国电化教育，2013（1）：70-75.

[2] 张骞，张霞，刘积仁. SCORM 学习资源的语义相似度度量[J]. 华中科技大学学报（自然科学版）增刊，2003，31（10）：296-298.

[3] 李艳燕. 基于语义的学习资源管理及利用[D]. 北京：中国科学院，2005.

[4] 杨现民，余胜泉. 学习元平台的语义技术架构及应用研究[J]. 现代远程教育研究，2014（1）：89-99.

[5] Lever, R. Wikipedia Faces Crisis[N]. ABC Science, 2005-12-12.

[6] 数据来自维基百科：统计页面，http://zh.wikipedia.org/wiki/Wikipedia:%E7%BB%9F%E8%AE%A1，为 2014 年 10 月 19 日数据。

[7] 黄令贺，朱庆华. 百科词条特征及用户贡献行为研究——以百度百科为例[J]. 中国图书馆学报，2013（1）：79-88.

等手段搜集反馈信息，结合中小学教师以及高校师生的特征和实际需求优化现有激励机制。

内容长度方面，每个学习元平均包含 1791.14 个字符，约 896 个汉字。维基百科、百度百科等知识社区以词条为单位，以专业术语的文字性解释为主，常会引用很多参考文献，内容往往较长。然而，学习元是复合型的学习单元，包含文字、视频、图片、动画等多种媒体类型。通过抽查学习元内容，发现主要有两类资源，一类是中小学教学设计方案，另一类是高校的教学课件（含 PPT、视频等）。除文字外，其他媒体内容由于无法直接计算长度，因此导致目前学习元平均内容长度较短，但媒体形式丰富，符合中小学教师和高校师生的教学与学习需求。

此外，标准差反映样本内个体间的离散程度。从表 9-1 可知，进化时长（17.24）、评论数量（11.72）、编辑次数（9.70）以及内容长度（3654.55）四项指标的标准差值较大，说明不同学习元个体的进化时长、用户评论数量、用户编辑内容次数以及内容长度方面存在较大差异，比如：名字为"思维训练导论-纲要（2014）"的学习元上用户评论数量为 369 次，而有的学习元则无人评论；名字为"电子教材设计与开发"的学习元上用户编辑总次数为 134 次，而很多学习元的用户编辑次数仅为 1 次。从进化的视角来看，这种个体间差异的极大化虽然会促进少数个体的快速进化，但将不利于整个资源种群的和谐发展。因此，下一步学习元平台应增加适当的引导机制，进一步强化个性化推荐机制，以保证更多的学习资源能够被不同用户接触到，并进行内容编辑、评论等操作。

为进一步探明上述资源进化核心指标之间的关系，接下来将重点对平均得分、内容长度与进化时长、编辑次数、协作者人数之间的相关性进行分析。

表 9-2 显示了几项核心指标之间的相关性分析结果。其中，平均得分与进化时长、编辑次数以及协作者人数之间存在显著的正向相关关系。可以解释为，学习资源进化的时间越长、编辑次数越多、协作者人数越多，则其进化质量会越好，越能得到学习者的认可。其中，平均得分与编辑次数的相关性最大，也就是说资源通过不断进行内容编辑与完善，质量上会更加可靠。另外，内容长度与进化时长、编辑次数以及协作者人数之间同样存在显著的正向相关关系。而内容长度与编辑次数之间的相关性也最大，说明编辑的次数越多，资源的内容也会越丰富。

表 9-2　资源进化核心指标间的相关性分析

		进化时长	编辑次数	协作者人数
平均得分	相关性(r)	0.130**	0.304**	0.172**
	显著性(p)	0.000	0.000	0.000
内容长度	相关性(r)	0.085**	0.242**	0.100**
	显著性(p)	0.000	0.000	0.000

**p<0.01。

依据上述相关性分析结果，学习元平台应进一步加强协作者管理、协同内容编辑方面的功能，主要从易用性、智能性方面进行提升。目前，学习元平台每个资源的平均协作者人数仅为 0.84，难以发挥协同的优势。知识社区本质上是由用户构建的共同体，如何强化用户之间的联系，为不同资源自动寻找、推荐可能感兴趣且具有相关专业知识背景的可信用户，是当前开放知识社区需要解决的难题之一。此外，在协同内容编辑方面，学习元平台的多媒体编辑器虽然功能强大（可编辑公式、嵌入工具、活动等），但易用性、安全性亟待提高。

9.2.3 资源进化过程中用户行为模式识别

学习元平台提供了详细的行为日志记录功能，因此用户在每个学习元上的所有操作都将被自动记录下来。这里重点选取与资源进化密切相关的 12 种用户行为进行行为模式分析。表 9-3 为用户行为编码。

表 9-3 用户行为编码

编码	行为	解释
EC	编辑内容	用户编辑学习元内容，可以修改文字、插入图片等
ED	编辑元数据	用户对学习元的基本信息进行编辑完善，包括标题、标签、分类等
IC	邀请协作者	创建者邀请其他用户作为学习元的协作者
SC	评分	用户对学习元进行五星级打分
CM	评论	用户对学习元发表评论
PS	发帖	用户在讨论区对资源内容进行发帖讨论
AN	批注	用户对学习元进行全文批注或段落批注
VT	投票	用户对学习元的可信度进行投票
CL	收藏	用户收藏学习元
SH	分享	用户将学习元推荐给其他用户或分享到社交网站
UL	上传资料	用户上传与学习元主题相关的参考资料
DL	下载资料	用户下载学习元上附加的参考资料

系统共导出 45076 个有效行为记录。图 9-3 显示了不同操作行为分布。排在前三位的高频行为分别是编辑内容（22%）、评论（21%）和分享（12%）。其中，编辑内容和评论发生频率最高，说明用户进入某个学习元页面最有可能编辑内容和发表评论。发生频率最低的三种行为分别是上传资料（2%）、邀请协作者（2%）和投票（2%）。关于投票行为和邀请协作者数量较少的原因已在前面进行了分析，并提出了改进建议，这里不再赘述。上传资料是一种重要的知识分享行为，也是各类学习社区的基础功能，有助于辅助学习者理解知识并进行拓展性学习。目前，用户很少分享资料的主要原因有两点：一是缺少分享的意识和分享资料的动力；二是用户上传资源需要先进入资源模块，才可以逐个上传，操作烦

琐，效率不高。因此，学习元平台需要进一步优化上传资料功能，如支持批量上传、编辑器中嵌入分享资源功能等。

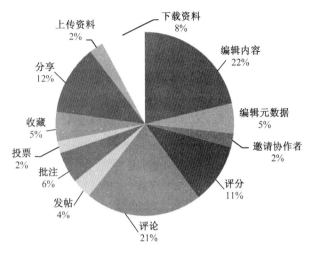

图 9-3 用户在学习元上的操作行为分布

接下来，将所有用户行为编码以学习元为单位，按照发生的时间顺序进行排列，导入到 GSEQ5.1[1]。之后点击 Run->Table statics 进行滞后序列分析。表 9-4 显示了每种行为向其他行为转换的频率。列表示起始行为，行表示起始行为结束后随即发生的行为。比如第 3 行第 2 列的数字"96"表示 IC 发生后随即发生 ED 的次数为 96 次。

表 9-4 行为转换频率表

	EC	ED	IC	SC	CM	PS	AN	VT	CL	SH	UL	DL
EC	3585	1460	292	379	566	114	365	40	295	1138	198	13
ED	631	35	98	70	126	1	25	10	140	598	55	3
IC	242	96	99	21	74	20	44	8	60	133	28	7
SC	120	23	15	410	3720	50	53	129	98	34	22	41
CM	637	97	90	2583	2951	274	310	389	464	260	77	726
PS	71	7	20	110	217	871	30	54	55	9	8	98
AN	360	4	41	148	251	21	1440	36	46	47	26	5
VT	26	3	6	286	265	55	38	98	60	13	6	84
CL	137	48	58	172	399	59	41	95	385	272	16	44
SH	473	251	247	142	389	9	90	14	405	1656	71	11
UL	124	31	31	28	70	6	37	2	22	107	538	40
DL	21	3	5	421	340	106	8	88	38	6	20	2505

---

[1] 下载地址：http://www2.gsu.edu/~psyrab/gseq/Download.html.

表 9-5 为滞后序列分析的 Z-score 矩阵。依据滞后序列分析理论，如果 Z-score>1.96 则表明该行为序列的连接性具有统计学意义上的显著性（$p < 0.05$）（Bakeman & Gottman，1997）[1]。为了更加直观地分析资源进化过程中用户行为序列模式，接下来将具有显著意义的行为序列关系绘制成如图 9-4 所示的用户行为转换图。

表 9-5　调整后馀值表（Z-score）

	EC	ED	IC	SC	CM	PS	AN	VT	CL	SH	UL	DL
EC	73.74*	56.48*	6.14*	-24.03	-41.29	-14.01	-8.28	-13.16	-8.03	9.00*	-2.19	-32.07
ED	22.33*	-6.32	8.12*	-10.82	-16.93	-8.72	-8.70	-5.27	5.06*	31.56*	1.02	-13.39
IC	10.18*	8.34*	17.40*	-8.52	-10.11	-2.38	-1.17	-2.78	2.61*	4.89*	1.22	-8.33
SC	-27.13	-15.51	-10.30	-7.51	95.16*	-10.98	-15.51	1.46	-10.33	-23.73	-10.04	-20.82
CM	-26.15	-19.72	-10.29	56.22*	24.34*	-4.95	-12.17	13.61*	0.10	-27.02	-12.01	-3.09
PS	-12.68	-8.58	-3.17	-6.09	-9.11	106.96*	-7.17	2.75*	-3.01	-13.21	-5.39	-3.79
AN	-1.89	-11.52	-2.71	-9.26	-15.89	-8.13	111.46*	-3.12	-7.59	-14.49	-5.08	-15.64
VT	-11.32	-6.82	-3.74	17.54*	3.33*	2.93*	-2.84	16.12*	1.63	-9.40	-3.93	-0.10
CL	-9.54	-4.62	2.25*	-2.70	-0.52	-1.26	-6.81	8.48*	32.64*	6.82*	-4.62	-9.60
SH	-6.34	4.32*	16.60*	-16.35	-20.15	-12.37	-10.28	-8.61	16.11*	69.16*	-3.18	-19.63
UL	-3.76	-3.23	0.96	-9.35	-12.96	-5.69	-3.62	-4.74	-4.54	-0.48	99.33*	-5.88
DL	-26.52	-14.40	-9.51	-0.41	-20.74	-3.27	-15.58	0.17	-11.67	-21.40	-8.22	133.87*

* $p < 0.05$.

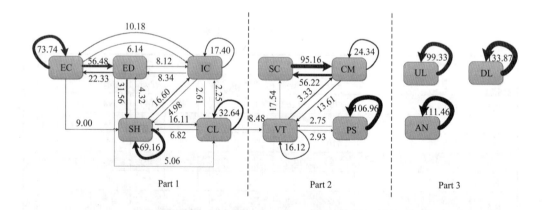

图 9-4　用户行为转换图

图 9-4 中的节点表示各种用户行为，连线表示它们之间的行为连接具有显著意义，箭头表示行为转换的方向，线的粗细表示显著的水平，线上的数字代表 Z-score 值。整个行为

[1] Bakeman, R., & Gottman, J. M. Observing Interaction: an introduction to sequential analysis (2nd ed.)[M]. Cambridge, UK: Cambridge Univeristy Press, 1997.

转换图大体可以分成三部分。

第一部分包括 EC（编辑内容）、ED（编辑元数据）、IC（邀请协作者）、SII（分享）、CL（收藏）五种行为，且各行为之间存在频繁的相互转换关系。比如：EC—ED—IC—EC 的行为路径表明，用户在编辑完资源内容后常会进一步修改完善资源基本信息，之后又会邀请其他用户作为协作者，邀请完协作者之后又倾向于继续编辑内容；SH—CL—VT 的行为路径表明，用户在分享完资源后，经常会将该资源收藏，然后进行可信度投票。第一部分由于存在很多条行为转换序列，为了更准确地把握最具显著意义的行为序列，接下来将 Z-score 值大于 20 的序列抽取出来，得到如图 9-5 所示的具有非常显著意义的行为转换图。图 9-5 中存在极其显著意义的行为序列分别是：EC—EC，EC—ED—SH，ED—EC，SH—SH，CL—CL。EC—EC 表明用户在提交完内容编辑后又会继续编辑内容；EC—ED—SH 表明用户编辑完内容后会完善基本信息，之后进行分享操作；ED—EC 表明用户编辑完基本信息后会倾向继续编辑内容；SH—SH 表明用户喜欢将资源频繁分享给不同的用户或推荐到多个社交网站。

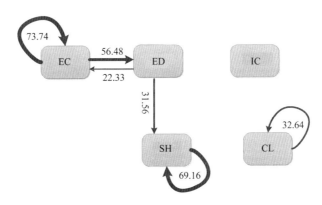

图 9-5　Z-score 大于 20 的行为转换图

第二部分包括 SC（评分）、CM（评论）、PS（发帖）、VT（投票）四种行为。其中具有极其显著意义的行为序列包括：SC—CM，CM—SC，CM—CM，PS—PS。SC—CM 表明为资源用户打完分后，经常会发表评论；CM—SC 表明用户评论完之后倾向于对资源进行打分；CM—CM 表明用户会在评论区多次发表意见，并对意见相互回复；PS—PS 表明用户会在讨论区通过发帖、回帖的方式针对某问题进行反复交流讨论。目前，学习元平台将评分与评论功能放在一起，方便用户在评分与评论之间频繁转换，有助于提升资源质量。从图 9-4 还可以发现，CM 与 EC 之间并无显著关联，也就是说用户评论完并未根据修改建议对资源内容进行及时的修改完善。从评论向编辑内容转换，对于及时完善资源内容具有重要意义。因此，下一步需要通过适当的引导策略（如评论完后提示用户是否编辑内容）增强 CM—EC 路径。此外，VT—SC 表明用户投票后会进行打分操作，但 SC—VT 同样重要，打分后引导用户对资源可信度投票，将进一步提高用户参与投票的比例，有助于提高资源可信度评价的准确性。

第三部分包括 UL（上传资料）、DL（下载资料）和 AN（批注）三种行为。存在三条显著转换路径，分别是 UL—UL，DL—DL 和 AN—AN，每种行为之间不存在明显的转换关系。UL—UL 表明用户倾向于多次上传分享资料，DL—DL 用户喜欢不断下载资料，AN—AN 表明用户常常多次发表、查看、回复批注。图 9-3 显示用户的 UL 比例仅为 2%，而 DL 的比例是 UL 的 4 倍（8%），说明更多的用户在下载资料而非贡献资料。从下载资料到上传资料（DL—UL）的转换路径应当增强，即鼓励更多用户下载完资料后能够同样共享资料，以促进开放知识社区的知识共享与传播形成良性循环。

03 问题讨论
Section

通过数据分析结果可知，目前开放知识社区主要存在三类问题：一是用户参与度低，需要通过激励机制促使用户积极参与到资源的协同创作中；二是用户的行为需要正确、适时引导，以通过集体力量促进学习资源有序进化；三是社区知识共享机制与文化缺失，不利于开放知识社区的持续、健康发展。

9.3.1　如何激励用户参与资源的协同创作

Cheng 和 Vassileva 指出[1]，在线社区在发展初期往往面临用户参与不足的困境。表 9-1 的数据充分表明，目前学习元平台存在严重的用户参与度过低的问题，直接导致资源生产的速度较慢，且一定程度上影响资源质量，阻碍了大量优质学习资源的持续生成。统计结果显示，在 6194 个有效学习元样本上的活跃用户数为 2085，约占总注册用户的 14.99%。也就是说在 2013 年 9 月 1 日—2014 年 8 月 31 日，仅有一小部分用户参与了社区资源的协同创作，绝大部分用户处于"休眠"状态。因此，开放环境下如何激励用户参与到资源的协同创作中来，是当前开放知识社区发展面临的主要难题。对于发展初期的知识社区，用户参与问题更为突出。

目前，积分、头衔等已成为各知识社区的常规激励手段，这对于大众化的社区而言具有较强的实用性。然而，对于发展初期或专业性的知识社区而言，这些常规激励措施的作用发挥有限，需要继续探讨新的用户激励机制。对此，已有学者[2,3]开展了相关研究，提出了不同的用户激励机制，如对用户进行聚类，针对不同特征的用户提供不同的奖励；采用游戏化的竞争激励机制等。实际上，用户不愿参与问题的主要原因有两个：一是内在动力

[1] Cheng R, Vassileva J. Design and Evaluation of an Adaptive Incentive Mechanism for Sustained Educational Online Communities[J]. User Modeling and User-Adapted Interaction, 2006, 16(3-4): 321-348.

[2] 袁磊，崔瑞雪. 中美虚拟外语学习社区比较研究[J]. 现代远程教育研究，2010（2）：43-47.

[3] 李肖，黄文培. 移动虚拟学习社区用户激励机制的研究[J]. 中国科教创新导刊，2013（17）：148-149.

不足，二是参与过程遇到困难得不到及时帮助，产生挫败感。关于内在动力问题，需要对用户特征进行系统分析，了解用户的真实需求，有针对性地设计激励措施，不断激发用户参与资源协同创作与共享的热情。很多知识社区在支持服务能力上急需提升，一方面要提高社区各项功能的易用性，减轻用户尤其是新用户在技术操作上的认知负荷；另一方面要提高社区功能的智能性，要"想用户所想，思用户所需"，比如：根据用户兴趣和知识专长智能聚类，自动形成专业化的社交圈，提高用户黏性；为用户便捷创作资源、编辑资源内容、发表观点提供脚手架支持；提供文本内容的自动纠错、资源的多维智能分类，个性化资源推荐等实用性功能等。

此外，协同资源创作本质上也是知识建构的过程，因此可以在知识建构理论[1]的指导下有针对性地设计一些有效促进协同知识建构的功能，如参考知识论坛（Knowledge Forum）提供用于支持高级知识过程的支架，例如"我的观点是""我需要理解""新证据""一个更好的观点是"等。

9.3.2　如何正确引导用户行为促进资源有序进化

除激励用户积极参与外，还需要对用户行为正确引导，以促进开放知识社区学习资源的持续、有序进化。通过上述用户行为模式的分析，可以发现一些问题，比如：CM（评论）—EC（编辑内容），DL（下载资料）—UL（上传资料）等行为转换路径的缺失，不利于资源内容的快速进化和良性社区分享文化的形成。此外，AN（批注）—AN，CM—CM，PS（发帖）—PS虽然表明用户在持续地讨论，但通过对讨论内容的抽取分析，发现学习元平台中的用户交互存在"闲聊"问题，即一旦有用户发表一些与讨论主题不相关的内容时，会误导其他用户偏离讨论主题，严重影响协同知识建构的进程和质量。表 9-6是编号为#22487 的学习元上用户在评论区进行的部分无效讨论。

表 9-6　用户在评论区的无效交互

学习元 ID	发表时间	用户	内容	操作行为
#22487	2013-6-23 23:04	HXY	thank you!	评论
#22487	2013-6-23 23:05	YTY	加油，同志们	评论
#22487	2013-6-23 23:06	PQQ	嗯嗯，好的	评论
#22487	2013-6-23 23:06	YTY	好的，燃烧吧，六组的同志们	评论
#22487	2013-6-23 23:06	HXY	fighting!	评论
#22487	2013-6-23 23:07	YTY	让你失望了没？嘻嘻，谢啦	评论

[1] Scardamalia, M., & Bereiter C. Knowledge Building: Theory, pedagogy, and technology. In K. Sawyer (Ed.), Cambridge Handbook of the Learning Sciences[M]. New York: Cambridge University Press, 2006:97-118.

　　知识的价值在交流中体现和升华。为了促进更多有效交互行为的发生，开放知识社区应提供相应的引导机制。针对上述"闲聊"问题，已有学者[1]提出可以通过集成智能代理，自动发现无效讨论，并进行干预。此外，知识建构既需要有信息输入，又需要进行知识输出。如何将交互讨论生成的好建议、好观点融入资源内容中，也是开放知识社区发展需要解决的重要问题。在用户讨论过程中，系统可以智能地提取有趣的新观点，待讨论结束后，弹出对话框，提示用户可以将新建议、新观点补充到资源内容中。此外，关于评分、投票等操作应当尽量简化，避免给用户带来过多的认知负荷。比如，目前很多开放知识社区（互动百科、百度知道等）开始借鉴社交网站的评价思路，提供"踩""顶"或"赞"等功能，大大提高了用户评价行为。

9.3.3　如何形成良好的社区知识分享机制与文化

　　开放知识社区的生命在于"创作与分享"，对于类似学习元平台这种发展初期的专业性知识社区而言，由于用户数量较小且各种配置机制不健全，很难形成良性的知识分享文化。主要表现为"参与创作、贡献资源的用户少，浏览、搜索资源的用户多"。本书发现更多的用户喜欢下载资料，而上传资料者却寥寥无几。如何在贡献与享用之间寻求一种平衡，如何让更多的用户乐于分享知识与智慧，是开放知识社区研究的主要议题之一。

　　目前，已有学者对社区知识共享问题进行了探讨。研究发现，知识共享意愿、知识共享态度、知识创新与 Web 自我效能感、主观行为规范以及社会网络关系是影响社区知识分享行为的主要因素[2]。因此，为促进在线社区知识分享，应当激发用户分享知识的动机，端正知识分享态度，同时制定可行的社区知识分享规范，加强用户之间的社交关系，进而提升用户在社区中的归属感。资源分享不应局限于社区内部，还应重视外部资源的分享，包括聚合站外资源、链接不同社区站点等[3]。

　　人类学家的研究表明，文化影响着人类的认知方式和认知技巧[4]。开放知识社区应创设一种乐于分享、敢于分享、可靠的社区文化，促使广大用户在不知不觉中学会创造、学会分享。而社区分享文化基因的培育，离不开知识分享制度与机制的保障。因此，接下来开放知识社区建设与优化的重点包括：①形成能够促进用户自愿分享知识的社区制度；②打造高可靠的知识分享环境，通过构建科学的知识与用户信任评估模型，识别高可信用户和资源，自动过滤劣质资源；③构建更加开放的知识生态环境，无缝联通多个相关主题知识社区，实现资源互联、用户互访；④支持泛在化的知识生产模式，用户可以随时随地利用现有终端创作、分享更多原创性知识。

---

[1] Hou, H. T., Sung, Y. T., & Chang, K. E. Exploring the Behavioral Patterns of an Online Knowledge-sharing Discussion Activity among Teachers with Problem-solving Strategy[J]. Teaching and Teacher Education, 2009, 25(1): 101-108.

[2] 张豪锋，赵耀远. 虚拟学习社区中影响参与者共享行为的因素探究[J]. 中国远程教育，2012（13）：67-71.

[3] 赵蔚，梁明，刘红霞，于大泽. 基于社区驱动的学习资源共享机制研究[J]. 中国电化教育，2013（12）：75-80.

[4] 朱轩. 解析虚拟学习社区中的文化[J]. 黑龙江科技信息，2009（35）：296-296.

第 10 章
Chapter 10

总结与展望

01
Section 研究总结

　　泛在学习是当前国际教育技术领域研究的热点，正在迅速发展，受到众多国际学者和研究机构的关注。本书聚焦泛在学习资源的有序进化，重点探讨了资源进化的模型与模式设计、内容进化的智能控制机制、资源的语义关联与聚合机制、资源进化的评价机制等关键问题。主要取得如下四个方面的成果。

　　一是提出一种泛在学习环境下的资源进化模型以及两种典型资源进化模式，分别是资源的内容进化（资源内容的调整和完善）与资源的关联进化（资源内外结构的优化）。

　　二是提出一种综合应用语义基因和信任评估模型的内容进化智能控制方法。该方法可以实现对内容版本更迭的智能审核，有助于减轻资源创建者人工审核内容的负担，进而促进泛在学习环境下学习资源的持续进化。

　　三是提出一种综合应用语义基因、规则推理、关联规则挖掘等技术的泛在学习资源动态语义关联与聚合方法，提出两种资源聚合形态，分别是主题资源圈和有序知识链。该方法具有较高的资源关联与聚合准确率，可以满足泛在学习环境下学习资源关联进化的需要。

　　四是提出一种生成性学习资源进化评价指标体系，融合了资源终极质量评价与进化过程评价功能，同时可以预测资源未来发展趋势。该指标体系具有较好的完整性和实用性，资源进化评价量表操作性强，可以有效评判资源进化结果和进化过程。

02 研究创新
Section

本书主要在以下两个方面进行了创新。

（1）基于生态学视角，从生命有机体的角度看待泛在学习资源，聚焦学习资源有序进化，推动泛在学习资源层面的研究

生态学中"开放、动态、关联、进化"的观点和原则，对于开展泛在学习资源研究具有重要指导意义。从生态学视角出发，赋予学习资源持续进化、发展的能力。具备持续进化能力的学习资源可以保证资源内容具有更强的即时性和适用性，迎合泛在学习发展的实际需求。本书基于生态学视角，从生命有机体的角度看待学习资源，重点对学习资源的有序进化问题进行探索性研究，一定程度上弥补了当前泛在学习在资源进化方面研究的不足，推动了泛在学习资源层面的发展。

（2）针对学习资源内容进化中的智能有序控制和关联进化中的动态语义关联与聚合问题，提出一套有效的工程化解决方法，实现了开放环境下学习资源的有序进化

本书综合应用语义 Web、信任评估、规则推理、关联规则挖掘、可视化等技术提出一套可以实现学习资源内容进化的智能有序控制、关联进化中的动态语义关联与聚合的解决方法，并依托 LCS 设计开发了资源有序进化的支撑环境，验证了该方法的有效性。当前 Web 2.0 环境下普及应用的"开放共创"资源建设模式存在"无序进化"的缺陷，本书一定程度上弥补了该缺陷，能够更好地促进高质量开放资源的协同建设、传播和共享。对于泛在学习资源的生产与管理，不仅具有理论上的指导意义，而且具有极大的实践价值，可以采用工程化的方式推广应用到其他开放资源建设环境中。

03
Section **研究存在的不足**

本书的研究虽然取得了一些成果，但仍存在不足之处。

首先，信任评估模型是基于交互操作数据构建的，在用户信任度计算上没有考虑用户的学科背景，比如某用户在某学科领域可能是专家，其操作具有较高的可信度，但在另一个陌生的学科领域可能并没有较高的可信度。因此，下一步需要在用户信任度和所属学科之间建立关联，增强信任评估的准确性。语义基因的提取在具有较完备领域本体支持的前提下，可以得到较高的召回率和准确率。从当前实际运行的效果来看，除教育技术学科具备较为完善的本体外，其他学科领域本体都比较薄弱，包含的概念和关系较少。如何激励用户参与领域本体协同创建是下一步急需解决的问题。

其次，内容进化的智能控制方法在处理多媒体（视频、音频、图片等）内容编辑时，难以获取多媒体材料的语义信息，目前仅能依靠标题信息和学习资源的语义基因进行相似度计算，准确率较低，难以对多媒体内容实现智能控制。下一步需要综合应用视频文本提取和 FLASH 文本提取等技术实现多媒体文本信息的抽取，然后进行文本语义相似度的比较，提高对多媒体内容智能控制的准确率。

再次，本书在资源关联进化中的动态语义关联方面，提出了三种具体的关联方法，效果验证部分仅从总体上检验了动态语义关联的准确性，并未对每种方法的时间开销、空间开销、准确性等具体指标进行检验。另外，本书提出的两种资源动态语义聚合算法也未进行复杂性检验。下一步需要对三种关联方法分别进行更详细的评价，并继续检验和优化聚合算法的执行效率和准确性。

最后，本书在实证部分还存在一些不足。本书基于 LCS 进行各种方法的效果检验，但由于 LCS 上线时间较短，积累数据量不够丰富，可能会影响效果检验的准确度。随着 LCS 中各种数据的逐步积累，下一步需要对本书提出的各种方法进行更加全面的验证，根据检验结果继续优化智能控制方法、动态语义关联方法和动态语义聚合方法。

04 Section 后续研究

学习资源进化研究是一个系统的工程，涉及方方面面的研究。本书仅仅是一个开端，做了初步的探索工作。下一步，将重点从以下两方面开展研究。

（1）泛在学习环境下的领域知识本体协同创建与进化研究

本体需要对领域的基本概念及其概念关系进行规范化、一致性的描述，传统的本体构建都是采用自上而下的方式由领域专家创建和维护。不可否认，领域专家可以构建一部分专业性的本体库，但当今的时代是一个知识爆炸的时代，专家不可能构建所有的本体库，也难以保持本体的持续更新和进化。领域本体的协同创建模式是开放环境下急需探索的关键问题。虽然 LCS 已经应用 JENA 框架初步实现了基于通用知识本体模型的本体创建与标注环境，但仍有许多地方需要深入研究。比如，如何保障本体的高质量、高可靠性？如何处理多用户同时编辑本体导致的冲突问题？如何激励普通用户持续参与本体的创建和维护？如何应用本体对资源进行自动化的语义标注？如何从资源的内容文本中（半）自动化地提取领域本体？

（2）泛在学习环境下的开放学习资源进化规律研究

不同的环境、不同的资源建设模式都会对资源的进化产生实质性影响，使其表现出不同的进化特征和规律。传统封闭环境下的资源进化相对来说比较简单，是一种由人工干预和控制的理性进化，进化速度缓慢，但进化的结果相对可靠，一般不会出现"信任"危机。开放环境虽然能够吸引大众用户集体参与资源建设，但其"开放"的本质特性又给资源的进化带来了更加复杂的进化环境，使得泛在学习环境下的开放学习资源进化表现出一些新的特征和规律。开放环境与封闭环境下的资源进化有何实质性区别，如何构建泛在学习环境下开放学习资源的进化阶段模型，泛在学习环境下开放学习资源的进化有何规律，资源进化受到哪些关键因素的影响，参与协作编辑人数的多少与资源进化效果是否存在正相关关系……这些可以作为泛在学习资源进化下一步研究的重点。

参考文献

[1] Bouzeghoub, A., Defude, B., Duitama, J. F., & Lecocq, C. A Knowledge-based Approach to Describe an Adapt Learning Objects[J]. International Journal on e-Learning,2006, 5(1):95-102.

[2] Abel, M.-H., Benayache, A., Lenne, D., Moulin, C., Barry, C., & Chaput, B. Ontology-based Organizational Memory for e-Learning[J]. Educational Technology & Society, 2004, 7 (4): 98-111.

[3] About the DAML Language[EB/OL]. http://www.daml.org/about.html, 2011-12-7.

[4] Lynch, A., & Jenkins, P. F. A Model of Cultural Evolution of Chaffinch Song Derived with the Meme Concept[J]. The American Naturalist, 1989, 133(5): 634-653.

[5] Aniket Kittur, & Robert E. Kraut. Harnessing the Wisdom of Crowds in Wikipedia: quality through coordination[C], Proceedings of the 2008 ACM conference on Computer supported cooperative work, November 08-12, San Diego, CA, USA.

[6] Anna Formica. Ontology-based Concept Similarity in Formal Concept Analysis[J]. Information Sciences, 2006, 176(18): 2624-2641.

[7] Khan, A., Baharudin, B., & Khan, K. Semantic Based Features Selection and Weighting Method for Text Classification[C]. In: ITSIM'10, June 2010, Kuala Lumpur, Malaysia.

[8] Aviv, R., Erlich, Z., Ravid, G., & Geva, A. Network Analysis of Knowledge Construction in Asynchronous Learning Networks[J]. Journal of Asynchronous Learning Networks, 2003, 7(3): 1-23.

[9] Adler, B. T., Chatterjee, K., De Alfaro, L., Faella, M., Pye, I., & Raman, V. Assigning Trust to Wikipedia Content[C], Proceedings of the 4th International Symposium on Wikis, September 08-10, 2008, Porto, Portugal.

[10] Bakeman, R., & Gottman, J. M. Observing Interaction: an introduction to sequential analysis (2nd ed.)[M]. Cambridge, UK: Cambridge Univeristy Press, 1997.

[11] Ghose M K. Ecology: from individuals to ecosystem[J]. Freshwater Biology, 2006, 66(9):802-804.

[12] Boyinbode O. K. & Akintola K.G. A Sensor-Based Framework for Ubiquitous Learning in

1225-1233.

[38]   Hou, H. T., Sung, Y. T., & Chang, K. E. Exploring the Behavioral Patterns of an Online Knowledge-sharing Discussion Activity among Teachers with Problem-solving Strategy[J]. Teaching and Teacher Education, 2009, 25(1): 101-108.

[39]   Huang, C., Duan, R., Tang, Y., Zhu, Z., Yan, Y., & Guo, Y. EIIS: An Educational Information Intelligent Search Engine Supported by Semantic Services[C]. International Journal of Distance Education Technologies (IJDET),2011, 9(1): 21-43.

[40]   Hwang, G. J., Wu, C.H., Tseng, J. C. R., & Huang, I. Development of a Ubiquitous Learning Platform Based on a Real-time Help-seeking Mechanism[J]. British Journal of Educational Technology, 2011, 42(6): 992–1002.

[41]   Hwang, G.-J., Tsai, C.-C., & Yang, S. J. H. Criteria, Strategies and Research Issues of Context-Aware Ubiquitous Learning [J]. Educational Technology & Society, 2008, 11 (2): 81-91.

[42]   Hwang,G. Z., Yang,T. C., Tsai,C.C., & Yang., S. A Context-aware Ubiquitous Learning Environment for Conducting Complex Science Experiments[J].Computer & Science, 2009, 53(2):402-413.

[43]   IEEE LTSC. LOM_1484_12_1_v1_Final_Draft[EB/OL].http://ltsc.ieee.org/wg12/files/LOM_1484_12_1_ v1_Final_Draft.pdf, 2011-9-23.

[44]   Illinois Online Network. A tool to assist in the design,redesign, and/or evaluation of online courses[EB/OL]. http://www.montereyinstitute.org/pdf/OCEP%20Evaluation%20Categories.pdf, 2010-12-16.

[45]   IMS Global Learning Consortium. IMS Common Cartridge Profile Version 1.0 Final Specification [EB/OL]. http://www.imsglobal.org/cc/ccv1p0/imscc_profilev1p0.htm, 2011-9-23.

[46]   IMS Global Learning Consortium. IMS Learning Design Information Model[EB/OL] . http://www.imsglobal.org/learningdesign/ ldv1p0/imsld_infov1p0.html, 2011-9-23.

[47]   Ion-Mircea Diaconescu, Sergey Lukichev, & Adrian Giurca. Semantic Web and Rule Reasoning inside of e-Learning Systems[J]. Studies in Computational Intelligence, 2008, 78: 251-256.

[48]   Tane, J., Schmitz, C., Stumme, G., Staab, S., & Studer, R. The Courseware Watchdog: an ontology-based tool for finding and organizing learning material[C]. In: Klaus David and Lutz Wegner, Editors, Mobiles Lernen und Forschen – Beitrge der Fachtagung an der Universitt, Kassel University Press, 2003: 93–104.

[49]   Park J S, Chen M S, Yu P S. An Effective Hash-based Algorithm for Mining Association Rules[C]. In Proc. 1995 ACM-SIGMOD Int. Conf. Management of Data (SIGMOD'95), pages 175 –186, San Jose, CA, May 1995.

[50] Su J H, Chou C L, Lin C Y, et al. Effective Semantic Annotation by Image-to-Concept Distribution Model[J]. IEEE Transactions on Multimedia, 2011, 13(3): 530-538.

[51] Jeong, A. C. The Sequential Analysis of Group Interaction and Critical Thinking in Online[J]. The American Journal of Distance Education, 2003, 17(1): 25-43.

[52] Son, J. W., Han, Y. J., Noh, T. G., Park, S. B., & Park, S. Y. User Analysis and Visualization from a Semantic Blog System[C]. In Proceedings of the first international workshop on Intelligent visual interfaces for text analysis (IVITA '10), Shixia Liu, Michelle X. Zhou, Giuseppe Carenini, and Huamin Qu (Eds.). ACM, New York, NY, USA,2010: 13-16.

[53] Sarraipa, J., Jardim-Goncalves, R., Gaspar, T., & Steiger-Garcao, A.Collaborative Ontology Building Using Qualitative Information Collection Methods[C].IEEE Conf. of Intelligent Systems, 2010: 61-66.

[54] John Seigenthaler Sr. A False Wikipedia'Biography'[N]. USA Today, 2005, Nov. 29.

[55] Jones, V. & Jo, J.H. Ubiquitous Learning Environment: An adaptive teaching system using ubiquitous technology[C]. In R. Atkinson, C. McBeath, D. Jonas-Dwyer & R. Phillips (Eds), Beyond the comfort zone: Proceedings of the 21st ASCILITE Conference (pp. 468-474). Perth, 2004, 5-8 December.

[56] José dos Reis Mota, & Márcia Aparecida Fernandes.Adaptivity and Interoperability in e-Learning Using Ontologies[C]. Lecture Notes in Computer Science, Volume 6433, Advances in Artificial Intelligence – IBERAMIA 2010: 592-601.

[57] Jovanović, J., Gašević, D., Knight, C., & Richards, G. Ontologies for Effective Use of Context in e-Learning Settings[J]. Educational Technology & Society,2007,10 (3): 47-59.

[58] Kiku Jones, & Lori N.K. Leonard.Trust in Consumer-to-consumer Electronic Commerce[J]. Information & Management, 2008, 45(2): 88-95.

[59] Souza, K. X. S. D., & Davis, J. Aligning Ontologies and Evaluating Concept Similarities[J]. Lecture Notes in Computer Science, 2004, 3291: 1012-1029.

[60] Korsgaard, T. R. Improving Previous termTrustnext Term in the Previous termWikipedianext term[D]. Master's thesis, Departmen of Informatics and Mathematical Modelling, Technical University of Denmark,2007.

[61] LAMS International. LAMS Brochure[EB/OL].http://www.lamsinternational.com/documents/ LAMSBrochure.pdf, 2012-6-12.

[62] Lever, R. Wikipedia Faces Crisis[N]. ABC Science, 2005-12-12.

[63] Lewis, A., & Smith, D. Defining Higher Order Thinking[J]. Theory into practice, 1993, 32(3): 131-137.

[64] Li P, Wang H, Zhu K Q, et al. Computing Term Similarity by Large Probabilistic isA

knowledge[C].Proceedings of the 22nd ACM international conference on Conference on information & knowledge management. ACM, 2013: 1401-1410.

[65] Liu, G. Z., & Hwang, G. J. A Key Step to Understanding Paradigm Shifts in e-Learning: towards context-aware ubiquitous learning[J]. British Journal of Educational Technology, 2010, 41: E1–E9.

[66] Liu, T.-Y. A Context-aware Ubiquitous Learning Environment for Language Listening and Speaking[J]. Journal of Computer Assisted Learning, 2009, 25: 515–527.

[67] Liu, T.-Y., Tan, T.-H., & Chu, Y.-L. Outdoor Natural Science Learning with an RFID-Supported Immersive Ubiquitous Learning Environment[J]. Educational Technology & Society, 2009, 12 (4): 161–175.

[68] Krötzsch, M., Vrandečić, D., Völkel, M., Haller, H., & Studer, R. Semantic Wikipedia[J]. Journal of Web Semantics, 2007 (5):251- 261.

[69] Marsh, S. Formalising Trust as a Computational Concept[D]. Ph.D. thesis, Department of Mathematics and Computer Science, University of Stirling, 1994.

[70] Mason J, Lefrere P. Trust, Collaboration, e-Learning and Organisational Transformation[J]. International Journal of Training & Development, 2003, 7(4):259–270.

[71] Mcguinness D L, Fikes R, Hendler J, et al. DAML+OIL: An Ontology Language for the Semantic Web[J]. Intelligent Systems IEEE, 2002, 17(5):72-80.

[72] Hu, M., Lim, E. P., Sun, A., Lauw, H. W., & Vuong, B. Q. . Measuring Article Quality in Wikipedia: Models and evaluation [A]. Proceedings of the sixteenth ACM conference on Conference on information and knowledge management [C]. Lisbon: ACM press, 2007: 243-252.

[73] Merrill, M. D. First Principles of Instruction[J]. Educational Technology Research and Development, 2002, 50(3): 43-59.

[74] Denko M K, Sun T, Woungang I. Trust Management in Ubiquitous Computing: A Bayesian approach[J]. Computer Communications, 2011, 34(3):398-406.

[75] Sicilia M Á, Lytras M D, Sánchez-Alonso S, et al. Modeling instructional-design theories with ontologies: Using methods to check, generate and search learning designs[J]. Computers in Human Behavior, 2011, 27(4):1389-1398.

[76] Nilsson, M., Palmr, M., & Naeve, A. Semantic Web Metadata for e-Learning-Some Architectural Guidelines[C]. W3C 2002 conference.

[77] Moses S. Charikar. Similarity Estimation Techniques from Rounding Algorithms[C]. STOC '02 Proceedings of the thiry-fourth annual ACM symposium on Theory of computing, ACM New York, NY, USA, 2002.

[78] Nakatsu N., Kambayashi Y., Yajima S. A Longest Common Subsequence Algorithm

Suitable for Similar Text Strings[J]. Acta Informatica, 1982, 18(2):171-179.

[79] Needleman, S. B.,& Wunsch, C. D. A General Method Applicable to the Search for Similarities in the Amino Acid Sequence of Two Proteins[J]. Journal of Molecular Biology, 1970, 48 (3): 443–453.

[80] P. Hall, & N. Amin. Domain Knowledge Evolution in Business and IT System Change[A]. 11th International Workshop on Database and Expert Systems Applications (DEXA'00) [C]. Dexa: IEEE Computer Society Press , 2000: 823.

[81] Resnik P. Semantic Similarity in a Taxonomy:An Information-Based Measure and its Application to Problems of Ambiguity in Natural Language[J]. Journal of Artificial Intelligence Research,1999 (11): 95-130.

[82] Pan, J. Z. A Flexible Ontology Reasoning Architecture for the Semantic Web[J]. IEEE Transactions on Knowledge and Data Engineering, 2007, 19(2): 246-260.

[83] Tzouveli, P., Mylonas, P., & Kollias, S. An Intelligent e-Learning System Based on Learner Profiling and Learning Resources Adaptation[J]. Computers & Education, 2008, 51(1): 224-238.

[84] Dondio, P., Barrett, S., Weber, S., & Seigneur, J. M. Extracting Trust from Domain Analysis: A Case Study on the Wikipedia Project[J]. Lecture Notes in Computer Science, 2006, 4158: 362-373.

[85] Zeng Q.T., Zhao Z.Y., & Liang Y.Q. Course Ontology-based User'S Knowledge Requirement Acquisition from Behaviors within e-Learning Systems[J]. Computers & Education, 2009, 53(3):809-818.

[86] Quality Matters Programme. Quality MattersTM Rubric Standards 2011 - 2013 edition with Assigned Point Values[EB/OL]. http://www.ion.uillinois.edu/initiatives/qoci/docs/ QOCIRubric.rtf, 2010-12-16.

[87] R. Agrawal, & R. Srikant. Fast Algorithms for Mining Association Rules in Large Database[R]. Technical Report FJ9839, IBM Almaden Research Center, San Jose, CA, Jun. 1994.

[88] Rob Lever. Wikipedia Faces Crisis[N]. ABC Science, 2005-12-12.

[89] Robert G. Farrell, Soyini D. Liburd, & John C. Thomas. Dynamic Assembly of Learning Objects[C]. In Proceedings of the 13th international World Wide Web conference on Alternate track papers \& posters (WWW Alt. '04). ACM, New York, NY, USA, 2004: 162-169.

[90] Sackett, G. P. (Ed.). Observing Behavior: Theory and applications in mental retardation (Vol. 1)[M]. University Park Press, 1978.

[91] Sai T. Moturu , & Huan Liu.Evaluating the Trustworthiness of Wikipedia Articles through

Quality and Credibility[C], Proceedings of the 5th International Symposium on Wikis and Open Collaboration, October 25-27, 2009, Orlando, Florida.

[92]   Javanmardi, S., Lopes, C., & Baldi, P. Modeling User Reputation in Wikis[J]. Statistical Analysis and Data Mining,2010, 3(2):126-139.

[93]   Sawyer, R. K. (Ed.). The Cambridge Handbook of the Learning Sciences[M]. Cambridge University Press, 2005.

[94]   Scardamalia, M., & Bereiter C. Knowledge Building: Theory, pedagogy, and technology. In K. Sawyer (Ed.), Cambridge Handbook of the Learning Sciences[M]. New York: Cambridge University Press, 2006:97-118.

[95]   Shi, L., Fan, L., &Meng, Z. Z. The Research of Using JENA in the Semantic-Based Online Learning Intelligent Behavior Analysis System. INC, IMS and IDC, 2009. NCM '09: 926-929.

[96]   Maniu, S., Abdessalem, T., & Cautis, B. Casting a Web of Trust over Wikipedia: an interaction-based approach[C]. In Proceedings of the 20th international conference companion on World wide web (WWW '11). ACM, New York, NY, USA, 2011: 87-88.

[97]   Srikant R, & Agrawal R. Mining Generalized Association Rules[C]. Proceedings of the 21th International Conference on Very Large Databases, pages 407-419.Zurich, Switzerland, 1995.

[98]   Sterelny, K. Externalism, Epistemic Artifacts, and the Extended Mind. In R. Schantz (Ed.) [M]. The Externalist Challenge. New York: de Gruyter, 2005.

[99]   Steven E. Kaplan, & Robert J. Nieschwietz. A Web Assurance Services Model of Trust for B2C e-commerce[J]. International Journal of Accounting Information Systems,2003, 4(2): 95-114.

[100] Stvilia, B., Twidale, M., Gasser, L., & Smith, L. Information Quality Discussions in Wikipedia[R]. Technical Report ISRN UIUCLIS-2005/2+CSCW, 2005.

[101] Sung, Y. T., Hou, H. T., Liu, C. K., & Chang, K. E. Mobile Guide System Using Problem - solving Strategy for Museum Learning: a sequential learning behavioral pattern analysis[J]. Journal of Computer Assisted Learning, 2010, 26(2): 106-115.

[102] Tan, T. H., & Liu, T. Y. The MObile-Based Interactive Learning Environment (MOBILE) and A Case Study for Assisting Elementary School English Learning[C], ICALT,530-534, Fourth IEEE International Conference on Advanced Learning Technologies (ICALT'04), 2004c.

[103] Tania Tudorache, Natalya F. Noy, Samson Tu, & Mark A. Musen.Supporting Collaborative Ontology Development in Protégé [C]. The Semantic Web-ISWC 2008. Lecture Notes in Computer Science, 2008, Volume 5318/2008, 17-32, DOI:

10.1007/978-3-540-88564-1_2.

[104] Tervsky A. Features of Similarity[J]. Psychological Review,1997, 84(2): 327-352.

[105] Lucassen, T., & Schraagen, J. M. Trust in Wikipedia: how users trust information from an unknown source[C]. In Proceedings of the 4th workshop on Information credibility (WICOW '10). ACM, New York, NY, USA, 19-26.

[106] Thomas, S. Pervasive Scale: A model of pervasive, ubiquitous, and ambient learning[J]. IEEE Pervasive Computing, 2008, 7(1): 85–88.

[107] Tim Berners-Lee, James Hendler, & Ora Lassila. The Semantic Web[J]. Scientific American, 2001, 284(5):34-43.

[108] Tim Berners-Lee. Semantic Web – XML 2000[EB/OL]. http://www.w3.org/2000/Talks/1206-xml2k-tbl/ Overview.html, 2010-10-2.

[109] Uden, L., Wangsa, I.T.,&Damiani, E.The Future of e-Learning: e-Learning ecosystem[C]. Digital EcoSystems and Technologies Conference, 2007. DEST'07. Inaugural IEEE-IES.

[110] Van Zundert, M., Sluijsmans, D., & Van Merriënboer, J. Effective Peer Assessment Processes: Research findings and future directions[J]. Learning and Instruction, 2010,20(4): 270-279.

[111] Che W.X., Li Z.H., &Liu T. LTP: A Chinese Language Technology Platform[C]. In Proceedings of the Coling 2010: Demonstrations. 2010(8):13-16, Beijing, China.

[112] Li W.J., Xia Q.X. A Method of Concept Similarity Computation Based on Semantic Distance[J]. Procedia Engineering,2011 (15): 3854-3859.

[113] Wheeler, S., YEoMAnS, P., & Wheeler, D. The Good, the Bad and the Wiki: Evaluating student‐generated content for collaborative learning[J]. British Journal of Educational Technology, 2008, 39(6): 987-995.

[114] Worrell, J., Wasko, M., & Johnston, A. Social Network Analysis in Accounting Information Systems Research[J]. International Journal of Accounting Information Systems, 2013,14(2): 127-137.

[115] Yu, L. Y. JENA: A Framework for Development on the Semantic Web[M]. Springer Berlin Heidelberg, 2011, DOI: 10.1007/978-3-642-15970-1_13.

[116] Zhang L., Xia S.X., Zhou Y., & Xia Z. G. Study on Association Rules Mining Based on Semantic Relativity[J]. Journal of Southeast University (English Edition), 2008, 24(3): 358-360.

[117] Zhao, Y. & Frank, K. Factors affecting Technology Uses in Schools: an ecological perspective [J]. American Educational Research Journal, 2003, 40(4): 807-840.

[118] Liu Z.Y., Yau S.S., Peng D.C., & Yin Y. A Flexible Trust Model for Distributed Service Infrastructures[C]. 11th IEEE Symposium on Object Oriented Real-Time Distributed

Computing (ISORC), 2008:108-115.

[119] 毕建欣，张岐山. 关联规则挖掘算法综述[J]. 中国工程科学，2005，7（4）：89-93.

[120] 蔡东风，白宇，于水，叶娜，任晓娜. 一种基于语境的词语相似度计算方法[J]. 中文信息学报，2010，24（3）：24-28.

[121] 曹乐静，刘晓强. 基于本体和 Web 服务的适应性 e-Learning 系统[J]. 计算机系统应用，2005（4）：16-23.

[122] 曹晓明. 基于"学习流"的教学支持系统设计研究[J]. 中国远程教育，2009（12）：62-65.

[123] 朝乐门，张勇，邢春晓. DBpedia 及其典型应用[J]. 现代图书情报技术，2011（3）：80-87.

[124] 陈峰，熊励. 基于 RSS 信息服务联盟的内容聚合技术研究[J]. 计算机技术与发展，2009，19（1）：9-12.

[125] 陈和平，郭晶晶，吴怀宇，杨玲贤，吕洪敏，吴威. 基于 Ontology 和 JENA 的个性化 e-Learning 系统研究[J]. 武汉理工大学学报（交通科学与工程版），2007，31（6）：1049-1052.

[126] 陈敏，余胜泉，杨现民. 泛在学习的内容个性化推荐模型设计——以"学习元"平台为例[J]. 现代教育技术，2011，21（6）：13-18.

[127] 陈向东. 基于 FOAF 的社会网络模块的开发[J]. 华东理工大学学报（自然科学版），2007，33（增刊）：145-148.

[128] 陈星光，张文通，汪霞. 基于领域本体的自动化语义标注方法的研究[J]. 科学技术与工程，2009，9（8）：2215-2218.

[129] 成永常，邬家炜，宋欢. 普适学习中的上下文感知技术研究[J]. 现代教育技术，2010，20（2）：112-115.

[130] 程罡，徐瑾，余胜泉. 学习资源标准的新发展与学习资源的发展趋势[J]. 远程教育杂志，2009（4）：6-12.

[131] [加]G.西蒙斯. 网络时代的知识和学习——走向连通[M]. 詹青龙，译. 上海：华东师范大学出版社，2009.

[132] 程罡. 泛在学习环境下的学习资源共享模型——学习元的体系结构和运行环境研究[D]. 北京：北京师范大学，2009.

[133] 程继华，施鹏飞. 快速多层次关联规则的挖掘[J]. 计算机学报，1998，21（11）：1038-1041.

[134] 戴明陆. 基于 RSS 的内容聚合在学术领域的应用研究[D]. 长春：吉林大学，2009.

[135] 单永刚. 基于元模型的数字资源整合方法的研究与实现[J]. 现代情报，2011，31（6）：76-79.

[136] 杜丰，邸德海，杨洁. Portlet 与 Web Service 实现校园门户的信息聚合[J]. 中山大

学学报（自然科学版），2009，48（z1）：192-294.

[137] 傅国强，郭向勇．动态加权关联规则算法的分析与实现[J]．计算机工程，2010，36（23）：79-81.

[138] 高辉，程罡，余胜泉，杨现民．泛在学习资源在移动终端上的自适应呈现模型设计[J]．中国电化教育，2012（4）：122-128.

[139] 耿方萍，朱祥华．基于本体的网络资源表示研究[J]．计算机应用，2003，23（4）：4-9.

[140] 耿科明，袁方．JENA 推理机在基于本体的信息检索中的应用[J]．微型机与应用，2005，24（10）：62-64.

[141] 龚立群．语义维基技术及应用[J]．图书馆杂志，2007，26（2）：43-46.

[142] 巩丽红，余雪丽．用 RDF 绑定学习对象元数据[J]．太原理工大学学报，2004，35（4）：463-466.

[143] 顾小清，李舒愫．共建微型移动学习资源:系统设计及实现机制[J]．中国电化教育，2010（2）：74-79.

[144] 郭成栋，杨贯中，唐金鹏，蒋沛航．e-Learning 中基于对象本体的测试与评估[J]．计算机工程，2006，32（24）：72-74.

[145] 韩家炜，堪博．数据挖掘概念与技术[M]．范明，孟小峰，译．北京：机械工业出版社，2007.

[146] 贺德方，曾建勋．基于语义的馆藏资源深度聚合研究[J]．中国图书馆学报，2012（7）：79-87.

[147] 贺玲，吴玲达，蔡益朝．数据挖掘中的聚类算法综述[J]．计算机应用研究，2007，24（1）：10-13.

[148] 洪跃，崔海峰.高校图书馆学科馆员服务质量评价体系研究[J].图书情报工作，2008，52（7）：129-132.

[149] 胡哲，郑诚．改进的概念语义相似度计算[J]．计算机工程与设计，2010，31（5）：1121-1124.

[150] 胡翠红．基于 5S 理论的数字图书馆资源整合研究[J]．现代情报，2011，31（1）：44-46.

[151] 胡瑛，贾积有．学习对象内容本体描述框架研究[J]．开放教育研究，2009，15（2）：102-106.

[152] 黄海江，杨贯中．基于本体的学习内容个性化推荐[J]．科学技术与工程，2007，7（14）：3394-3398.

[153] 黄令贺，朱庆华．百科词条特征及用户贡献行为研究——以百度百科为例[J]．中国图书馆学报，2013（1）：79-88.

[154] 江晓庆，杨磊，何斌斌.未来新型计算模式——云计算[J].计算机与数字工程，2009，

37（10）：46-50.

[155] 姜少峰，朱群雄. Bayesian 推理在远程答疑专家系统中的应用[J]. 北京化工大学学报，2003，30（6）：95-98.

[156] 姜守旭，李建中. 一种 P2P 电子商务系统中基于声誉的信任机制[J]. 软件学报，2007，18（10）：2551-2563.

[157] CELTS-22.1，网络课程评价规范（征求意见稿）[S]. 教育部教育信息化标准委员会，2002.

[158] 金勇洙. Ubiquitous 技术的扩展与服务[J]. 三星 SDSIT REVIEW，2003（4）：35-46.

[159] 晋耀红，苗传江. 一个基于语境框架的文本特征提取算法[J]. 计算机研究与发展，2004，41（4）：582-586.

[160] 孔晨妍. 本体技术在语义博客中的应用研究[J]. 计算机与数字工程，2011，39（8）：77-79.

[161] 孔德华，王锁柱. 基于 XML 的自适应 e-Learning 系统模型的研究[J]. 山西师范大学学报（自然科学版），2006，20（2）：20-23.

[162] 赖德刚，陈超. 关于网络课程开发现状与发展趋势的一点思考[EB/OL]. http://202.202.107.9:8084/article.jsp?id=1034，2010-04-11.

[163] 李好，杨贯中. 基于本体的 e-Learning 课程构建[J]. 计算机工程与设计，2010，31（4）：881-884.

[164] 李开荣，林颖，杭月芹. 基于语义模型的文档特征提取[J]. 计算机工程与应用，2005，41（17）：173-176.

[165] 李凯齐，刁兴春，曹建军，李峰. 基于改进蚁群算法的高精度文本特征选择方法[J]. 解放军理工大学学报（自然科学版），2010，11（6）：634-639.

[166] 李卢一，郑燕林. 泛在学习环境的概念模型[J]. 中国电化教育，2006（12）：9-12.

[167] 李强. 高校图书馆与院系资料室整合机制探讨[J]. 现代情报，2012，32（3）：170-172.

[168] 李喜英. 基于超图的软件进化模型[J]. 商丘职业技术学院学报，2009，8（5）：29-32.

[169] 李肖，黄文培. 移动虚拟学习社区用户激励机制的研究[J]. 中国科教创新导刊，2013（17）：148-149.

[170] 李欣，舒风笛. 最长公共子序列问题的改进快速算法[J]. 计算机应用研究，2000，17（2）：28-30.

[171] 李徐平，和金生. 新划分标准下的知识进化与知识传播模型[J]. 中国地质大学学报（社会科学版），2007，7（1）：42-46.

[172] 李艳燕. 基于语义的学习资源管理及利用[D]. 北京：中国科学院，2005.

[173] 李祎，涂荣豹. 生成性教学的基本特征与设计[J]. 教育研究，2007（1）：41-44.

[174] 李致远，王汝传. P2P 电子商务环境下的动态安全信任管理模型[J]. 通信学报，2011，32（3）：50-59.

[175] 刘艳，张锐．基于贝叶斯网络的学习评估型及其在 e-Learning 系统的应用[J]．滁州学院学报，2009，11（4）：49-55．

[176] 刘革平，赵嫦花．基于形式化本体的数字化学习资源共享技术研究[J]．西南师范大学学报（自然科学版），2009，34（6）：204-207．

[177] 刘卫红，吴江．本体在 e-Learning 系统中的应用研究[J]．计算机应用研究，2006（4）：63-67．

[178] 刘植惠．知识基因理论的由来、基本内容及发展[J]．情报理论与实践，1998，21（2）：71-76．

[179] 刘紫玉，黄磊．基于领域本体模型的概念语义相似度计算研究[J]．铁道学报，2011，33（1）：53-57．

[180] 路秋丽．ADL SCORM2004 翻译文档[EB/OL]．http://www.etc.edu.cn/adl- SCORM2004/ADL_ SCORM.htm，2012-3-3．

[181] 罗志成，付真真．外部因素对维基百科序化过程的影响分析[J]．图书情报知识，2008（3）：28-33．

[182] 吕翘楚，杜辉．基于知识地图的学习内容管理系统的系统设计[J]．硅谷，2010（8）：57-58．

[183] 马文军，潘波．问卷的信度和效度以及如何用 SAS 软件分析[J]．中国卫生统计，2000（6）：17-364．

[184] 马艺方．解决 WiKi 百科版权危机的动态版权平衡机制[J]．科技进步与对策，2009，26（8）：96-98．

[185] [美] 斯佩克特．教育传播与技术研究手册[M]．任友群，焦建利，刘美凤，汪琼，译．上海：华东师范大学出版社，2009．

[186] 尚文倩，黄厚宽，刘玉玲，林永民，瞿有利，董红斌．文本分类中基于基尼指数的特征选择算法研究[J]．计算机研究与发展，2006，43（10）：1688-1694．

[187] 邵国平，余盛爱，郭莉．语义 Web 对 e-Learning 中资源管理的促进[J]．江苏广播电视大学学报，2008，19（5）：23-26．

[188] 生佳根，刘思峰．一种基于本体的关联规则挖掘方法[J]．南京理工大学学报（自然科学版），2008，32（4）：401-405．

[189] 施岳定，张树有，项春．网络课程中知识点的表示与关联技术研究[J]．浙江大学学报（工学版），2003，37（5）：508-511．

[190] 孙宇．基于 Web2.0 理念的网络课程交互协同编辑系统的设计研究[D]．北京：北京师范大学，2008．

[191] 谭霓，余胜泉，吕啸．网络课程的内容进化机制设计与技术实现[J]．远程教育杂志，2011，29（1）：80-84．

[192] 谭月辉，肖冰，陈建泗，齐京礼，李志勇．JENA 推理机制及应用研究[J]．河北省

科学院学报，2009，26（4）：14-17.

[193]　唐晓文. 基于本体论的文本特征提取[J]. 电脑与信息技术，2005，13（1）：36-39.

[194]　汪克文，谢福鼎，张永. 基于惩罚机制的 P2P 电子商务模型[J]. 计算机工程，2010，36（12）：265-268.

[195]　王白英. 基于 CBI 的教育学专业英语教学研究[J]. 太原理工大学学报（社会科学版），2013（1）：78-80.

[196]　王丹丹. 维基百科自组织模式下的质量控制方式研究[J]. 图书馆理论与实践，2009（8）：21-24.

[197]　王海龙，马宗民，殷俊夫，程经纬. FRESG:一种模糊描述逻辑推理机[J]. 计算机研究与发展，2009，46（9）：1488-1497.

[198]　王浩. 图书馆网络信息资源整合工具——MAP 及其启示[J]. 现代情报，2010，30（5）：73-77.

[199]　王洪伟，吴家春，蒋馥. 基于本体的元数据模型及 DAML 表示[J]. 情报学报，2004（2）：131-136.

[200]　王欢，郭玉锦. 网络社区及其交往特点[J]. 北京邮电大学学报（社会科学版），2003，5（4）：19-21.

[201]　王淑娟，刘清堂. 虚拟学习社区信任机制的研究[J]. 远程教育杂志，2007（3）：12-15.

[202]　王勋，刘君强，魏贵义. 智能学习中的知识表示和知识聚类[J]. 计算机工程与应用，2003，39（7）：75-77.

[203]　王雅丽. 网络课程的进化式开发研究[J]. 教育教学论坛，2011（2）：137-138.

[204]　王正华. 网络课程评价新体系的构建刍议[J]. 湖北广播电视大学学报，2010，30（2）：13-14.

[205]　吴力群. 知识基因、知识进化与知识服务[J]. 现代情报，2005，25（6）：177-179.

[206]　吴思颖，吴扬扬. 基于中文 WordNet 的中英文词语相似度计算[J]. 郑州大学学报（理学版），2010，42（2）：66-69.

[207]　肖君，朱晓晓，陈村，陈一华. 面向终身教育的 U-Learning 技术环境的构建及应用[J]. 开放教育研究，2009，15（3）：89-93.

[208]　徐德智，汪智勇，王斌. 当前主要本体推理工具的比较分析与研究[J]. 现代图书情报技术，2006（12）：12-15.

[209]　许大伟. 网络课程协同编辑系统的设计与实现[D]. 北京：北京师范大学，2010.

[210]　闫安，达庆利. 基于生态位构建的企业进化模型[J]. 华东经济管理，2009，23（1）：83-86.

[211]　杨现民，余胜泉，张芳. 学习资源动态语义关联的设计与实现[J]. 中国电化教育，2013（1）：70-75.

[212]　杨现民，余胜泉. 泛在学习环境下的资源进化模型构建[J]. 中国电化教育，2011（9）：

80-85.

[213] 杨现民，余胜泉. 生态学视角下的泛在学习环境设计[J]. 教育研究，2013（3）：74-79.

[214] 杨现民，余胜泉. 学习元平台的语义技术架构及应用研究[J]. 现代远程教育研究，2014（1）：89-99.

[215] 于洪涛，张金辉，钟正. 基于时间因子和惩罚措施的 P2P 网络信任模型[J]. 计算机工程与应用，2009，45（20）：115-117.

[216] 于江生，俞士汶. 中文概念词典的结构[J]. 中文信息学报，2002，16（4）：12-19.

[217] 余胜泉，赵兴龙. 基于信息生态观的区域教育信息化推进[J]. 中国电化教育，2009（8）：33-40.

[218] 余胜泉，程罡，董京峰. e-Learning 新解：网络教学范式的转换[J]. 远程教育杂志，2009（3）：3-15.

[219] 余胜泉，杨现民，程罡. 泛在学习环境中的学习资源设计与共享——"学习元"的理念与结构[J]. 开放教育研究，2009，15（1）：47-53.

[220] 余胜泉，杨现民. 辨析"积件""学习对象"与"学习活动"——教育资源共享的新方向[J]. 中国电化教育，2007（12）：60-65.

[221] 袁磊，崔瑞雪. 中美虚拟外语学习社区比较研究[J]. 现代远程教育研究，2010（2）：43-47.

[222] 张弛，陈刚，王敏娟，王慧敏. 移动学习中片段式学习资源的设计研究[J]. 开放教育研究，2009，15（3）：67-72.

[223] 张豪锋，赵耀远. 虚拟学习社区中影响参与者共享行为的因素探究[J]. 中国远程教育，2012（13）：67-71.

[224] 张豪锋，卜彩丽. 略论学习生态系统 [J]. 中国远程教育，2007（4）：23-26.

[225] 张骞，张霞，刘积仁. SCORM 学习资源的语义相似度度量[J]. 华中科技大学学报（自然科学版）增刊，2003，31（10）：296-298.

[226] 张洁. 基于境脉感知的泛在学习环境模型构建[J]. 中国电化教育，2010（2）：16-20.

[227] 张立新，王清. 论生成性网络课程的设计[J]. 中国电化教育，2012（4）：14-20.

[228] 张翔，周明全，耿国华. 基于粗糙集的中文文本特征选择方法研究[J]. 计算机应用与软件，2010，27（3）：4-7.

[229] 张玉芳，艾东梅，黄涛，熊忠阳. 结合编辑距离和 Google 距离的语义标注方法[J]. 计算机应用研究，2010，27（2）：555-562.

[230] 张媛，孙新. SOBM 中社会化本体协同开发机制研究[C]. WISA Web Information System and Application，北京，2007.

[231] 张忠平，赵海亮，张志惠. 基于本体的概念相似度计算[J]. 计算机工程，2009，35（7）：17-19.

[232] 赵厚福，祝智庭，吴永和. 数字化学习技术标准发展的趋势、框架和建议[J]. 中国

远程教育，2010（2）：69-75.

[233] 赵立江. 个性化学习系统的聚类技术[J]. 计算机辅助工程，2006，15（3）：59-61.

[234] 赵利明，祁乐珍. 基于 AHP 研究法的网络课程评价[J]. 远程教育杂志，2008（2）：65-67.

[235] 赵蔚，梁明，刘红霞，于大泽. 基于社区驱动的学习资源共享机制研究[J]. 中国电化教育，2013（12）：75-80.

[236] 郑耿忠. 基于范例推理的智能答疑的研究与实现[J]. 微计算机信息，2008，24（12）：273-275.

[237] 郑康锋，王秀娟，郭世泽，杨义先. 用户评价的信息系统服务质量评估模型[J]. 北京邮电大学学报，2010，33（1）：84-88.

[238] 周立元. 基于资源的开放式网络课程建设模式研究[J]. 中国远程教育，2006（4）：48-51.

[239] 周鑫焱. 基于 3G 的泛在学习环境研究 [J]. 四川教育学院学报，2009，25（8）：30-33c.

[240] 朱凌云，罗廷锦，余胜泉. 网络课程评价[J]. 开放教育研究，2002（1）：22-28.

[241] 朱轩. 解析虚拟学习社区中的文化[J]. 黑龙江科技信息，2009（35）：296-296.

反侵权盗版声明

　　电子工业出版社依法对本作品享有专有出版权。任何未经权利人书面许可，复制、销售或通过信息网络传播本作品的行为；歪曲、篡改、剽窃本作品的行为，均违反《中华人民共和国著作权法》，其行为人应承担相应的民事责任和行政责任，构成犯罪的，将被依法追究刑事责任。

　　为了维护市场秩序，保护权利人的合法权益，我社将依法查处和打击侵权盗版的单位和个人。欢迎社会各界人士积极举报侵权盗版行为，本社将奖励举报有功人员，并保证举报人的信息不被泄露。

举报电话：（010）88254396；（010）88258888

传　　真：（010）88254397

E-mail：　dbqq@phei.com.cn

通信地址：北京市万寿路 173 信箱

　　　　　电子工业出版社总编办公室

邮　　编：100036